Umwelt*freunde* 3

Ein Sachbuch
für die Grundschule

Herausgegeben von
Inge Koch

Unter Einbeziehung der Ausgabe von
Jana Arnold
Silvia Ehrich
Marion Kloss
Inge Koch
Christine Köller
Rolf Leimbach
Silke Nitschel
Gerhild Schenk

Unter Mitarbeit
der Cornelsen Redaktion

Dieses Buch gibt es auch auf
www.scook.de/eb

Es kann dort nach Bestätigung der
Allgemeinen Geschäftsbedingungen
genutzt werden.

Buchcode: 3fzsd-hr9pr

VOLK UND WISSEN

Umweltfreunde 3

Herausgegeben von
Inge Koch

Unter Einbeziehung der Ausgabe von
Jana Arnold, Silvia Ehrich, Marion Kloss, Inge Koch, Christine Köller,
Rolf Leimbach, Silke Nitschel, Gerhild Schenk

Begutachtet von
Thomas Arnold (Limbach-Oberfrohna), Sylvia Arnold (Hohndorf), Silvia Ehrich (Neubrandenburg), Catrin Elies (Stendal),
Ulrich Gard (Trier), Anke Gretzschel (Dohna) Christine Köller (Prenzlau), Sigrid Schröder (Mühlhausen), Anja Teger (Arneburg),
Martina Theißen (Leipzig), Bernd Willems (Trier), Annett Zilger (Dresden)

Redaktion: Britta Frosina
Bildredaktion (Foto): Franziska Becker
Illustrationen: Lisa Apfelbacher 20 (3), 22 (1/2), 28 (3), 91, 102 (2), 109 (Flachs); Uta Bettzieche Kapitelvignetten, Detektiv und Hund,
42-43; Sylvia Graupner 5, 8, 9, 11, 22 (5), 23, 28 (2), 29, 35, 41 (u.r.), 44 (4), 45, 65, 71, 81, 89, 95, 104 (3), 105; Kinderzeichnung 12
(Kim Laureen Altenburg), 57 (Kim-Charline Wichhardt); Katharina Knebel 10, 12 (u.), 16, 25, 30 (Radio), 31, 33-34, 36, 40, 41
(Vignetten), 44 (3), 47, 49, 51 (Tagbogen), 58, 63, 68, 72 (1/2/5/6/8), 73, 80 (1/2 Wildhecke), 86 (M.r.), 92-93, 103 (u.), 110, 112;
Karl-Heinz Wieland 20 (1/2), 21, 32, 46, 53, 74-76, 77 (M.), 78 (1/2/5), 83 (u.), 84-85, 86 (o./M.l.), 87, 88 (1/3), 96 (u.),
97, 107 (o. /M.l.); Hans Wunderlich 17, 19, 30 (Wetterkarte/Symbole), 52, 56, 69, 70 (5), 72 (3/4/7), 77 (u.l.), 78 (3/4/6), 79,
83 (o.), 88 (2), 90, 96 (o.), 98-99, 102 (1), 103 (Kalender), 104 (1), 107 (M.r.), 108, 109 sowie Hajo Blank 53 (Uhr), Steffen Faust
37 (u.), Harri Förster 80 (2 Bienenhotel), Gabriele Heinisch 59, 70 (1/5), Arno Kolb 94, Sandra Menke 60, Heinz Helge Schulze 80
(2 Reisighaufen), Barbara Schumann 80 (2 Lesesteinhaufen/Meisenkasten), Ute Thönnissen 80 (2 Wiese), Steffen Walentowitz 18.

Umschlaggestaltung: tritopp, Berlin; Katharina Knebel (Illustration)
Uta Bettzieche (Detektiv und Hund)
Layout und technische Umsetzung: tritopp, Berlin

www.vwv.de

Soweit in diesem Lehrwerk Personen fotografisch abgebildet sind und ihnen von der Redaktion fiktive Namen, Berufe, Dialoge und
Ähnliches zugeordnet oder diese Personen in bestimmte Kontexte gesetzt werden, dienen diese Zuordnungen und Darstellungen
ausschließlich der Veranschaulichung und dem besseren Verständnis des Inhalts.

Die Webseiten Dritter, deren Internetadressen in diesem Lehrwerk angegeben sind, wurden vor Drucklegung sorgfältig geprüft.
Der Verlag übernimmt keine Gewähr für die Aktualität und den Inhalt dieser Seiten oder solcher, die mit ihnen verlinkt sind.

Dieses Werk enthält Vorschläge und Anleitungen für Untersuchungen und Experimente.
Vor jedem Experiment sind mögliche Gefahrenquellen zu besprechen. Beim Experimentieren
sind die Richtlinien zur Sicherheit im naturwissenschaftlichen Unterricht einzuhalten.

1. Auflage, 1. Druck 2016

Druck: Firmengruppe APPL, aprinta Druck, Wemding

ISBN 978-3-06-080604-1

PEFC zertifiziert
Dieses Produkt stammt aus nachhaltig
bewirtschafteten Wäldern und kontrollierten
Quellen.
www.pefc.de
PEFC/04-32-0928

Inhalt

Kartoffeln reiben
ist mühsam.

In der Schule

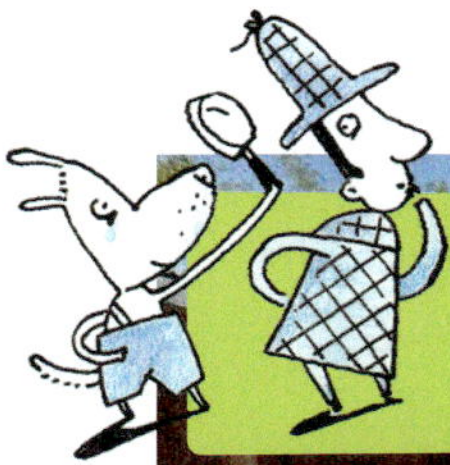

Wie lernen Kinder in anderen Ländern?

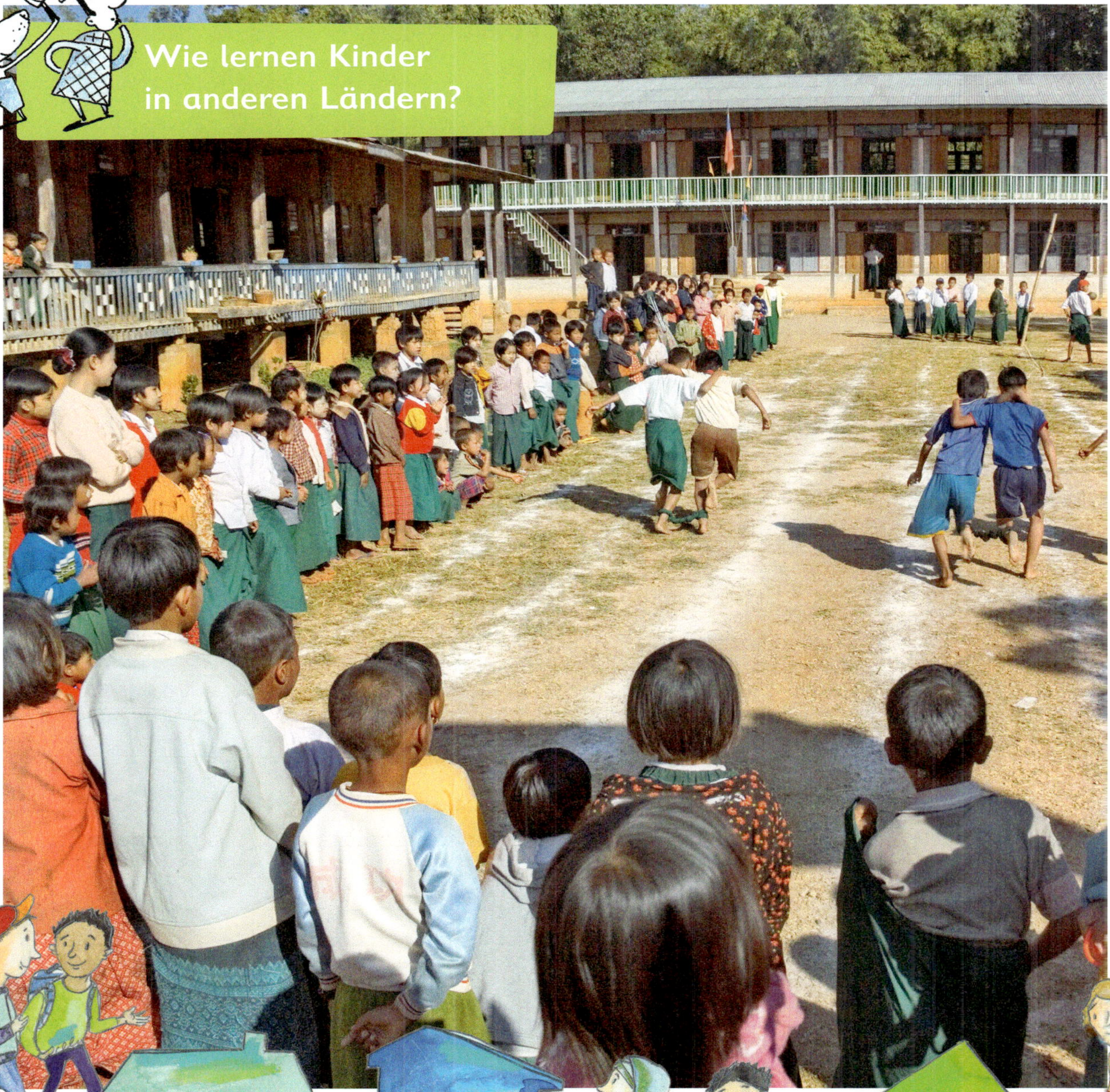

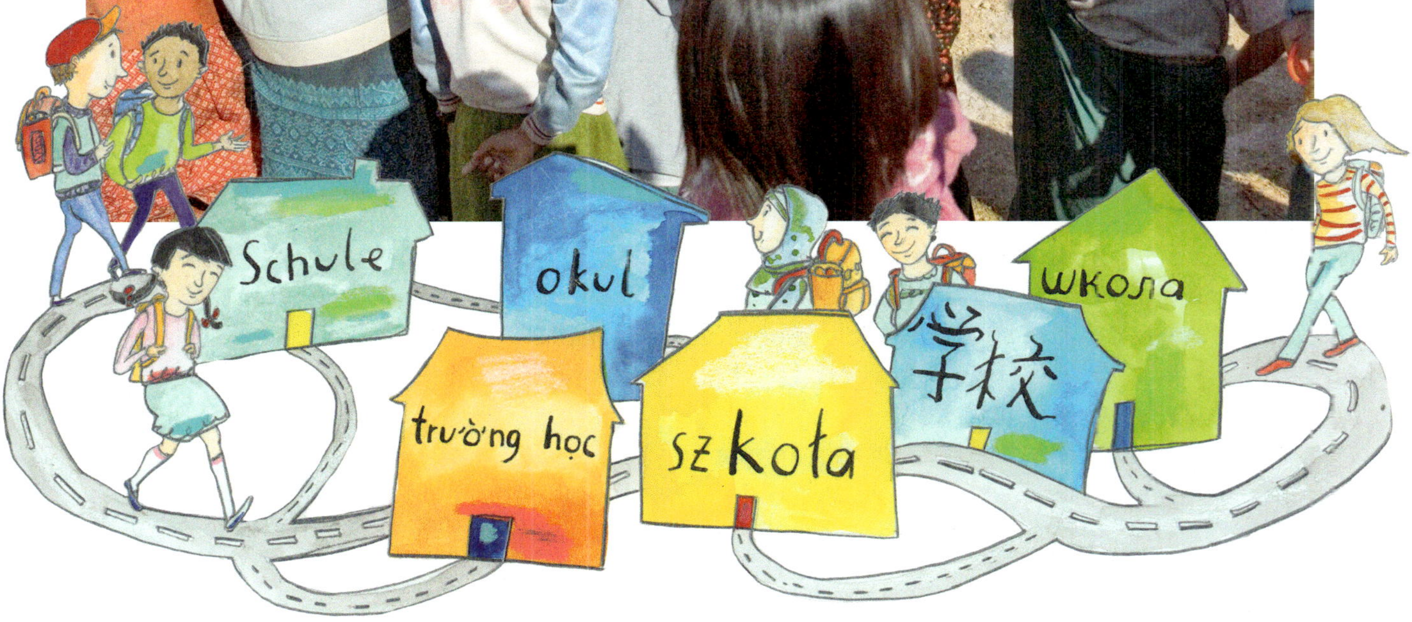

Schule
okul
школа
trường học
szkoła
学校

Schule anderswo

 Finde Gemeinsamkeiten und Unterschiede zu deinem Schultag.

In Großbritannien

Hallo, mein Name ist Jack. Ich bin sieben Jahre alt. Ich wohne in London. Das ist die Hauptstadt von Großbritannien. Ich bin mit fünf Jahren in die Schule gekommen. Jetzt gehe ich in die 3. Klasse.

Das ist mein Stundenplan:

in Englisch

Time	Monday	Tuesday	Wednesday	Thursday	Friday
9.05–9.30	Mental Maths	Mental Maths	Mental Maths	ICT	Assembly
9.30–10.15	Maths	Maths	Maths	Mental Maths	Maths

in Deutsch

Uhrzeit	Montag	Dienstag	Mittwoch	Donnerstag	Freitag
9.05–9.30	Kopfrechnen	Kopfrechnen	Kopfrechnen	Informatik	Versammlung
9.30–10.15	Mathe	Mathe	Mathe	Kopfrechnen	Mathe
10.15–10.45	Versammlung	Versammlung	Versammlung	Versammlung	Mathe
10.45–11.00	Pause				
11.00–12.00	Englisch	Englisch	Deutsch	Englisch	Deutsch
12.00–12.30	Bücherkiste	Rechtschreibung	Kreisgespräch	Schreiben	Handschrift
12.30–13.30	Mittagessen				
13.30–14.30	Informatik	Geschichte	Kunst	Lesen	Sachunterricht
14.30–15.15	Sachunterricht	Sport	Musik	GE*	Sport

* GE bedeutet Gesundheitserziehung.

Wir sind 33 Kinder in der Klasse. Mein Lieblingsfach ist Geschichte. Am Freitag besprechen wir immer alle Dinge, die für die Klasse wichtig sind. Zum Beispiel den Streit von Jessica und Charlie oder das Klassenfest nächste Woche. An anderen Tagen gibt es Versammlungen für alle Kinder der Schule.

Macht ihr das auch?

In Australien

Ich wohne auf einer **Farm**. Meine Schule
ist 1000 Kilometer entfernt.
Deshalb lerne ich zu Hause.
Meine Eltern helfen mir dabei.
Meine Lehrerin schickt mir per E-Mail
Aufgaben. Die Lösungen sende ich
an sie zurück. Jeden Tag **skype** ich
eine halbe Stunde mit ihr.
Meine Mitschüler lernen wie ich.
Wir treffen uns nur ab und zu
bei unseren Familientreffen in der Schule.

Our language
is English.

Emily

Yan-Yin

In China

Bei uns beginnt die Schule mit Frühsport.
Alle Kinder machen die Übungen mit.
Danach sind wir fit für den Unterricht.
In meiner Klasse lernen 52 Kinder.
Unser Schultag dauert
von 7.30 Uhr bis 16.00 Uhr.
Mittags haben wir zwei Stunden Pause.
Chinesisch zu schreiben ist nicht einfach.
Wir haben mehr als
50 000 Schriftzeichen. 学校

Ich mache Sport
in der
Hundeschule!

Ja, wenn
die Sonne scheint.

MITMACHEN UND NACHDENKEN

2 Schreibe einen kurzen Text über deinen Schulalltag.

3 Finde Großbritannien, Australien und China
auf einem Globus oder einer Weltkarte.

4 Informiere dich über die Schule in einem anderen Land.
Stelle deine Ergebnisse vor.

Kinder unterschiedlicher Herkunft

In unsere Schule gehen Kinder
unterschiedlicher Herkunft.
Sie sind in verschiedenen Orten
und Familien aufgewachsen.

 Lest die Texte.
Was berichten die Kinder über ihre Herkunft?

Hoa

Meine Oma und mein Opa kamen vor 37 Jahren aus Vietnam
in die DDR, um hier zu studieren. Nach dem Studium haben sie
Arbeit gefunden und sind geblieben. Sie haben geheiratet und
zwei Mädchen bekommen. Das eine Mädchen ist meine
vietnamesische Mutti. Sie hat einen Sachsen geheiratet.
Darum kann ich Deutsch und auch Vietnamesisch sprechen.
Als wir letzten Jahr Muttis Verwandte in Vietnam besuchten,
konnte ich mich ganz gut mit ihnen unterhalten.

Niklas

Mein Zuhause ist Höckendorf, ein Dorf in Sachsen.
Hier wohnen auch meine Freunde. Wir treffen uns nachmittags
oft, um zusammen Fußball zu spielen.
Höckendorf hat nur etwas mehr als 1300 Einwohner. Jeder kennt
jeden. Das finde ich toll. Und ich freue mich auf Feste, die alle
zusammen feiern. Zum Beispiel das Hoffest. Dann gibt es leckere
Streuselkuchen und Dresdner Eierschecken.

Amal

Ich komme aus Aleppo. Das ist die zweitgrößte Stadt in Syrien.
Heute ist dort vieles vom Krieg zerstört, deshalb mussten wir
unsere Heimat verlassen. Wir haben uns auf den Weg nach
Europa gemacht. Immer wieder mussten wir Menschen bezahlen,
damit sie uns helfen. Ich habe während unserer Flucht
viel Schlimmes gesehen, über das ich noch nicht reden kann.
Hier in Deutschland hat meine Familie einen Antrag auf Asyl
gestellt. Ich freue mich, dass ich nun wieder zur Schule gehen darf.
Aber ich habe auch Angst davor, dass wir vielleicht nicht bleiben
dürfen.

Kindern unterschiedlicher Herkunft begegnen;
unterschiedliche Perspektiven einnehmen

Tim

Ich wohne erst seit Kurzem in Sachsen. Mein Vater arbeitet für eine große Firma in Deutschland und in anderen Ländern. Unsere ganze Familie zieht deshalb oft in eine andere Stadt oder ein anderes Land um.
Wir haben schon in Griechenland und in Südafrika gelebt. Deshalb spreche ich ein wenig Griechisch und gut Englisch. In zwei Jahren werden wir wohl wieder wegziehen. Es ist schwer, immer wieder neue Freunde zu finden.

Kinsley

Meine Mutti ist Dolmetscherin. Sie hat in den USA studiert und dort meinen Papa kennen gelernt. Papa arbeitet in einer Computerfirma. Mein Bruder und ich sind in San Francisco geboren. Als ich drei Jahre alt war, sind wir nach Deutschland gezogen.
Mein großer Bruder ist jetzt für ein Jahr bei unserer Oma in Amerika. Er geht dort zur Schule. Das möchte ich auch machen, wenn ich älter bin.

Beeke

Meine Eltern und ich sind von der Nordsee nach Sachsen umgezogen. In meiner alten Schule in Niedersachsen hatte ich auch Unterricht in Plattdeutsch. Das ist eine Mundart, die im Norden Deutschlands gesprochen wird. Mit meiner neuen Freundin übersetze ich jetzt Plattdeutsch ins Sächsische. Mund heißt auf Plattdeutsch „Snuut", auf Sächsisch „Gusche". Brötchen auf Plattdeutsch „Stuntje", auf Sächsisch „Semmel". Auch die Landschaft ist ganz anders. Das Meer fehlt mir. Aber dafür gibt es hier Berge und ich würde gerne mal klettern gehen.

MITMACHEN UND NACHDENKEN

2 Erzähle über deine Herkunft: deinen Ort, deine Familie und deine Umgebung, in der du geboren und aufgewachsen bist.

3 Stell Dir vor, du ziehst in ein anderes Land. Notiere:
- Was würdest du vermissen?
- Wie würdest du dich anfangs fühlen?
Was müsstest du lernen?

4 Stell dir vor: Kinder sind nach Sachsen gezogen.
Diskutiert: Wie können wir den Kindern helfen, sich nicht fremd zu fühlen sondern zu Hause?

Freizeitpläne für das Wochenende

 Wähle Aufgaben aus.

1 Ideen sammeln

Was machst du gern in deiner Freizeit? Male ein Bild oder schreibe eine Liste.

2 Freunde oder Verwandte einladen

> Liebe Oma, wir laden Dich ein!
> Am nächsten Sonntag wollen wir mit Dir einen Ausflug zum Oberlandsee machen …

Mit wem willst du deine Freizeit verbringen? Schreibe eine Einladung.

3 Etwas planen

Lies den Wochenplan von Jorge Akuman.

Wochenend-Wunschzettel für ☀ und für 🌧		
Wer kommt mit?	Mama, Papa, Tilo, Tante Miriam und ich, Jorge	
Meine Vorschläge:	zum Herbstfest auf den Rummel gehen, Karussell fahren	bei Tante Miriam Urlaubsvideos sehen
Mahlzeiten:	am Kiosk Kuchen und Eis essen	zu Hause Reis mit Tomatensoße
Zeitplan:	14.00 – 18.00	15.00 – 18.00
Nicht vergessen:	Regenschirm, Getränke, Taschengeld	Videos, Kekse, Blumenstrauß

Gestalte selbst einen Freizeitplan für das nächste Wochenende. Vergleiche die Pläne.

Das eigene Freizeitverhalten analysieren; die Wochenendgestaltung von Kindern vergleichen

S. 2/3

Im Herbst

Woher weht der Wind ...
... und wohin weht er?

Der Wind kann aus unterschiedlichen Richtungen wehen.
Von Nord nach Süd ○
Von Süd nach Nord ○
Von West nach Ost ○—○
Von Ost nach West ○—

Im Herbst wird es windiger und kühler

 Lies den Text und zeichne: Wie entsteht Wind?

Wo die Sonne scheint, erwärmt sich zuerst die Erde und
dann die Luft, die sich darüber befindet. Die erwärmte
Luft steigt nach oben. Weiter entfernt ist es bewölkt.
Die Erde kann sich dort nicht so gut erwärmen.
Die Luft bleibt kalt und sinkt nach unten ab. Am Boden
strömt die kalte Luft dorthin, wo die warme Luft
aufgestiegen ist. Diesen Luftstrom nennt man Wind.
Luft kann in alle Richtungen strömen.

LEICHTER LERNEN

Zu Texten zeichnen
- Lies den Text.
- Zeichne eine Skizze.
  Sie hilft dir, den Text
  besser zu verstehen.

Windstärken messen

Der englische Seefahrer Francis Beaufort legte im Jahr 1806 eine Windskala an.
Sie misst die Windstärke in 12 Stufen.
Auf den Bildern siehst du die Stufen 0, 3, 4, 6, und 9.
Heute werden Windstärke und Windrichtung in **Wetterberichten**
durch Bilder, Zeichen und Beschreibungen angegeben.

0 windstill
Rauch steigt steil auf, Blätter bewegen sich nicht.

3 schwacher Wind
Blätter und dünne Zweige bewegen sich leicht.

4 mäßiger Wind
Blätter und Äste bewegen sich, Staub fliegt hoch.

6 starker Wind
Bäume bewegen sich, Blätter, Dinge fliegen hoch.

9 Sturm
Äste brechen, Ziegel fallen von den Dächern.

Lufttemperatur im Herbst

Im Sommer steht die Sonne ganz hoch am Himmel und scheint sehr lange. Im Herbst sind die Tage viel kürzer und die Sonne steht nicht mehr so hoch am Himmel. Deshalb wird es immer kühler.

Lufttemperatur messen

In Deutschland werden **Lufttemperaturen** täglich in fast 2 600 Wetterstationen gemessen. Die Messergebnisse werden in Tabellen notiert und in Diagrammen dargestellt. Nun kann man genau vergleichen: Welche Temperatur wurde zu welcher Zeit und an welchem Ort gemessen?

Fallen die Blätter ab, weil es kälter wird?

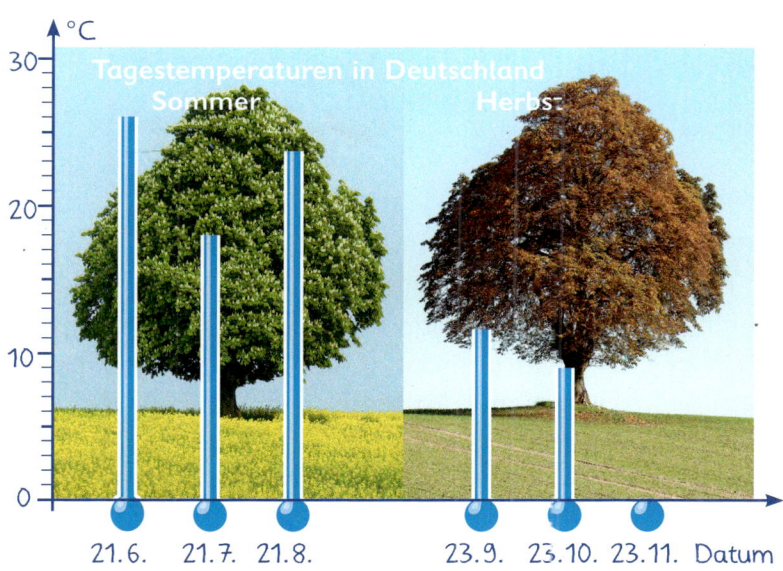

Tagestemperaturen in Deutschland
Sommer   Herbst

°C
30
20
10
0

21.6.   21.7.   21.8.   23.9.   23.10.   23.11.   Datum

MITMACHEN UND NACHDENKEN

2 Beschreibe das Diagramm.
- Was zeigt es?
- Vergleiche die Temperaturen im Sommer und im Herbst. Begründe die Unterschiede.

3 Messt eine Woche lang immer zur gleichen Zeit die Temperatur draußen. Notiert die Ergebnisse. Was stellt ihr fest?

INTERESSANT

Der Schwede Anders Celsius konstruierte 1742 ein **Thermometer** mit einer Gradeinteilung. Diese ist nach ihm benannt: „Grad Celsius". Das Zeichen dafür ist °C. Man nennt:
- den Punkt, an dem Wasser zu Eis wird, 0 Grad Celsius;
- den Punkt, an dem Wasser siedet (kocht), 100 Grad Celsius.

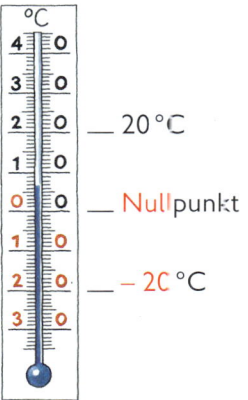

°C
40
30
20 __ 20 °C
10
0 __ Nullpunkt
10
20 __ – 20 °C
30

Je nach Temperatur steigt oder sinkt die Flüssigkeit im Glasrohr und zeigt die Temperatur an.

Wolkenbilder lesen

 1 Erkläre die Wolkenarten.

Wolken sind Gebilde aus winzigen Wassertropfen oder aus Eis.
Ihre Formen und Farben wechseln ständig.

Federwolken stehen hoch am Himmel.
Sie sind aus Eis und sehen aus
wie weiße Federn oder Flecken.
Bei heftigem Wind zerfasern sie.
Diese Wolken kündigen
schlechtes Wetter an.

Regenwolken sind große, dunkle Wolken.
Sie bringen viel Niederschlag.
Eine schwarze Wolkenwand warnt:
Es kann heftige Windböen geben,
und es kann hageln.

Schichtwolken bestehen aus Eis und
feinen Wassertropfen. Sie können fast
bis zum Boden reichen. Meist fällt dann
Nieselregen oder es gibt feine **Graupel**.
Manchmal ist hinter den Wolken
die Sonne in einem Lichtkreis zu sehen.

Haufenwolken sind Schönwetterwolken.
Sie entstehen bei sonnigem Wetter,
wenn etwas feuchte Luft aufsteigt.
Ihre Unterseite ist meist flach,
die Oberseite wie ein Blumenkohl
aufgebauscht.

Symbole für die Bewölkung				
◯ wolkenlos	◔ heiter	◑ wolkig	◕ stark bewölkt	⬤ bedeckt
Der Himmel ist blau oder sternenklar.	Nur wenige Wolken sind zu sehen.	Wolken und klarer Himmel sind etwa gleich verteilt.	Wolken bedecken fast den gesamten Himmel.	Wolken bedecken den Himmel vollständig.

Sich über die Bewölkung informieren; meteorologische Symbole beschreiben

Niederschläge fallen aus Wolken oder entstehen bei besonderen Wettererscheinungen.

Regen und Schnee

Viele winzige Wassertropfen und Eiskörner
bewegen sich in den Wolken hin und her.
Sie stoßen zusammen und bilden
große Tropfen oder Eiskristalle. Sind sie
schwer genug, fallen sie aus der Wolke.
Bei Lufttemperaturen über 0 °C fällt Regen.
Bei Temperaturen unter 0 °C fällt Schnee.
Schneeflocken bestehen aus Eiskristallen.

Tau und Reif

Manchmal bilden sich morgens auf Pflanzen
und Gegenständen Wassertropfen. Das ist
Tau. Er entsteht, wenn die Luft tagsüber
trocken ist und nachts stark abkühlt.
Sinkt die Temperatur unter 0 °C, wird alles
mit Eiskristallen überzogen. Das ist Reif.
Tau oder Reif zeigen trockene Luft an.
Meist folgt dann ein sonniger Tag.

Gewitter und Hagel

Eine Gewitterwolke türmt sich rasch auf.
In ihr wehen starke Winde auf und ab.
Diese bewegen die Wassertropfen hin
und her. Hoch oben in der Wolke gefrieren
die Wassertropfen und fallen als Eiskörner
wieder herab. In der Wolke können
diese Hagelkörner so groß wie Murmeln,
Taubeneier oder sogar Tennisbälle werden.
Es blitzt und donnert. Heftiger Regen oder
Hagel fällt aus der Wolke auf die Erde.

Nebel

Nebel ist eine Wolke in der Nähe des Bodens. Sie besteht
aus vielen feinen Wassertröpfchen, die einen dichten Schleier bilden.

Symbole für Niederschläge und					Wettererscheinungen	
⊘	✳	⌒	⌐⌐	▲	═	⌐→
Regen	Schnee	Tau	Reif	Hagel	Nebel	Gewitter

 Schreibe einen Wetterbericht zum heutigen Tag. Vergleicht eure Ergebnisse.

Das Wetter beobachten und vorhersagen

 Wie beobachten die Kinder das Wetter? Beschreibe.

LEICHTER LERNEN

Mit Bildern lernen

- Betrachte das Bild genau.
- Finde Fragen.
  1. Was tun die Kinder?
  2. Welche Hilfsmittel nutzen sie?
- Beantworte die Fragen:
  1. Die Kinder messen die Lufttemperatur, ermitteln die Windrichtung, betrachten die Wolken …

2 Führt selbst Wetterbeobachtungen durch. Nutzt diese Hilfsmittel.

Deine Wetterbeobachtung?

Ich sehe Schäfchenwolken.

Tragt die Beobachtungen eine Woche lang in eine Wettertabelle ein.

Wettertabelle im Herbst						
Datum	Uhrzeit	Temperatur in °C	Bewölkung	Niederschlag	Windstärke Windrichtung	Sonnenaufgang/ Sonnenuntergang
10.10.	12.00	11	●	⊘	o—<	7.36 Uhr / 18.41 Uhr
11.10						

Wetter mit Hilfe von Materialien und Geräten beobachten;
Messergebnisse prüfen; eine Wettertabelle ausfüllen

Das Wetter auf der Erde wird vor allem von der Sonne,
der Luft und dem Wasser beeinflusst.
Wissenschaftler, die das Wetter erforschen, heißen **Meteorologen**.
Sie nutzen zum Beobachten und Auswerten moderne Technik.

Satelliten senden
aus dem Weltraum Bilder,
die die Wolkenbewegungen
überall auf der Erde zeigen.

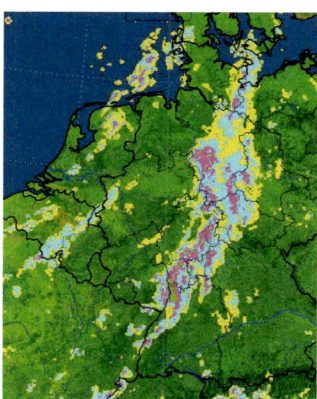

Radarbilder zeigen an,
wo Niederschläge fallen.
Die verschiedenen Farben
kennzeichner, wie viel
Niederschlag fällt.

In vielen **Wetterstationen**
wird weltweit
das aktuelle Wetter
beobachtet und gemessen.

Aus allen Informationen ermitteln Computer,
wie sich das Wetter entwickeln wird.
Du kannst die Wettervorhersage für deinen Ort
zum Beispiel aus Zeitungen, dem Radio,
dem Fernsehen oder dem Internet erfahren.

INTERESSANT

Früher schrieben vor allem
Bauern und Seeleute
Wetterbeobachtungen auf.
Beobachtungen, die über
Jahre ähnlich waren, dienten
als Wettervorhersagen.
Sie sind als Wetter- oder
Bauernregeln bekannt.
Oft trafen sie zu, aber
nicht immer.

Bauern-kalender

Nichts kann vor Raupen
mehr schützen
als Oktobereis in Pfützen.

Oktober rau,
Januar lau.

Im November Morgenrot
mit langem Regen droht.

Novemberschnee
tut der Saat nicht weh.

MITMACHEN UND NACHDENKEN

3 Vergleiche Wetter-
vorhersagen aus
verschiedenen Medien.
Welche Gemeinsamkeiten
und Unterschiede
entdeckst du?

Die Kartoffelpflanze

1 Wie ist die Kartoffelpflanze aufgebaut? Beschreibe die Pflanze mit Hilfe der Zeichnung.

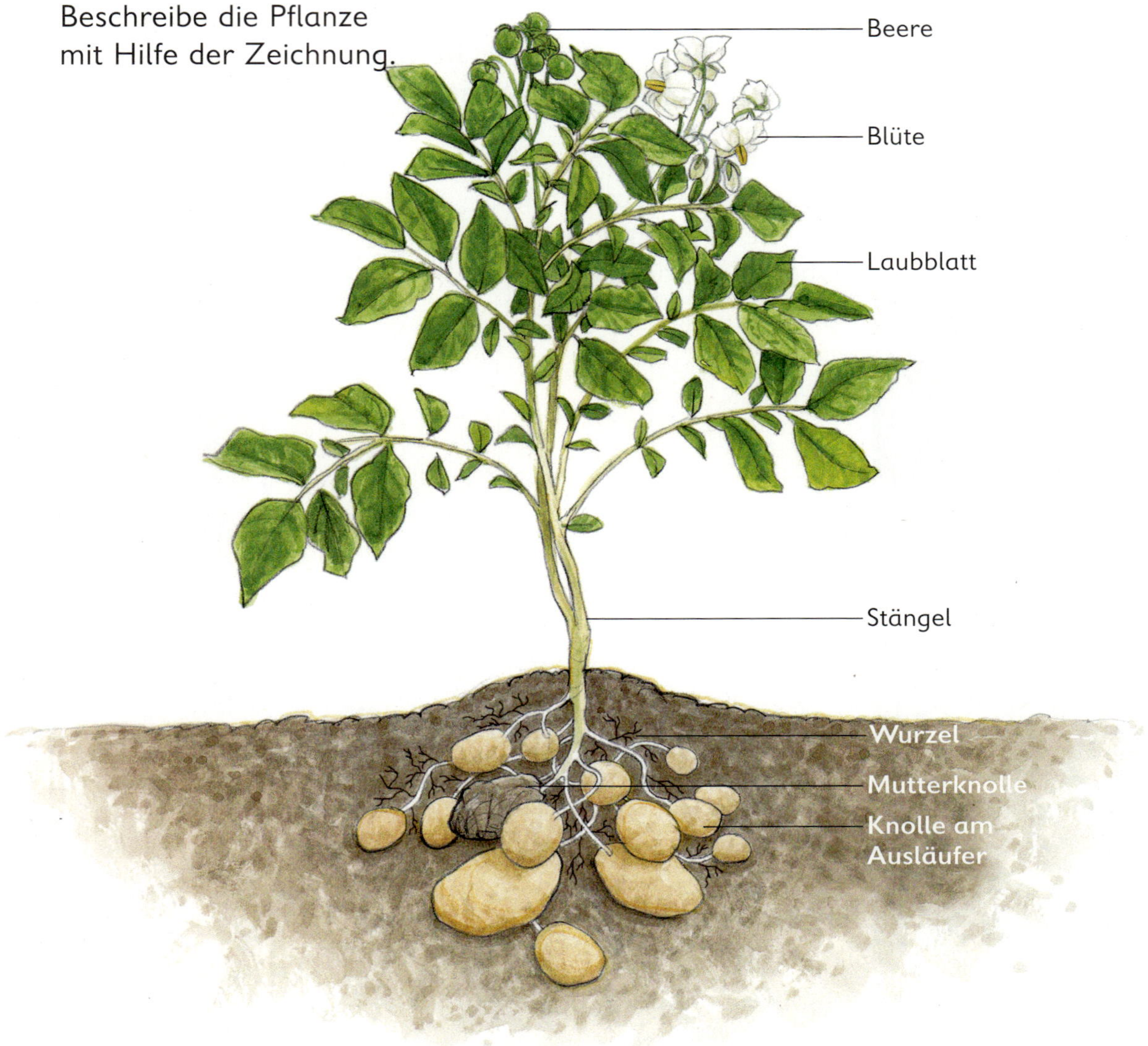
Beere
Blüte
Laubblatt
Stängel
Wurzel
Mutterknolle
Knolle am Ausläufer

Von der Blüte zur Knolle

Im Sommer blüht die Kartoffelpflanze. Die Blüten sind weiß bis hellviolett.

Aus jeder Blüte entwickelt sich eine grüne, giftige Frucht. Sie ist so groß wie eine Kirsche.

Am Stängel der Kartoffelpflanze wachsen Ausläufer mit dicken Knollen.

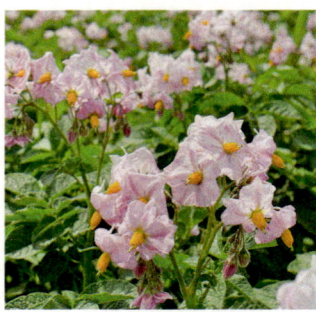

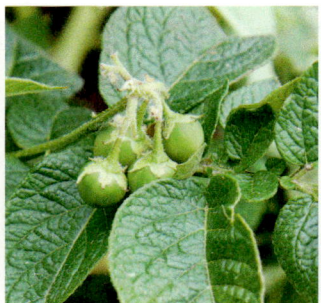

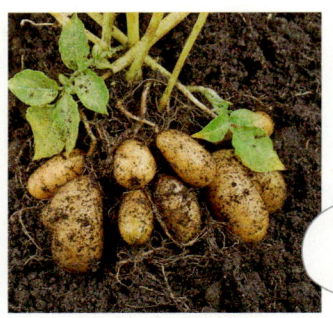

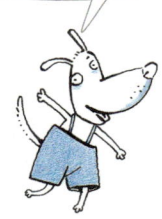

Gibt es auch Kartoffelwurst?

Teile einer Kartoffelpflanze benennen; Entwicklung einer Kartoffelpflanze beschreiben

AH S.6/7

Kartoffeln aus dem Garten

Kartoffeln, frisch geerntet und verarbeitet, schmecken gut und sind gesund.
Ihr könnt sie im Schulgarten oder in einem Eimer pflanzen, pflegen und ernten.

Ende März	Mitte April	Mai	Juni

60 cm

Stellt Kartoffeln an ein helles Fenster und lasst sie vorkeimen.

Pflanzt die Kartoffeln in Reihen. Beachtet die Abstände.

Haltet den Boden durch Grubbern locker und krümelig.

Häufelt die Erde um die Kartoffelpflanze herum an.

Juli	August	September	

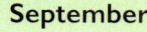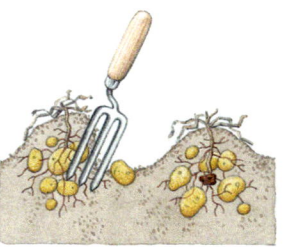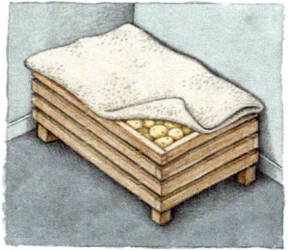

Jätet ab und zu Unkraut und sammelt Schädlinge ab.

Seht öfter nach den Pflanzen. Bald welkt das Kraut.

Drei Wochen nach dem Welken könnt ihr die Kartoffeln ernten.

Lagert die Kartoffeln luftig, dunkel, kühl und trocken.

Kartoffelsorten

Heute gibt es ungefähr 5 000 Kartoffelsorten.
Sie unterscheiden sich in der Form, Größe und Farbe
voneinander. 2015 aß jeder Bewohner in Deutschland
pro Woche etwa 1 Kilogramm Kartoffeln
oder Produkte aus Kartoffeln.

MITMACHEN UND NACHDENKEN

Oh, Kartoffelpflanzen werden auch krank!

2 Sammelt auf Karten Fragen rund um die Kartoffel.
Findet dazu Antworten in Büchern und im Internet.
Schreibt die Antworten auf die Rückseite der Karten.
Überlegt euch ein Spiel zu den Karten.

Eine nahrhafte Knolle und ihr Feind

 Forsche weiter zur Herkunft und zur Verbreitung der Kartoffel.

Vor etwa 500 Jahren brachten spanische und englische
Seefahrer Kartoffeln aus Südamerika mit nach Europa.
Im Anden-Gebirge in Südamerika nutzten die Menschen
die Kartoffeln seit Langem als Nahrungsmittel.
In Europa wurde die Kartoffel zunächst
als seltene Zierpflanze in Gärten angebaut.
Seit etwa 200 Jahren werden Kartoffeln in Deutschland
auch als Nahrungsmittel genutzt.

 Lies die Geschichte. Erzähle sie nach.

Keine lustige Geschichte

Ein englischer Seefahrer schickte seinem Freund
in Europa Kartoffeln. Er erzählte begeistert, wie köstlich
sie schmecken. Der Freund brauche die Knollen nur
in den Boden zu setzen. Der Freund folgte dem Rat und
wirklich: Aus den Knollen wuchsen Stauden mit schönen
Blüten. Als die grünen Beeren reif waren, ließ er daraus
für seine Gäste ein Essen zubereiten.
Allerdings: Die Beeren schmeckten fürchterlich,
und den Gästen wurde übel. Warum wohl?

Kartoffelpuffer braten

Zutaten
1 Kilogramm Kartoffeln, 2 Eier,
1 Zwiebel, 2 Prisen Salz,
3 Esslöffel Mehl,
Öl zum Backen

Zubereitung
- die Kartoffeln schälen und reiben,
  etwa 20 Minuten stehen lassen
- die überschüssige Flüssigkeit weggießen
- die geschälte und geriebene Zwiebel und
  die restlichen Zutaten dazugeben, alles umrühren
- Öl in einer Pfanne erhitzen und je eine kleine
  Suppenkelle des Kartoffelbreis hineingeben,
  als Kartoffelpuffer braten

Dazu schmeckt Apfelmus.

INTERESSANT

Kartoffeln sind gesund.
Sie enthalten:
- Kohlenhydrate
  als Energiespender
- Eiweiß zum Wachsen
- kaum Fett
- Vitamine und
  Mineralstoffe
  gegen Krankheiten
- Wasser, damit
  der Körper
  funktioniert

Steckbrief: Kartoffelkäfer

Käfer

Name: Kartoffelkäfer

Aussehen: 7 bis 15 Millimeter lang,
gelbe Flügel mit schwarzen Streifen,
gelbes Halsschild mit schwarzen Flecken,
Fühler, sechs Beine

Eier

Lebensraum: lebt meist auf Kartoffelpflanzen,
überwintert im Boden

Fortpflanzung: Ein Weibchen legt mehrere Eipakete
mit 30 bis 70 Eiern ab.
Larven schlüpfen nach wenigen Tagen,
verpuppen sich nach vier Wochen,
Käfer schlüpfen zwei Wochen später.

Larve

Nahrung: Käfer und Larven fressen vor allem Blätter
der Kartoffelpflanze.

Puppe

Feinde: Laufkäfer, Wespen, Kröten, Vögel

Kartoffelkäfer im Schulgarten bekämpfen:
- ab Mitte Mai die Eipakete absammeln
- Larven und Käfer früh am Morgen
  absammeln, dann sind die Tiere
  noch nicht so beweglich
- Pflanzen mit Minzbrühe besprühen
- zwischen die Kartoffelpflanzen Kümmel
  oder Pfefferminze pflanzen

INTERESSANT

Kartoffelkäfer können
ganze Kartoffelfelder
vernichten und damit auch
die Ernte. Vor 200 Jahren
gab es deshalb Hungersnöte.
Noch vor 60 Jahren gingen Dorf-
kinder oft mit auf die Felder, um die
vielen Kartoffelkäfer abzusammeln.

MITMACHEN UND NACHDENKEN

3 Informiere dich im Internet weiter über den Kartoffelkäfer.
Berichte, was du erfahren hast.

4 Notiert weitere Rezepte für Kartoffelgerichte.
Stellt ein Kochbuch zusammen. Probiert Rezepte aus.

Wir forschen im Herbst

1 Wähle Aufgaben aus. Forsche nach.

1 Ein Windlicht für den Herbst

Du brauchst:
- Glas
- Steine
- Kerze
- Herbstblätter
- Bast

Warum brennt die Kerze?

2 Wolken in der Flasche

Ihr braucht:
- PET-Flasche 1,5 l
- 1 l heißes Wasser
- Eiswürfel im Plastikbeutel

Geht so vor:
- Füllt das Wasser in die Flasche.
- Gießt es nach fünf Minuten aus.
- Schraubt den Deckel zu.
- Legt den Eisbeutel um den Flaschenhals.

Was beobachtet ihr?

3 Ratebild

Was hat solche „Augen"? Wie sind sie entstanden?

4 Zugvögeln auf der Spur

Jedes Jahr im Herbst sammeln sich die Zugvögel.

Beobachte:
Welche Vögel hast du gesehen?
Forsche nach: Wohin fliegen diese Vögel?

5 Was kann ich mir merken?

- Betrachte das Bild eine Minute lang. Merke dir die Dinge.
- Schließe das Buch.
- Zeichne auf ein Blatt alle Dinge, an die du dich erinnerst.

Beobachtungs- und Merkfähigkeit festigen; Feinmotorik schulen;
Problemlöseverhalten fördern

Miteinander leben

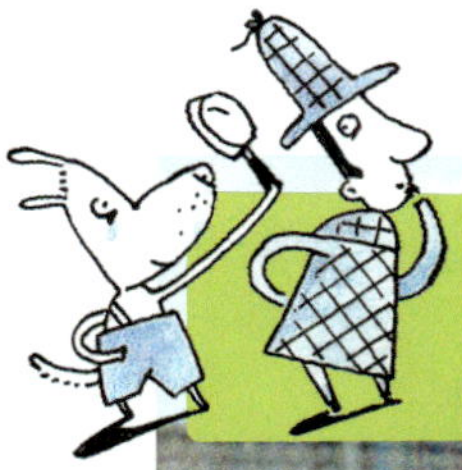

Wie leben Familien hier und in anderen Ländern?

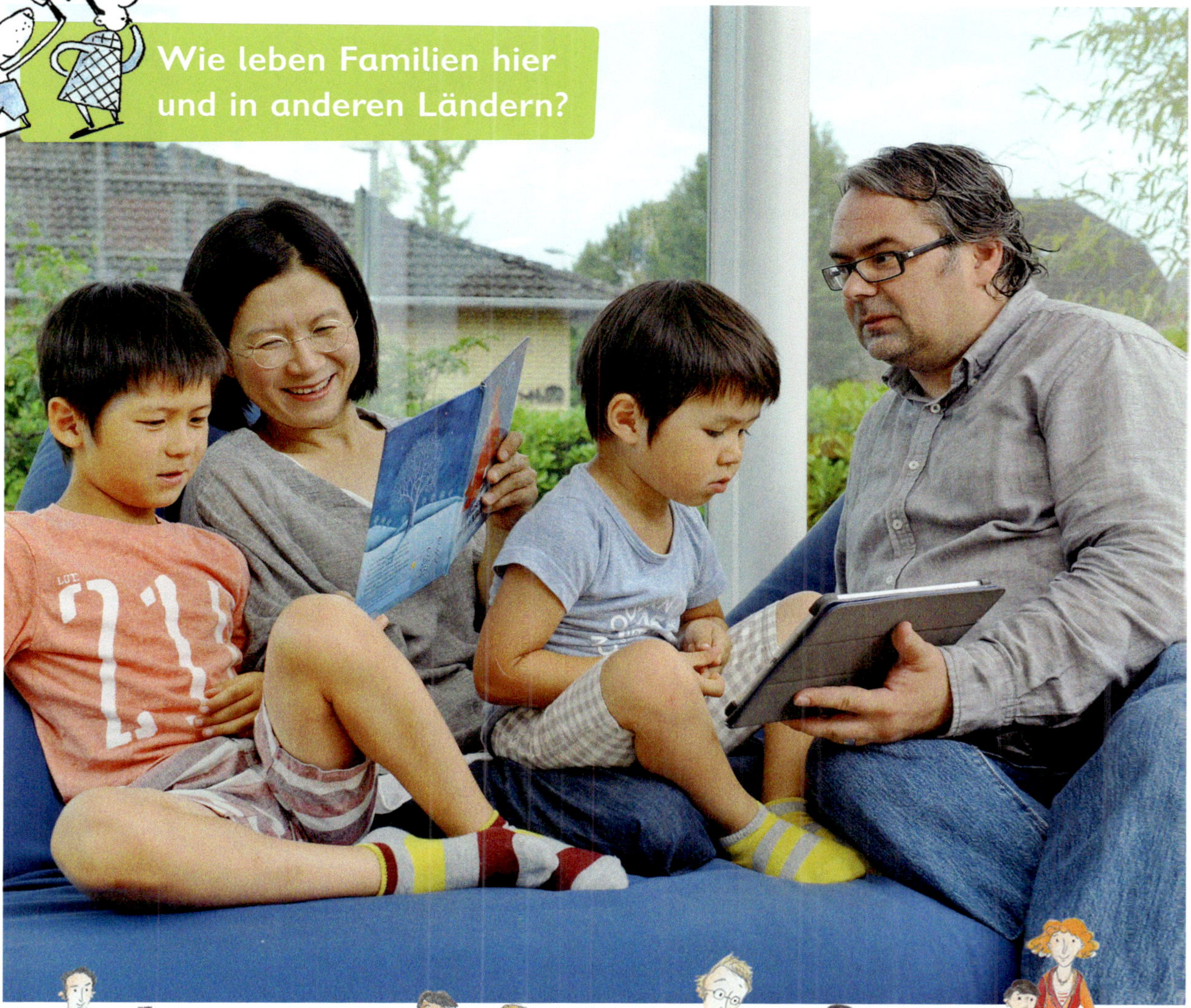

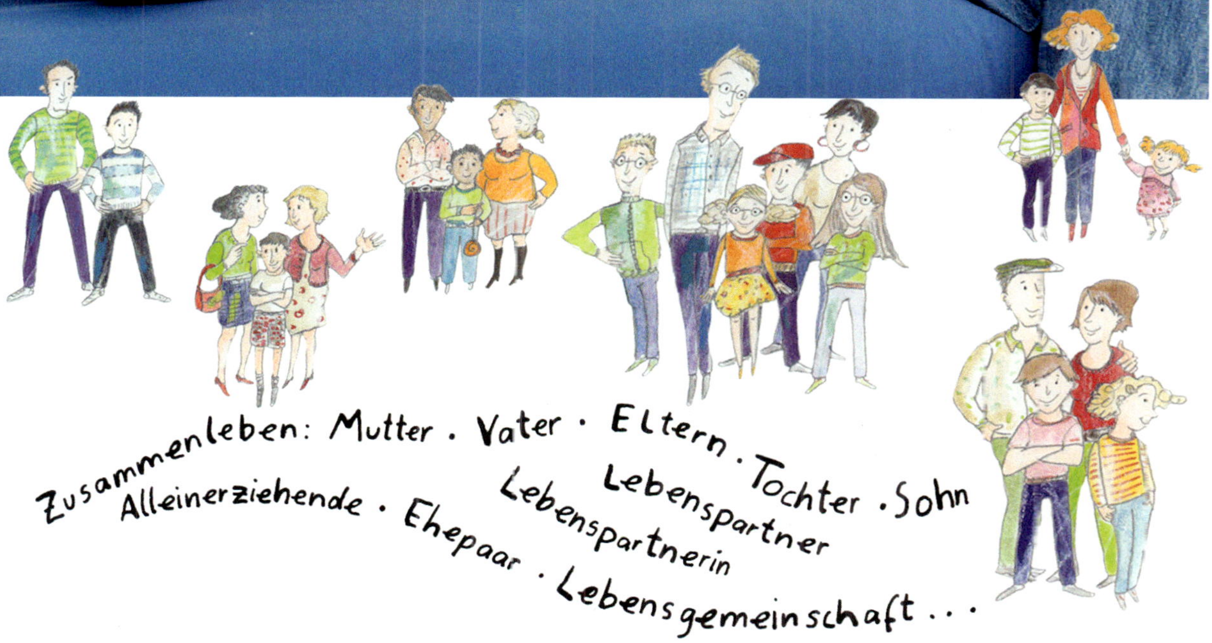

Zusammenleben: Mutter . Vater . Eltern . Tochter . Sohn
Lebenspartner
Alleinerziehende . Ehepaar . Lebenspartnerin
Lebensgemeinschaft . . .

Wie Familien leben

1 Schreibe auf, wie du dir einen Tag in einer dieser Familien vorstellst.

Jeder Mensch lebt in seiner **Familie** nach eigenen Regeln
und Vorstellungen. Das Leben in der Familie
wird aber auch durch **Traditionen** bestimmt.
Menschen sprechen unterschiedliche Sprachen,
feiern besondere Feste, spielen ihre Musik
mit eigenen Instrumenten und kochen Essen
nach Rezepten, die sie von ihren Eltern kennen.
Heute leben viele Menschen
mit ausländischen Wurzeln bei uns.
Sie bringen ihre Kulturen mit nach Deutschland
und lernen unsere **Kultur** kennen.

> Ich esse
> italienisch, trage
> amerikanische Hosen
> und belle in
> allen Sprachen.

FAMILIE: GEBORGEN SEIN · VERTRAUEN HABEN · VERANTWORTUNG ÜBERNEHMEN

Das eigene im Fremden entdecken; unterschiedliche Perspektiven einnehmen   AH S.8/9

Laura

Meine Eltern sind geschieden. Ich habe
zwei Schwestern, eine große und eine kleine.
Meine große Schwester hilft mir manchmal
bei den Hausaufgaben. Wir verstehen uns gut.
Wir alle helfen unserer Mama im Haushalt,
denn sie arbeitet im Krankenhaus im Schichtdienst.
In den Ferien fahren wir zu unserem Vater nach Kroatien.
Er ist jetzt mit Mila verheiratet. Beide wohnen in Zagreb.
Dort haben sie ein kleines Restaurant.
Mila kocht dort für uns ein kroatisches Sarma.
Das sind Krautrouladen mit Reis und Fleisch.
Das essen wir besonders gern und die Gäste auch.

Kingsley

Meine Mutti ist Dolmetscherin. Sie arbeitet
in der Flüchtlingshilfe. Mein Papa ist
in den USA geboren. Er arbeitet jetzt
in Deutschland in einer Computerfirma.
Als er so alt war wie ich, war er
mit seinen Pfadfindern oft zelten. Da hat er kochen gelernt.
Seine Spagetti mit Meatballs (Fleischbällchen)
in Preiselbeer-Chili-Soße schmecken wirklich toll. Das Rezept
hat er von meiner Oma. Mein großer Bruder ist jetzt für
ein Jahr bei unserer Oma in Amerika. Er geht dort zur Schule.
In der Freizeit arbeitet er in einem Hospital.

MITMACHEN UND NACHDENKEN

2. Was können Laura und Kingsley von ihren Eltern
erfahren und lernen?

3. Befragt euch gegenseitig:
Was kann ich von deiner Familie erfahren?
- einen schönen Brauch
- Wörter aus eurer Sprache
- ein Essen, das euch besonders schmeckt
- ein tolles Fest, das ihr feiert
- …

VERSTÄNDNIS HABEN · LIEBE ERFAHREN UND GEBEN · KONFLIKTE LÖSEN

Feste aus aller Welt

Überall auf der Welt feiern die Menschen Feste.
Sie kommen zusammen, um miteinander zu reden,
zu musizieren, zu essen und zu trinken.
Sie wollen sich gemeinsam freuen, tanzen und
ausgelassen sein.

 Erzähle: So feiere ich Ostern in meiner Familie.

Ostern in Deutschland

Zeit: erster Sonntag nach dem ersten
Frühjahrsvollmond

LEICHTER LERNEN

**Informationen
mit bekanntem Wissen
verknüpfen**

- Überlege, was du
  zu einem Thema
  schon weißt,
  zum Beispiel
  zum Osterfest.
- Informiere dich weiter:
  Frage andere und höre
  ihnen zu. Nutze Medien
  wie Bücher oder
  das Internet.
- Erzähle einem Partner
  oder zu Hause,
  was du jetzt zum Thema
  weißt.

Raksha Bandhan in Nordindien

Zeit: August

Raksha Bandhan ist das Fest
der Liebe zwischen Schwester
und Bruder. Raksha bedeutet Schutz
und Bandhan Bindung. Auf dem Fest
schenkt die Schwester dem Bruder
ein selbst geflochtenes Armband.
Der Bruder bedankt sich
mit einem Geschenk.

Manchmal schenkt er der Schwester
indische Rupien, bei uns wären das
ein paar Cent. Bruder und Schwester
wünschen einander, gesund zu bleiben
und füreinander da zu sein, auch wenn
sie größer werden.

Wir flechten einen Rakhi für Geschwister oder Freunde.

Über kulturelle Vielfalt am Beispiel von Festen in der Welt sprechen;
von einem Fest in der Familie berichten

AH S. 8/9

Halloween in den USA

Zeit: letzte Nacht im Oktober

Dieses Fest ist sehr alt. Früher fürchteten die Menschen,
dass böse Geister in dieser Nacht Schlimmes anrichten.
Heute verkleiden sich die Kinder als Geister.
Sie erschrecken die Nachbarn mit dem Ruf
„Trick or treat" – „Süßes oder Saures".
Sie bekommen dann Süßigkeiten.

Wir verkleiden uns als Geister und feiern Halloween.

> Warum schnitzt man zu Halloween Fratzen in Kürbisse?

Neujahrsfest in China

Zeit: Es beginnt am ersten Tag des chinesischen Kalenders,
meist im Februar, und dauert 15 Tage.

Das chinesische Neujahr ist eines der buntesten Feste der Welt.
Zuerst machen die Familien ihre Häuser sauber,
um das Unglück des letzten Jahres zu vertreiben.
Dann schmücken sie die Räume mit Pfirsichblüten, das soll
Glück bringen. Feuerwerkskörper an der Tür vertreiben böse Geister.
Die Familien besuchen Verwandte und Freunde.
Als Glücksbringer schenken sie einander
orangefarbene Mandarinen mit Blättern.
Die Kinder bekommen rote Päckchen
mit Glücksgeld.

Wir informieren uns über die Zeichen
des chinesischen Neujahrsfestes.

MITMACHEN UND NACHDENKEN

2 Welches Fest oder welche Feier gefällt dir besonders? Begründe.

3 Gestalte eine Karte zu einem Fest, das du kennst.
Stelle das Fest wie auf den Seiten 26 und 27 vor.

Aus anderen Ländern

1 Wähle Aufgaben aus. Forsche nach.

> Was bedeutet Kopfschütteln in Griechenland und Bulgarien?

1 Ein Sprichwort erklären

Versucht, das **Sprichwort**
„Andere Länder – andere Sitten"
an Beispielen zu erklären.

2 Das mögen wir: Essen aus verschiedenen Ländern

Was erzählt euch
dieses Bild?

Ergänzt das Bild
durch eigene
Beispiele.
Wir mögen Pizza
aus …

Wir mögen

3 Was aus anderen Ländern stammt

Bastelt ein Lapbook.

Ihr braucht für die Mappe
ein großes Blatt Zeichenkarton,
das ihr faltet.

Hinein klebt ihr Klappkarten,
Leporellos, Kreise, Umschläge …
Auf diese Teile könnt ihr
etwas schreiben, malen,
kleben oder etwas hineinstecken.

Im Winter

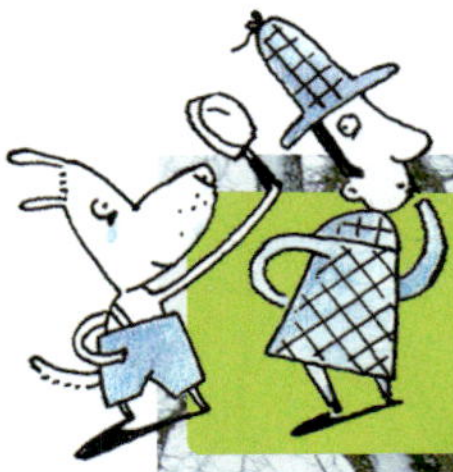

Welchen Einfluss hat das Wetter auf den Straßenverkehr?

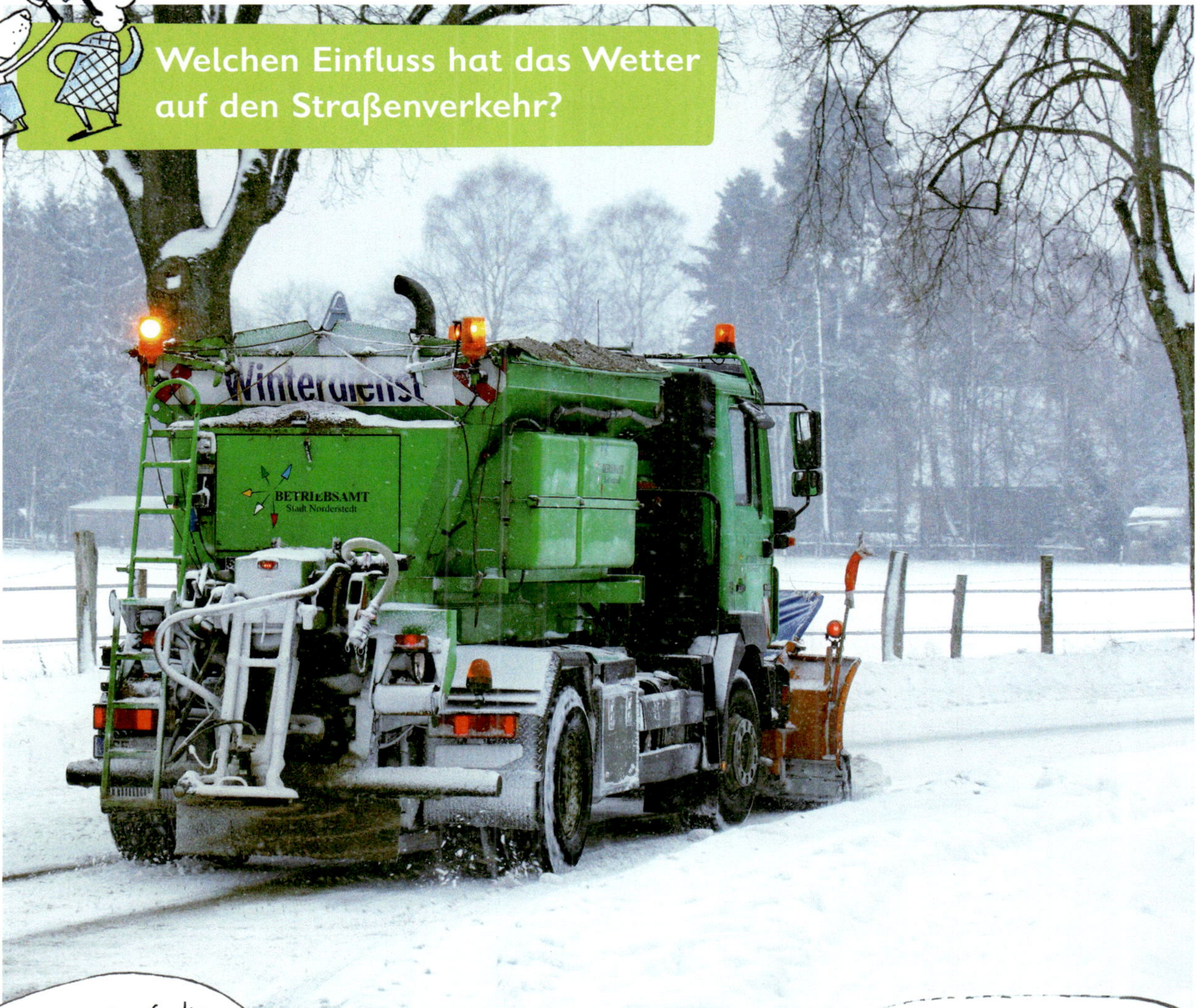

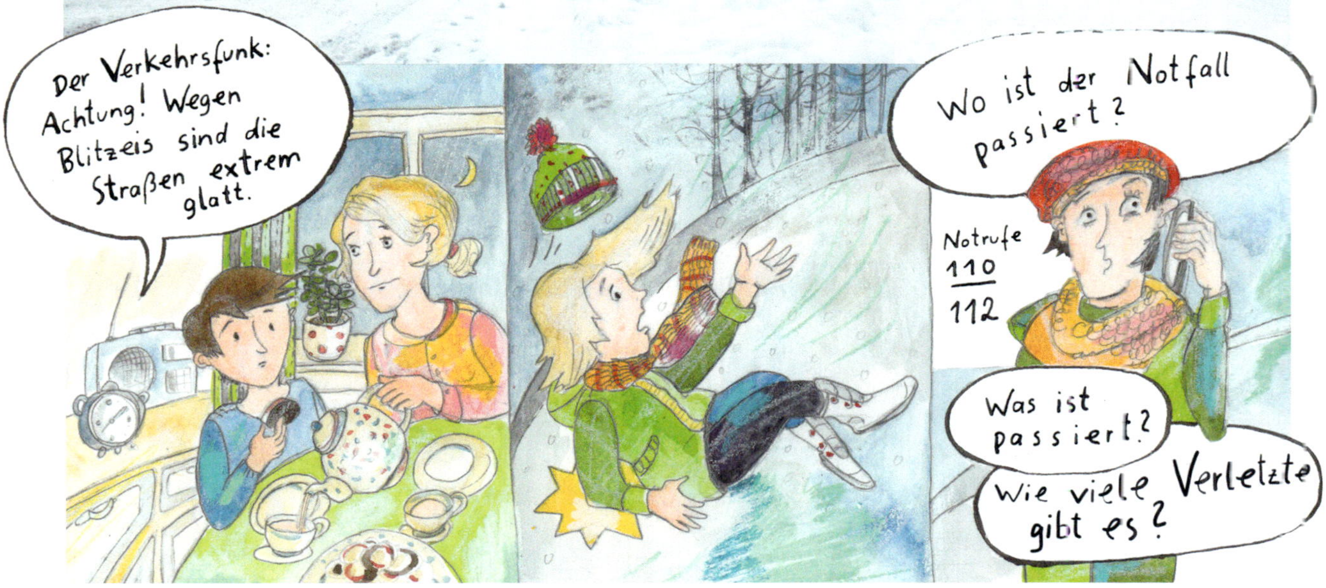

Der Verkehrsfunk: Achtung! Wegen Blitzeis sind die Straßen extrem glatt.

Wo ist der Notfall passiert?

Notrufe
110
112

Was ist passiert?

Wie viele Verletzte gibt es?

Gefahren bei Winterwetter

Wie wird das Wetter? Diese Frage stellen sich alle, die draußen unterwegs sind. Aber auch Menschen, die in ihrem Beruf mit dem Wetter zu tun haben, wie Feuerwehrleute, Bauarbeiter oder LKW-Fahrer.

Wer im Winter zu Fuß geht, mit dem Rad oder dem Auto fährt, will wissen, ob es draußen glatt ist. Oft muss der **Winterdienst** für die Sicherheit auf Plätzen und Wegen sorgen.

1 Lege eine Tabelle an.

Wer braucht Wettervorhersagen?	
Beruf/Person	Begründung

2 Wettervorhersagen gibt es in verschiedenen Medien. Vor welchen Gefahren wird hier gewarnt?

In der Zeitung	Im Fernsehen

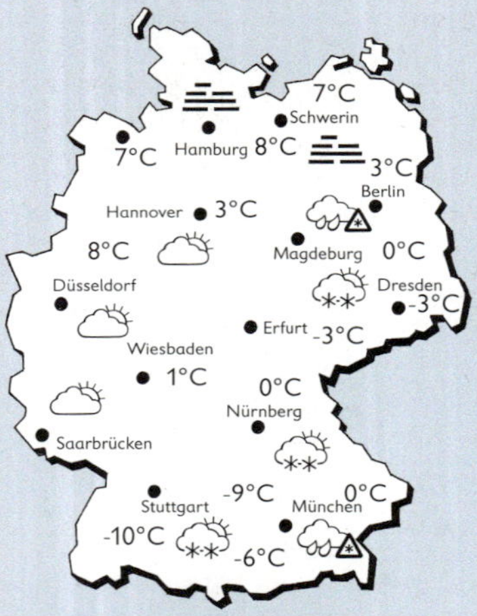

In der Zeitung

7°C Schwerin
7°C Hamburg 8°C
3°C Berlin
Hannover 3°C
8°C Magdeburg 0°C
Düsseldorf
Dresden -3°C
Erfurt -3°C
Wiesbaden
1°C
0°C Nürnberg
Saarbrücken
-9°C München 0°C
Stuttgart
-10°C -6°C

Die Wetterzeichen bedeuten:

• zeitweise sonnig, dichtere Wolken

• bewölkt, Schneefall oder Schneeschauer

• bedeckt und Regen friert

• neblig

Im Fernsehen

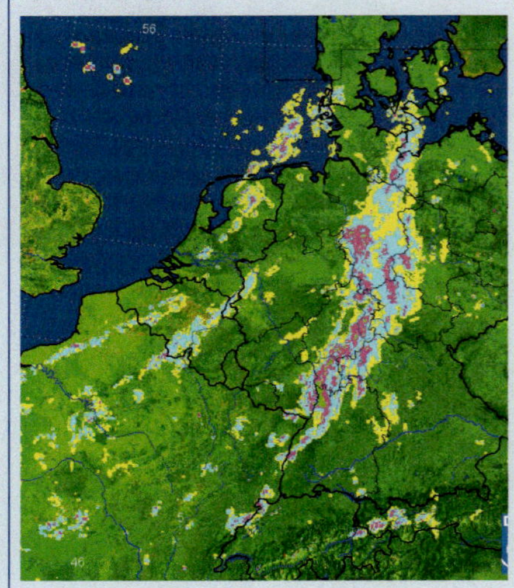

Im Radio	Im Internet	

Im Radio

Der Wetterdienst gibt eine Glatteiswarnung heraus.

Im Internet

fragFINN.de
Gecheckt! ✓ Das Netz für Kids.

Ich suche: winter+wettervorhersage   Los!

webTIPP
Schick FINN deine Favoriten
postFACH
Sag FINN deine Meinung
fragFINN
Als Startseite festlegen
problemLÖSER
Tipps zum Suchen und Finden

Dein Suchergebnis zum Thema: winter+wettervorhersage
Website melden

Suchwörter:
Wetter,
Wettervorhersage

Wetterberichte auswerten; Wetterkarten interpretieren;
Wetterinformationen im Internet suchen

A

Betreten
der Eisfläche
auf eigene
Gefahr

B

C

D

MITMACHEN UND NACHDENKEN

3 Was siehst du auf den Bildern A–D? Beschreibe.

4 Stellt Tipps zusammen:
Wie wir uns bei Wintergefahren verhalten.

5 Wie hilft die Feuerwehr im Winter?
Informiert euch im Internet oder
bei einem Besuch in einer Feuerwache.

Ist dir kalt?

Wie Pflanzen und Tiere überwintern

 Untersuche eine Kastanienknospe.
Lege eine Sachzeichnung an.

Kastanienbaum

Im Sommer hat der Kastanienbaum
reichlich Nahrung zum Wachsen.
Dann bildet er schon Knospen aus.
Es sind große, klebrige Knospen.
Aus ihnen werden im nächsten Frühjahr
neue Blätter und Blüten sprießen.
Der Kastanienbaum wirft im Herbst
seine Laubblätter ab.
Nun ist der Baum in Winterruhe.
Alle Lebensvorgänge laufen langsam ab.
Kastanien sind **mehrjährige Pflanzen**.

Kastanienknospe

Längsschnitt durch
eine Kastanienknospe

 Lies die Texte. Beschreibe dann die Abbildungen.

Schneeglöckchen und Veilchen

Das Schneeglöckchen überwintert
mit einer Zwiebel
und das Veilchen mit einem Wurzelstock.
Darin haben die Pflanzen im Vorjahr
Nährstoffe gesammelt und gespeichert.
Die Teile über der Erde
sterben im Winter ab.
Schneeglöckchen sind mehrjährige
Pflanzen. Veilchen können einjährig
oder mehrjährig sein.

Schneeglöckchen

Veilchen

Roggen

Roggen wird im Herbst gesät
und überdauert den Winter
als kleine Pflanze. Die Samenkörner reifen
im Sommer in den Ähren.
Sie enthalten viele Nährstoffe und auch
den Keimling. Wird ein Samen
nach der Ernte ausgesät, entwickelt sich
aus dem Keimling im nächsten Jahr
eine neue Pflanze.
Roggen ist eine **einjährige Pflanze**.

Samen

Roggen

Keimling

Samen

Begriffsverständnis zu Phänomenen in der belebten Natur
sowie Artenkenntnisse erweitern

Im Winter aktiv

Zum Winter wird das Fell des Feldhasen
dichter und dicker. Seine Farbe ist
graubraun bis weißlich.
Als Einzelgänger ist er allein unterwegs.
Besonders in der Dämmerung sucht er Futter,
zum Beispiel Knospen, Triebe
und auch Baumrinde.

Im Winterschlaf

Igel finden im Winter kaum Futter.
Deshalb fressen sie sich im Sommer
ein Fettpolster an und schlafen
im Winter fünf bis sechs Monate.
Sie halten Winterschlaf.

In Winterruhe

Eichhörnchen halten Winterruhe.
Sie schlafen oder ruhen mehrere Tage
in ihrem Nest. Dann aber suchen sie draußen
wieder nach Nahrung.

Spuren im Schnee

Viele Tiere sind im Winter
auf Nahrungssuche. Im Schnee sehen wir
Fußspuren von Meisen, Krähen,
Tauben und Sperlingen. Im Wald
und auf dem Feld findest du **Spuren
und Fährten** von Reh, Wildschwein,
Feldhase, Fuchs, Maus und Eichhörnchen.

 **MITMACHEN UND NACHDENKEN**

3 Wie überwintern Störche und Schwalben?

4 Informiere dich im Internet über weitere Tiere, die Winterschlaf
oder Winterruhe halten.

5 Einige Tiere fallen in **Winterstarre**. Forsche nach. Präsentiere deine Ergebnisse.

Rätselhaftes im Winter

1 Wähle Aufgaben aus. Forsche nach.

1 Sichtbarer Atem

Ich entdecke und erkläre:
An kalten Wintertagen kann ich
meine Atemluft sehen. Warum eigentlich?

2 Einen Schneeball untersuchen

Ich lege einen Schnee-
ball drei Tage
in ein Gefrierfach.
Verändert er sich
oder nicht?

3 Winterdienst

Ich frage nach:
Womit streut
der Winterdienst,
wenn die Straßen
unseres Ortes
glatt sind?

4 Eiszapfen

Ich fotografiere
und lese nach:
Wie entstehen
solche Eiszapfen?

5 Wasser verändert sich

Ich experimentiere:
Ich fülle Wasser
in ein Plastik-Ei.
Dann lege ich es
sechs bis acht Stunden
in ein Gefrierfach
oder bei Kälte nach draußen.
Was passiert?

Das tut mir gut

Was können meine Sinne?

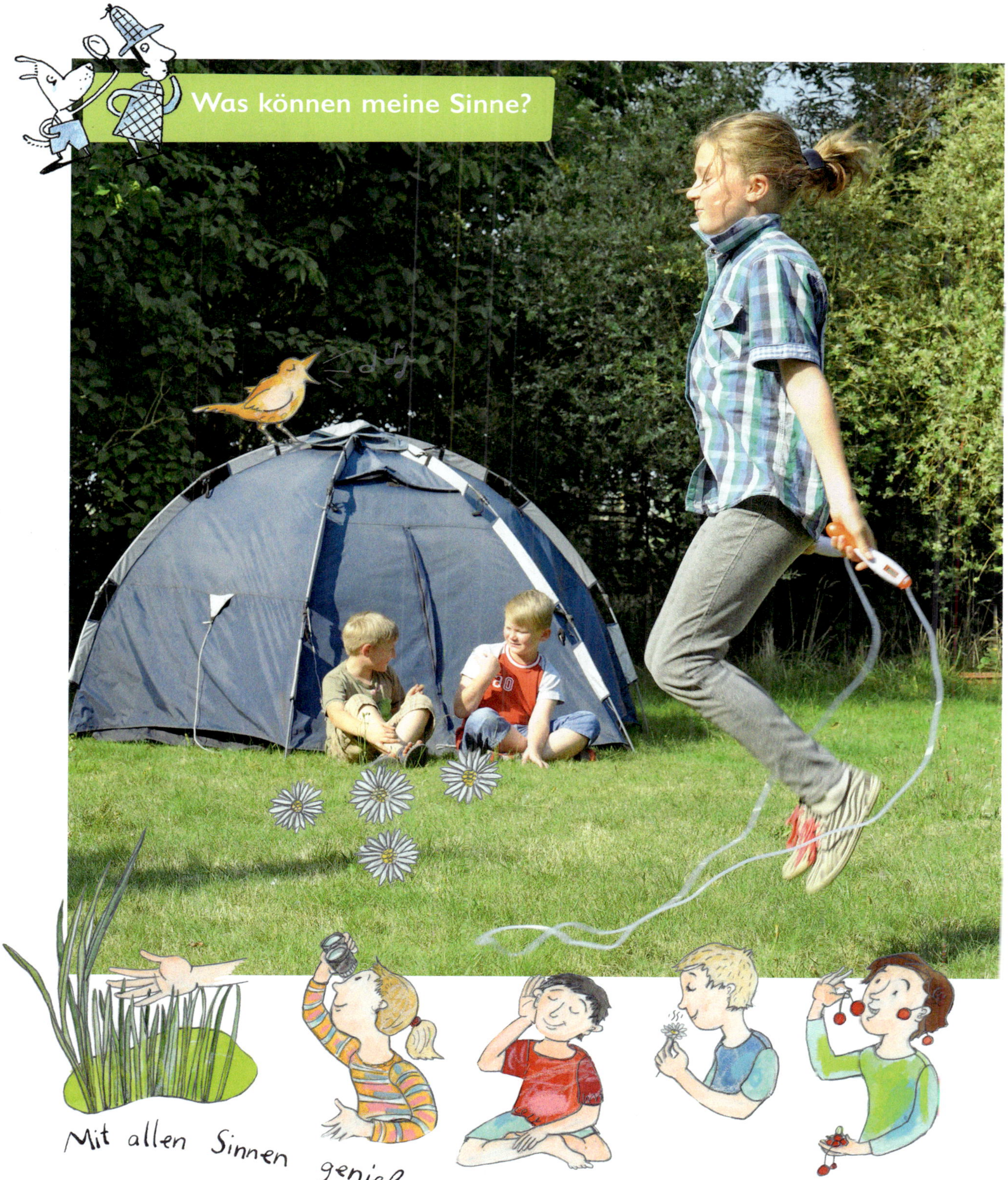

Mit allen Sinnen genießen.

das Gras...   den Vogel...   das Gänseblümchen...   die Kirsche...

Unsere Sinne

 Lest die Texte und probiert aus.

Mit deinen Augen siehst du Farben, Formen, Größen,
Entfernungen, Bewegungen.
Räumlich siehst du nur mit beiden Augen.

> 1 Betrachtet gegenseitig eure Augen.
> Zeichnet ein Auge und beschriftet die Zeichnung.

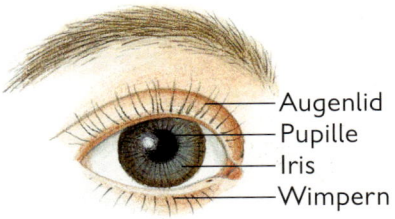

Augenlid
Pupille
Iris
Wimpern

Mit den Ohren hörst du Geräusche, Laute, Töne und
Klänge: laute oder leise, kurze oder andauernde.
Die Richtung, aus der du sie hörst, erkennst du nur
mit beiden Ohren.

> 2 Seid ganz leise in der Klasse. Schreibt auf,
> was ihr bei geöffnetem Fenster hört.

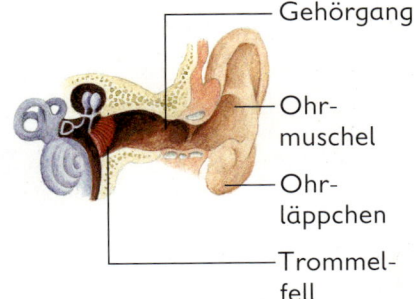

Gehörgang

Ohr-
muschel

Ohr-
läppchen

Trommel-
fell

Du hast über 10 000 Geschmacksknospen
auf der Zunge. Damit schmeckst du, ob etwas
süß, sauer, bitter, herzhaft (umami) oder salzig ist.

> 3 Probiert Speisen: Welche erkennt ihr,
> ohne sie zu sehen?

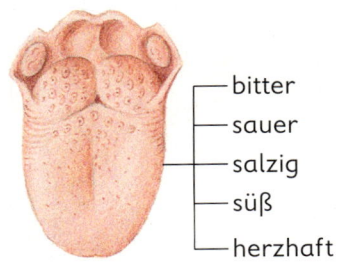

bitter
sauer
salzig
süß
herzhaft

Mit deiner Nase riechst du, was süßlich,
säuerlich, blumig, brenzlig, harzig oder faulig ist.
Geschmacks- und Geruchssinn wirken zusammen.

> 4 Riecht an Speisen: Welche erkennt ihr,
> ohne sie zu sehen?

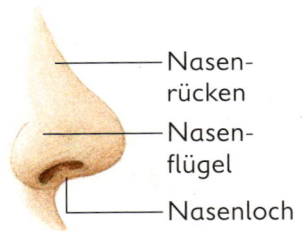

Nasen-
rücken

Nasen-
flügel

Nasenloch

Die Haut ist dein größtes **Sinnesorgan**. Sie enthält
viele Empfindungsnerven und Tastpunkte – du fühlst.

> 5 Probiert aus: Was empfindet ihr?
> Berührt Eis, warmes Wasser,
> drückt, streichelt, kneift euch.

Besonders viele Tastpunkte

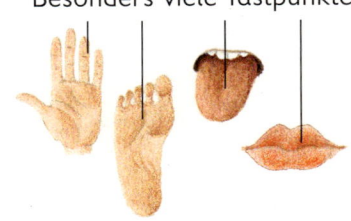

Hier stimmt was nicht!

Mit der Zunge kann man gucken,
mit den Beinen kann man spucken.
Auf den Ohren kann man kriechen,
mit den Augen kann man riechen.
Hören kann man mit den Zehen,
auf dem Mund, da kann man stehen.
Mit den Händen kann man lecken
und die Schokolade schmecken.
Mit den Knien kann man trinken,
mit der Nase kann man winken.
Damit endet das Gedicht und mir scheint:
Hier stimmt was nicht.

Paul Maar

Kann man mit der Zunge gucken?

Kann man mit der Nase winken?

Kann das sein? Sinnestäuschung?

6

Lies nicht die Wörter, sondern nenne die Farbe. Was bemerkst du?

gelb rot violett grau schwarz orange blau rosa grün braun

Das ist schwierig, denn deine linke Gehirnhälfte will, dass du die Farben nennst. Deine rechte Gehirnhälfte aber will, dass du die Wörter liest.

7

Lege ein großes Schneckengehäuse an dein Ohr. Hörst du das Meer rauschen?

Versuche es auch mit einem Glas.

8

Sind diese Säulen gerade? Lege ein Lineal an.

 MITMACHEN UND NACHDENKEN

2   Lies das Gedicht. Male ein Bild dazu.

3   Findet noch mehr Beispiele zu Sinnestäuschungen. Sucht im Internet unter dem Suchwort „Sinnestäuschung".

4   Manches, was wir sehen oder hören, verwirrt unser Gehirn. Wie kommt es zu Sinnestäuschungen. Forsche nach.

Mit den Augen und den Fingern sehen

 Benenne die Teile des Auges und ihre Aufgaben.

Die Augenbraue stoppt
Wasser und Schweiß.

Die Wimpern schützen
vor Staub.

Durch die Pupille
gelangen Bilder
in das Innere des Auges.
Ein Sehnerv schickt
die Informationen
zum Gehirn.

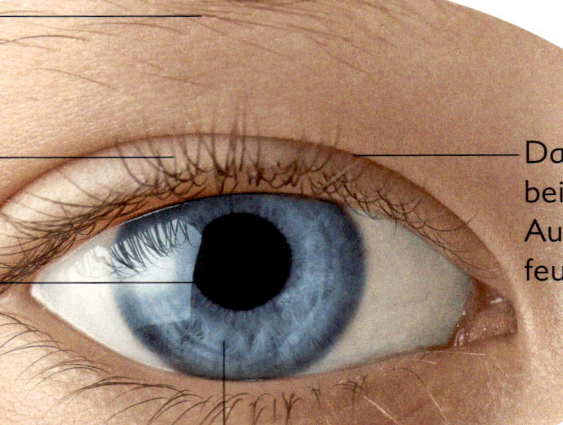

Das Lid schließt sich
bei Gefahr für das
Auge. Es hält das Auge
feucht und sauber.

Die Iris ist ein beweglicher Ring. Bei Helligkeit verengt
sich die Iris. So schützt sie das Auge vor grellem Licht.
Bei Dunkelheit weitet sich die Iris.
So kann mehr Licht durch die Pupille.

Hilfsmittel für die Augen

Lupe

Sonnenbrille

Schweißerbrille

Taucherbrille

Mikroskop

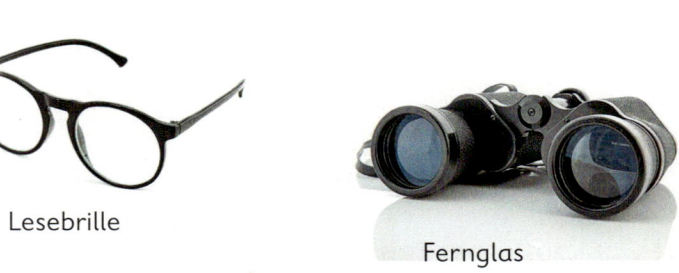

Lesebrille

Fernglas

INTERESSANT

Vor über 1000 Jahren
wurde die Leselupe
von dem arabischen
Wissenschaftler
Alhazen erfunden.
Rund 200 Jahre später
haben seine Aufzeich-
nungen Roger Bacon
aus England
zur Erfindung
der Brille angeregt.

Grundaufbau des Auges erkennen; Hilfsmittel rund um das Sehen kennen
und ihre Bedeutung erfassen

Menschen, die kaum oder gar nicht sehen können, lesen mit den Händen.

Louis Braille

Ein Jugendlicher erfindet die Blindenschrift

Louis Braille wurde 1809 bei Paris geboren.
Mit drei Jahren hatte er einen Unfall und
erblindete mit fünf Jahren.
Die Eltern lasen ihm viel vor. Doch er wollte gern
selbst Bücher lesen. Seit dem elften Lebensjahr
probierte er, eine Schrift für Blinde zu erfinden.
Mit 16 Jahren fand er die Lösung, eine Punktschrift.
Er hatte sich ein Schriftmuster
mit sechs Punkten ausgedacht.
Auf jedem Muster machte er einige Punkte
für die Finger fühlbar. So konnte er alle Buchstaben
des Alphabetes abbilden.

Brailles Punktschrift wird bis heute verwendet.
Auch an besonderen Computern kann man in Punktschrift schreiben.

MITMACHEN UND NACHDENKEN

2 Wozu werden die Hilfsmittel für die Augen genutzt?

3 Versuche, diesen Satz zu „lesen".

A   C   E   H   I   K   L   N   S

4 Besprecht, wie ihr euch das Leben eines blinden Menschen vorstellt.

Wie schütze ich meine Sinnesorgane?

Deine **Sinnesorgane** – Augen, Ohren, Nase, Zunge und Haut – sind sehr empfindlich. Auf sie musst du achten und sie schützen.

 Sprich zu den Bildern: Worauf sollten die Kinder achten?

Tipps zum Schutz der Sinnesorgane

Schau nicht direkt in die grelle Sonne, auch nicht mit einer Sonnenbrille. Halte spitze Gegenstände oder gefährliche Flüssigkeiten von den Augen fern.

2

Schütze deine Haut vor Sonne, Kälte und Hitze. Benutze im Sommer Sonnencreme, im Winter Handschuhe und warme Schuhe. Halte Abstand zu heißen Gegenständen, gefährlichen Flüssigkeiten und zu Dampf.

Ich bin geschützt.

3

Iss und trinke nicht zu heiß, zu kalt und zu scharf. Nimm nie gefährliche Gegenstände oder Flüssigkeiten in den Mund. Pass auf, dass du nicht von Wespen gestochen wirst.

4

Rieche nicht an gefährlichen Flüssigkeiten. Halte spitze oder scharfe Gegenstände von der Nase fern. Vermeide Erkältungen.

5

Höre Musik nicht zu laut. Schütze deine Ohren vor lauten Geräuschen. Gehe Lärm aus dem Weg. Stecke keine spitzen Gegenstände ins Ohr.

Möglichkeiten zum Schutz der Sinnesorgane erfahren; dazu eigene Regeln zusammenstellen

AH S.14/15

Sich selbst helfen bei kleinen Verletzungen

Verbrennung
- verbrannte Stelle kurz unter kaltes Wasser halten

Fliege, Sand, Wimper im Auge
- vorsichtig mit Wasser ausspülen oder
- zur Nase hin mit sauberem Taschentuch herauswischen

Sonnenbrand
- sich vor weiterer Sonneneinstrahlung schützen
- mit feuchtem Tuch kühlen
- kalt duschen

Verbrühung durch heiße Getränke
- sofort ein kaltes Getränk trinken

Verätzung durch gefährliche Stoffe

- betroffene Hautstellen sofort mit viel Wasser gründlich abspülen
- das verletzte Auge öffnen, vorsichtig mit lauwarmen Wasser ausspülen

Nasenbluten
- hinsetzen, Kopf leicht nach vorn beugen
- Taschentuch unter die Nase halten
- kalten Waschlappen 5 bis 15 Minuten in den Nacken legen

MITMACHEN UND NACHDENKEN

2 | Du willst im See baden und dich dann sonnen. Wie schützt du dabei deine Sinnesorgane? Erzähle.

3 | Spielt „Ich packe meinen Koffer" mit Aufgaben rund um die Sinne. Ich lege etwas Grünes hinein …

4 | Bei schweren Verletzungen wähle den Notruf 112! Besprecht: Was sagt ihr am Telefon?

LEICHTER LERNEN

Sich Bilder zu Texten vorstellen

Lies einen Text, zum Beispiel zum „Sonnenbrand".

- Stelle dir die Situation in Bildern vor. Nutze dabei auch eigene Erfahrungen.
- Erzähle, was du dir dazu vorgestellt hast.

Drogen, nein danke!

1 Diskutiert diese Meinungen.

Aber nicht für Kinder.

Rauchen und Bier trinken sind doch erlaubt.

Rauchen ist cool.

Ich bin Sportler. Ich finde Nichtrauchen gut.

Raucher riechen nicht gut.

Probieren ist nicht schlimm.

2 Gestaltet zu den Bildern Rollenspiele.

Wie wirkt Nikotin?

Nikotin ist im Zigarettenrauch.
Es ist eines der stärksten Gifte
mit gefährlichen Nebenwirkungen:
- kalte Füße und Hände (Durchblutungsstörungen)
- graue Haut
- das Atmen fällt schwer (Atemnot, Asthma)
- man ist oft müde
- Nachlassen der Sehschärfe,
  Gefahr des Erblindens
- Gefahr lebensgefährlicher Erkrankungen

Ich fühle mich ohne Drogen pudelwohl.

IM JUGENDSCHUTZGESETZ STEHT: DIE ABGABE VON TABAK UND ALKOHOL

Drogen als gefährlich erkennen; Gruppendruck standhalten;
im Rollenspiel das Selbstwertgefühl stärken

Wie wirkt Alkohol?

- Viele sagen, Alkohol macht gute Laune und beruhigt. Doch Alkohol ist ein Gift, es wirkt rasch: Wer viel davon trinkt, bewegt sich langsam, beginnt zu schwanken, stolpert oder stottert sogar. Man kann nicht mehr klar sehen und spürt kaum noch Schmerz oder Kälte. Manchem wird übel. Zu viel Alkohol vergiftet das Blut, man kann bewusstlos werden. Es besteht Lebensgefahr.

- Kinder werden durch Alkohol besonders stark geschädigt. Nicht nur Schnaps, Wein und Bier sind gefährlich, sondern auch Mixgetränke und Alkohol, der in Süßigkeiten wie Pralinen versteckt ist.
- Alkohol stört die Entwicklung des Kindes: das Denken, das Sprechen, die Beweglichkeit.
- Alkohol ist eine Droge. Man kann davon abhängig oder schwer krank werden.

 Bearbeitet diese Aktionen in Gruppen.

1 Werbung gegen Alkohol
- eine Werbung für Alkohol suchen
- einen Werbespruch dagegen verfassen
- die Werbesprüche in der Klasse ausstellen

2 Rollenspiel: „Ich kann ‚nein' sagen"
- „Nein" sagen, wenn Zigaretten angeboten werden
- „Nein" sagen zu Alkohol
- „Nein" sagen zu Tabletten zum Beispiel bei Kopfschmerzen, andere Lösung suchen

3 Plakate gegen Drogen gestalten

AN JUGENDLICHE UNTER 18 JAHREN IST VERBOTEN!

Nicht hören oder nicht sehen können

 Wähle Aufgaben aus. Forsche nach.

---

1   Informationen aus Bildern nutzen

Sprich zu den Bildern.

---

2   Lippenlesen

Ein Kind denkt sich ein Wort aus und spricht es lautlos aus. Es bewegt also nur die Lippen.
Das andere Kind versucht, das Wort zu erraten.

Für Fortgeschrittene: Versucht, kurze Sätze zu verstehen.

---

3   Gebärdensprache

Lest dazu im Internet nach.
Versucht, die Geschichten
mit **Gebärden** darzustellen:

Heute scheint die Sonne heiß.
Lea und ihre Freundin
kaufen sich ein großes Eis.
Es schmeckt nach
Himbeeren und
Schokolade.

Luis und Ben sehen
auf dem Schulweg
einen kleinen Hund.
Sie wollen ihn
in die Schule locken.
Doch der Hund
hört nicht auf sie.

---

4   Hilfsmittel für Sehbehinderte

Wie helfen diese Hilfsmittel
Sehbehinderten?
* Ampel mit hör- und fühlbarem Signal
* Blindenstock und Rillen auf dem Fußweg
* **Blindenführhund**
* sprechende Uhr
* Blindenschrift

Verständnis für Menschen mit Beeinträchtigung entwickeln;
Kompensationsmöglichkeit Gebärdensprache kennen lernen

S. 2/3

Bei uns und anderswo

Was möchte ich über meinen Heimatkreis wissen?

SEHENSWÜRDIG-KEITEN

BETRIEBE

LANDSCHAFT

MEIN HEIMATKREIS

ORTE

VERKEHR

FREIZEIT

Kleine Pläne – große Pläne

1 Erklärt die Schritte vom Schulmodell zum Plan.

Die Schule von allen Seiten

Das Modell der Schule

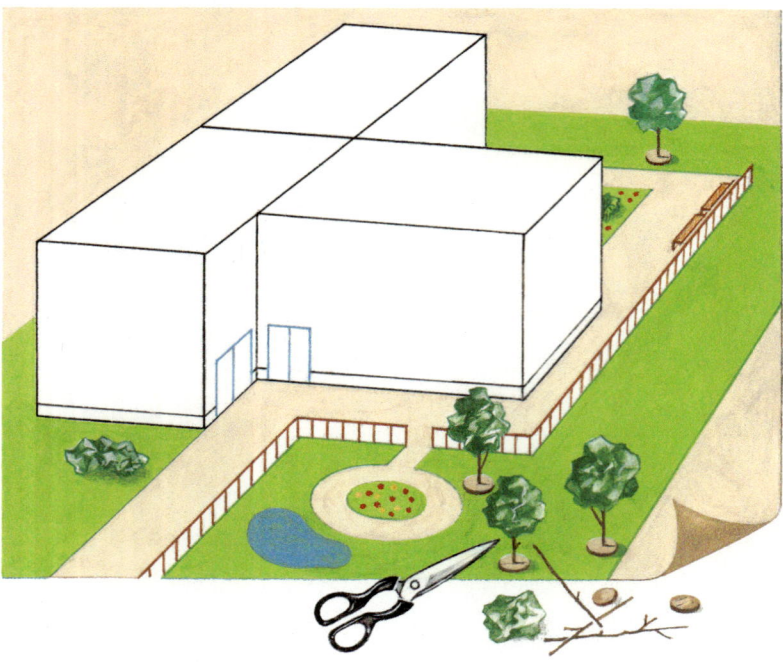

Beachtet:

- Im Modell wird die Wirklichkeit verkleinert und vereinfacht dargestellt: Häuser, Wege, Plätze …
- Alles ist so angelegt, wie es in Wirklichkeit ist.
- Wird das Modell mit einem Stift umfahren und dann von der Unterlage entfernt, sind auf dem Papier Grundrisse zu sehen: von der Schule, von den Bäumen und Wegen … Ein Plan ist entstanden.
- Der farbige Plan braucht eine Legende. Dann ist der Plan „lesbar". Die Legende erklärt die Bedeutung der Farben, Linien und Zeichen.

Der Plan der Schule

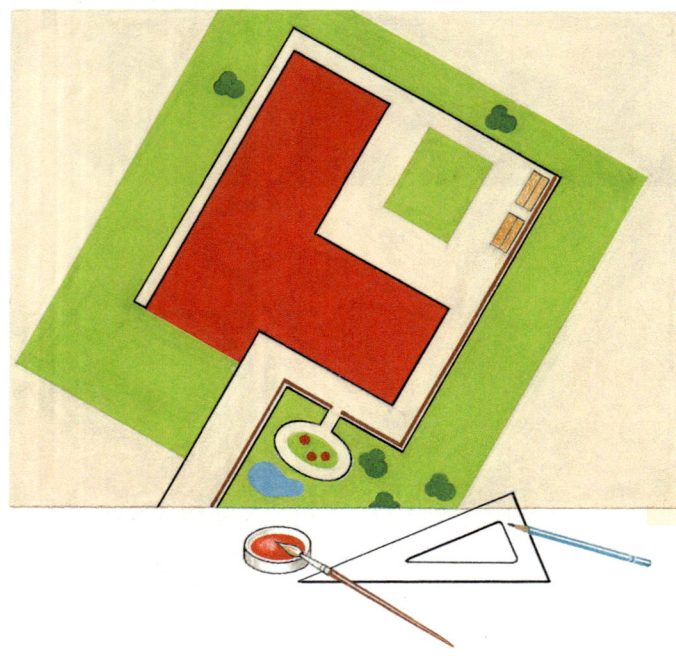

Legende

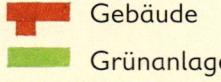 Gebäude	——— Weg
Grünanlage	—— Zaun
 Beet	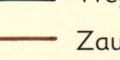 Bank
 Baum	Teich

Das Schulgelände erkunden, ein Modell anfertigen;
vom Modell einen Plan entwerfen

Ein Ortsplan

Ein Ortsplan zeigt Straßen, Gebäude, Plätze und Grünanlagen eines Ortes. Sie sind als vereinfachte, verkleinerte und verebnete Grundrisse dargestellt. Zu jedem Ortsplan gehört auch eine Legende, die alle Zeichen und Farben im Plan erklärt.

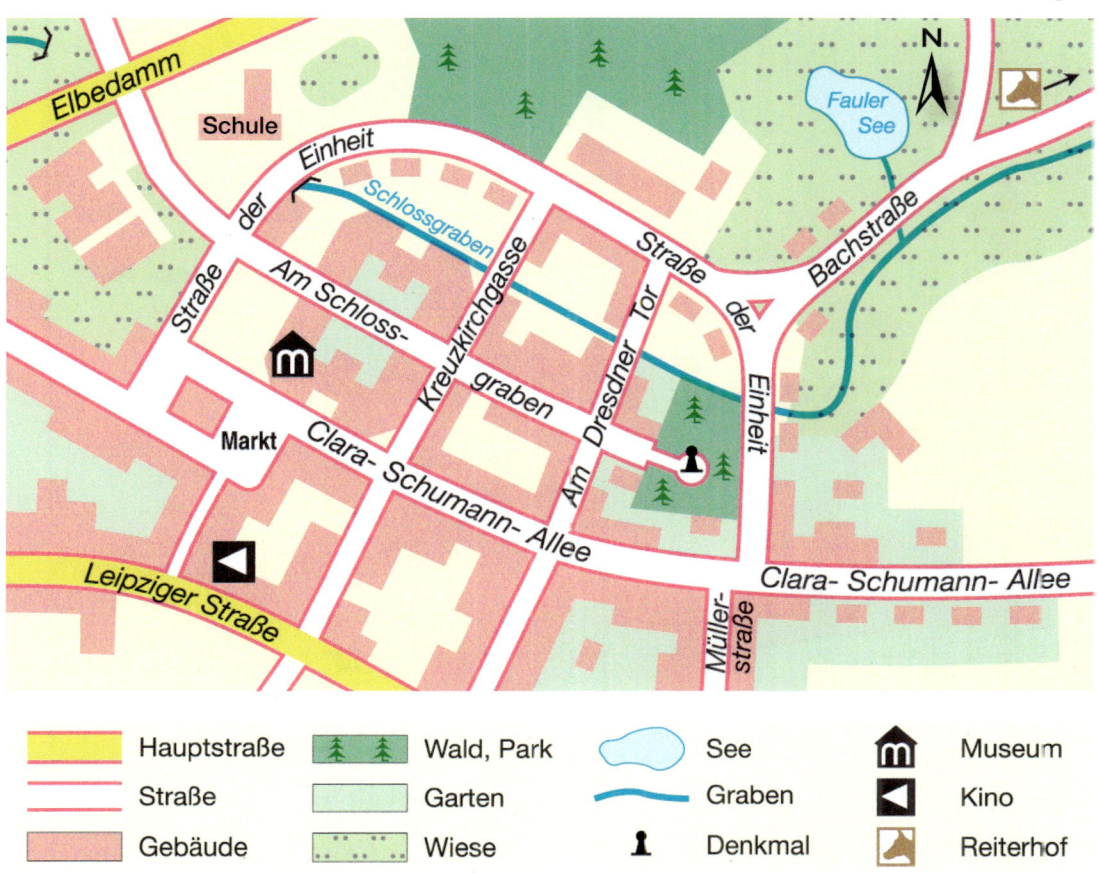

Mit einem Ortsplan kannst du dich über einen Ort informieren, auch wenn du noch nie dort warst.

MITMACHEN UND NACHDENKEN

2 Findet auf dem Plan die Schule und das Denkmal.

3 Stellt euch weitere Fragen zum Ortsplan:
Wo ist … ? Wie komme ich … ?

Verschiedene Karten kennen lernen

Einen Stadtplan nennt man auch thematische Karte, weil er sich auf ein bestimmtes Thema bezieht. Das Thema heißt hier „Dresden". Mit solcher Karte kannst du dich in einer Stadt orientieren.

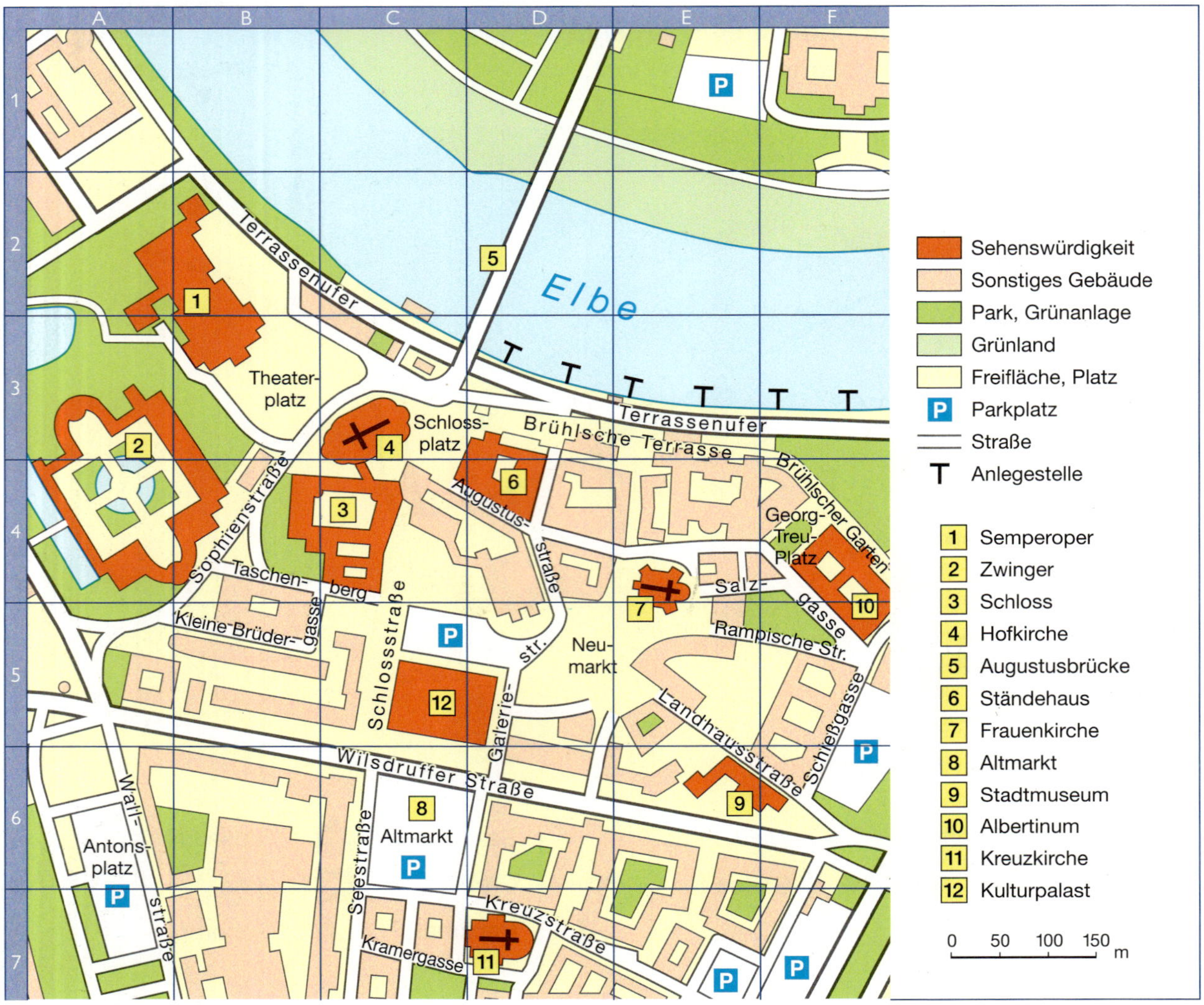

 Arbeitet in Partnerarbeit mit diesem Plan. Notiert eure Ergebnisse.

- An welchem Fluss liegt Dresden?

- Findet auf dem Plan den Zwinger, die Frauenkirche und eine andere Sehenswürdigkeit.
  Beschreibt deren Lage in der Stadt.

- Nennt drei Straßen und Plätze, an denen Sehenswürdigkeiten liegen, zum Beispiel: Die Semperoper befindet sich …

- Jeder beschreibt einen Weg durch das Dresdner Zentrum.
  Wählt den Start und das Ziel aus.
  Findet den kürzesten Fußweg zwischen Ausgangspunkt und Ziel.

Den Umgang mit Stadtplan und Legende üben   **AH** S.18/19

Thematische Karten gibt es zu vielen Themen.
Sie helfen, sich in der Umgebung zurechtzufinden.
Thematische Karten liefern uns je nach ihrem Thema unterschiedliche Informationen:

Wanderkarte

In einer Wanderkarte sind Wanderwege und interessante Ausflugsziele eingezeichnet.

Straßenkarte

Mit einer Straßenkarte informieren sich Autofahrer über den Verlauf der Straßen.

Übersichtskarte (physische Karte)

Eine physische Karte zeigt flaches Land, Flüsse und Seen, aber auch Berge.
Auf der Karte erkennt man die Lage von Orten, aber auch Verkehrswege
wie Straßen und Bahnstrecken und auch Grenzen zu anderen Gebieten.

MITMACHEN UND NACHDENKEN

2 Bringe eine Karte mit in den Unterricht. Erkläre sie.

3 Für die Orientierung kann man auch GPS (Positionierungssystem) benutzen.
Wie funktioniert dieser elektronische Kompass?

Von der Wirklichkeit zur Übersichtskarte

 Beschreibe die Fotos. Lies dann die Texte.

Eine Ebene ist ein weites, flaches Gebiet. Dort gibt es keine Berge und keine Hügel. Man kann weit in das Land schauen.

Eben heißt flach oder platt.

Und das Gegenteil …?

Ein Hügel erhebt sich nur wenig über seine Umgebung. Hügel sind nicht höher als 200 Meter. Sie haben abgerundete Kuppen. Die Hänge sind häufig flach und lang gezogen. Oft liegen mehrere Hügel hintereinander wie eine Kette. Landschaften mit Ebenen und Hügeln nennt man Tiefland.

Ein Berg überragt seine Umgebung. Berge können über 1000 Meter hoch sein. Manche Berghänge fallen steil ab. In den Tälern zwischen den Bergen fließen oft Bäche und Flüsse. Manchmal füllen kleine Seen die Täler. Mehrere Berge und Täler oder eine Kette von mehreren Bergen nennt man Gebirge.

Ein Beispiel: Flache Karten zeigen hohe Berge

Das ist eine **Landschaft** mit Berg und Tal.
Es sind kleine Häuser, Wiesen, Felder und Bäume
zu sehen. Ein Fluss fließt in einen See.

So kann man die Landschaft mit Höhenlinien
und Höhenschichten vereinfacht darstellen.
Jede Höhenschicht hat eine andere Farbe.

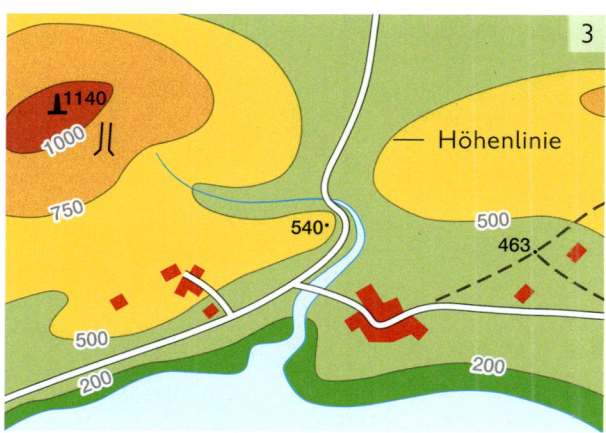

Landhöhen

⬛	1000 m
⬜	750 m
🟨	500 m
🟩	200 m
🟢	100 m

Von oben betrachtet sehen die Höhenschichten
wie farbige Flächen aus. Hier sind Höhenlinien
und Höhenschichten auf einer Karte dargestellt.

MITMACHEN UND NACHDENKEN

2 Betrachtet das Modell
des Berges mit den
Höhenschichten.
Zeichnet den Berg als Karte
mit farbigen Flächen.

Landhöhen

🟥	1000 m
🟧	750 m
🟨	500 m
🟩	200 m
🟢	100 m

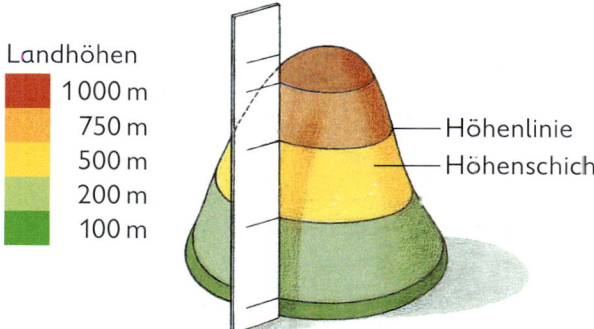

Tipps zum Umgang mit Karten

Diese Übersichtskarte (physische Karte) zeigt
die Höhenschichten von Sachsen mit farbigen Flächen.
Jede Höhenschicht hat eine andere Farbe.

 Lies die Karte. Nutze die Legende und die Tipps.

Höhenstufen im Freistaat Sachsen

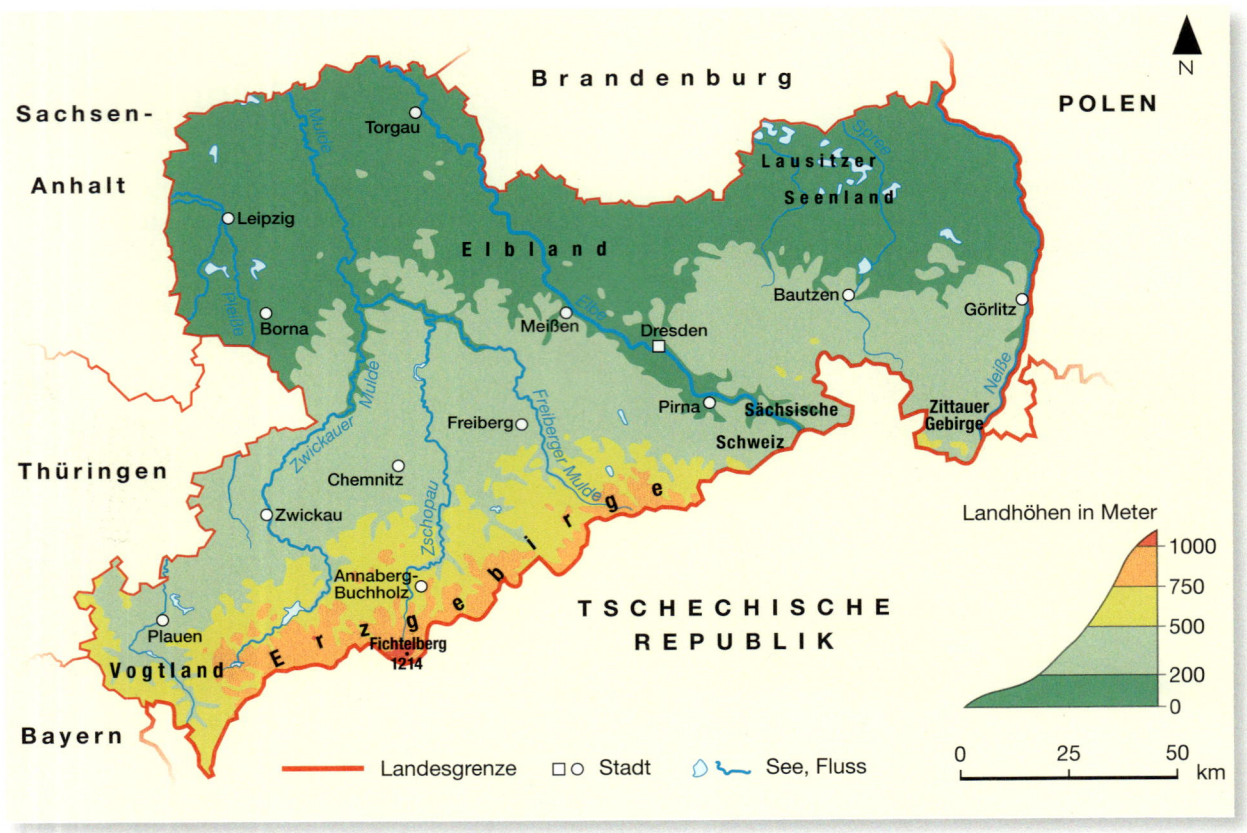

Tipp 1: Die Legende der Karte lesen

Schau dir jedes Zeichen und die Erklärung dafür an.
Suche die Zeichen auf der Karte.
So kannst du die Karte Stück für Stück „lesen".

Tipp 2: Entfernungen auf der Karte bestimmen

Dazu nutzt du einen Faden. Lege den Faden
vom Startpunkt bis zum Zielpunkt.
Dort schneidest du ihn ab.
Achte darauf, Kurven mit dem Faden sorgfältig auszulegen.
Miss mit dem Lineal die Länge des Fadens.
Errechne dann mit der Maßstabsleiste die Entfernung.

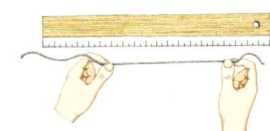

Tipp 3: Die Karte einnorden

Auf einer Karte zeigt die Nordrichtung
immer zum oberen Rand.
Um die Karte im Gelände auszurichten,
benutzt du einen **Kompass**.
Bei der Bestimmung der Himmelsrichtungen
helfen auch der Sonnenstand,
eine Armbanduhr, Bäume
und sogar ein Ameisenbau.

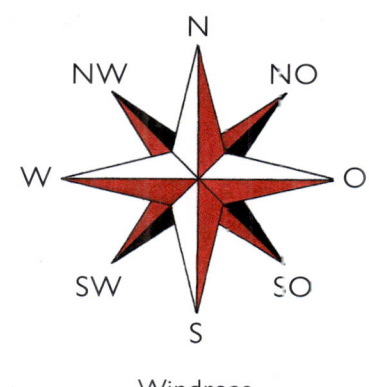

Windrose

So kannst du die Karte einordnen.

Richtungs-
pfeil

Skala

Kompass-
nadel

den Kompass an den Rand
der Karte legen

die Karte drehen, bis der
Richtungspfeil auf N (Norden)
zeigt

MITMACHEN UND NACHDENKEN

2 Beschreibe mit Hilfe der Windrose
die Lage von Orten, Flüssen, Gebirgen …

3 Wie sieht die Landschaft aus,
in der du wohnst?
Benutze zur Beschreibung auch die Karte.

4 Vergleiche die Karte auf Seite 52
mit der im hinteren Umschlag.
Welche Gemeinsamkeiten erkennst du?
Welche Unterschiede fallen dir auf?

LEICHTER LERNEN

Sachen ausprobieren

Probiere aus, wie Sachen
funktionieren, zum Beispiel
ein Kompass. Dann kannst du
die Funktion gut verstehen
und auch erklären.

Unser Heimatkreis

Eine Karte, die die **Grenzen** zu anderen Gebieten zeigt
und Verwaltungssitze nennt, heißt politische Karte.

Kreise im Freistaat Sachsen

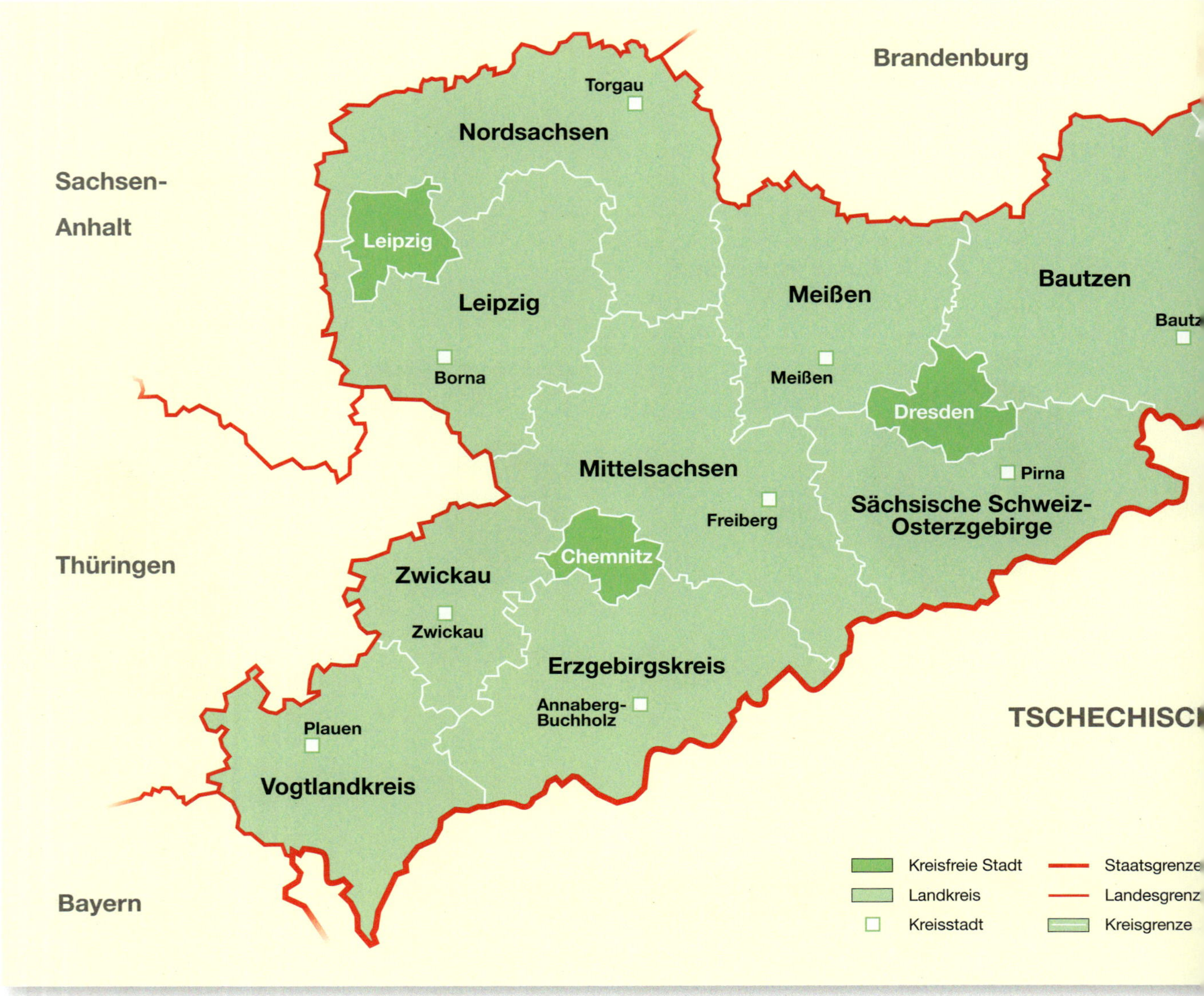

Brandenburg

Torgau

Nordsachsen

Sachsen-
Anhalt

Leipzig

Leipzig

Meißen

Bautzen

Bautz

Borna

Meißen

Dresden

Mittelsachsen

Pirna

Freiberg

**Sächsische Schweiz-
Osterzgebirge**

Thüringen

Chemnitz

Zwickau

Zwickau

Erzgebirgskreis

Annaberg-
Buchholz

TSCHECHISC

Plauen

Vogtlandkreis

Bayern

▮ Kreisfreie Stadt		▬	Staatsgrenze
▮ Landkreis		▬	Landesgrenz
□ Kreisstadt		▮	Kreisgrenze

1 Löst folgende Aufgaben.

- Wie viele Landkreise hat Sachsen?

- In welchem Landkreis oder
  in welcher kreisfreien Stadt
  wohnst du?

- Wie heißen die kreisfreien Städte?

- Wie heißen die Nachbarkreise,
  die an deinen Heimatkreis grenzen?

- Welche große Stadt liegt in der Nähe
  deines Heimatortes?

- Wie heißt der kleinste Landkreis
  in Sachsen?

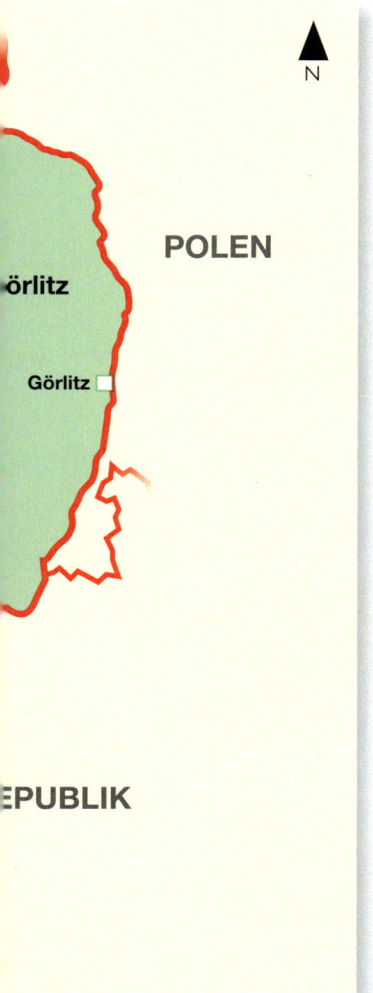

POLEN

örlitz

Görlitz

EPUBLIK

25   50
km

2 Sammelt Bilder von eurem Heimatkreis oder eurer Heimatstadt.

3 Gestaltet eine Bilder-Ausstellung zu eurem Heimatkreis.

4 Zeichne den Umriss deines Kreises auf ein DIN-A4-Blatt. Gestalte eine thematische Karte (siehe Seite 48/49) zu deinem Heimatkreis. Nutze den Heimatatlas und diese Tipps.

Verkehrskarte

Zeichne und benenne:

—— Eisenbahnlinie

≡ Autobahn mit Auffahrt

═ Bundesstraße

● Ort

Gewässerkarte

Zeichne und benenne:

∿ Fluss

—⊢— Kanal

⬭ See

Stausee

● Ort

Landhöhenkarte

Zeichne und benenne:

Höhenstufen

über 1000 m
750 m – 1000 m
500 m – 750 m
200 m – 500 m
unter 200 m

● Ort

Landschaftskarte

Zeichne und benenne:

Wald

Acker

Wiesen und Weiden

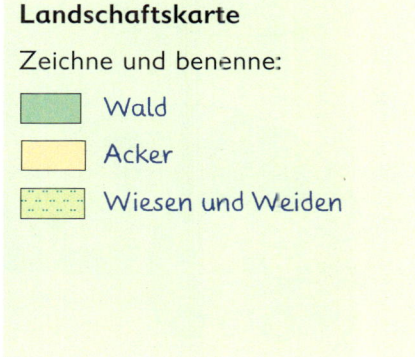

Ich wandere gerne.

ch fahre lieber Fahrrad.

INTERESSANT

Die älteste Karte der Welt ist rund 9 000 Jahre alt. Sie wurde 1963 in der Nähe der Stadt Çatalhöyük (Anatolien/Türkei) in einer Höhle entdeckt. Die Karte zeigt ein drei Meter breites Muster. Es sieht wie ein Stadtplan aus.

Die Wirtschaft des Heimatkreises erkunden

In deinem Ort und deinem Heimatkreis leben viele Menschen.
Hier arbeiten sie und kaufen ein. Sie fahren mit dem Bus oder der Bahn.
Sie besuchen Kinos, Gaststätten oder Sportanlagen.
Es gibt viele Arbeitsstätten: zum Beispiel Industriebetriebe, Betriebe der Handwerker
oder Geschäfte und Bauernhöfe. Sie bilden die Wirtschaft deines Heimatkreises.

1 Diskutiert: Was gehört in deinem Heimatort zur Wirtschaft?

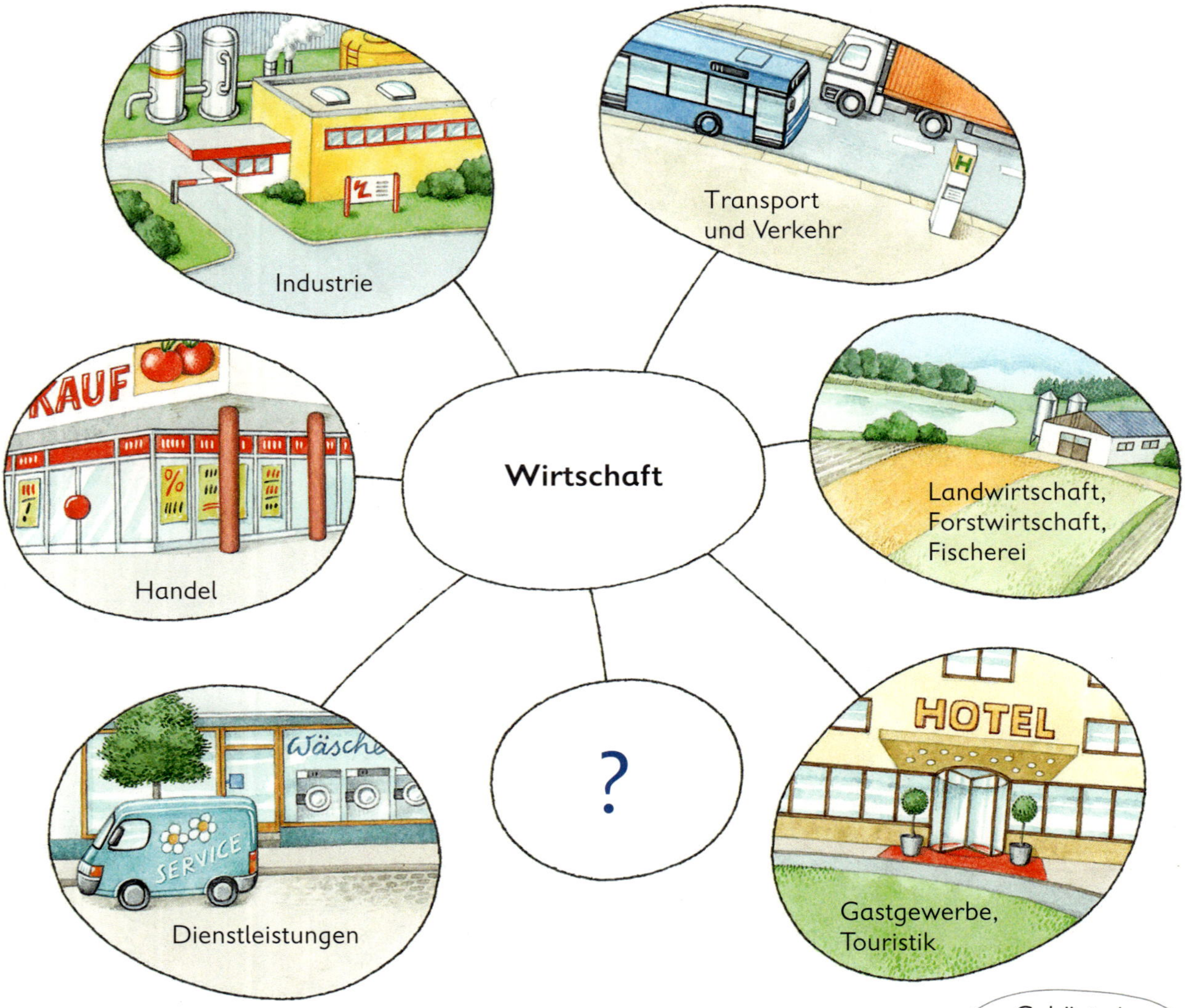

Industrie

Transport und Verkehr

Handel

Wirtschaft

Landwirtschaft, Forstwirtschaft, Fischerei

Dienstleistungen

?

Gastgewerbe, Touristik

2 Sammelt Informationen über die Wirtschaft eures Heimatkreises.
Stellt folgende Angaben zusammen:
- Name und Adresse verschiedener Betriebe
- Was wird dort hergestellt oder getan?

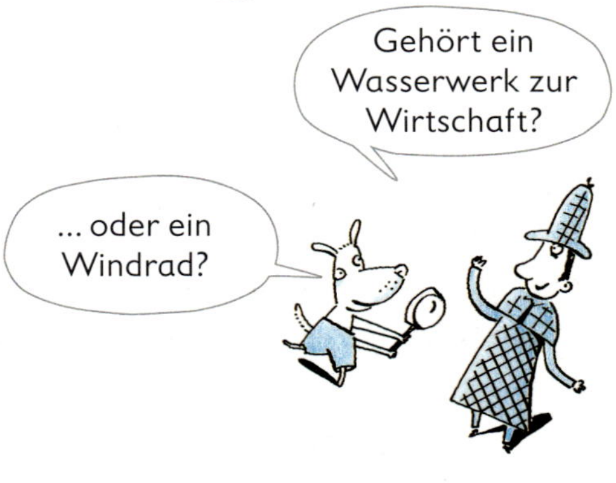

Gehört ein Wasserwerk zur Wirtschaft?

... oder ein Windrad?

Die Lage von Betrieben könnt ihr in einer Wirtschaftskarte
des Heimatkreises übersichtlich darstellen.

Dazu einige Tipps:

- Nutzt für die Wirtschaftskarte eine Umrisskarte eures Kreises.
  Zeichnet größere Orte, wichtige Straßen und Flüsse ein.
- Sortiert nach Industrie – Landwirtschaft – Dienstleistung – Touristik.
- Wählt nur die wichtigsten Standorte aus, damit die Karte übersichtlich bleibt.
- Nutzt für die verschiedenen Betriebe unterschiedliche Zeichen.
  Erklärt sie in der Legende.

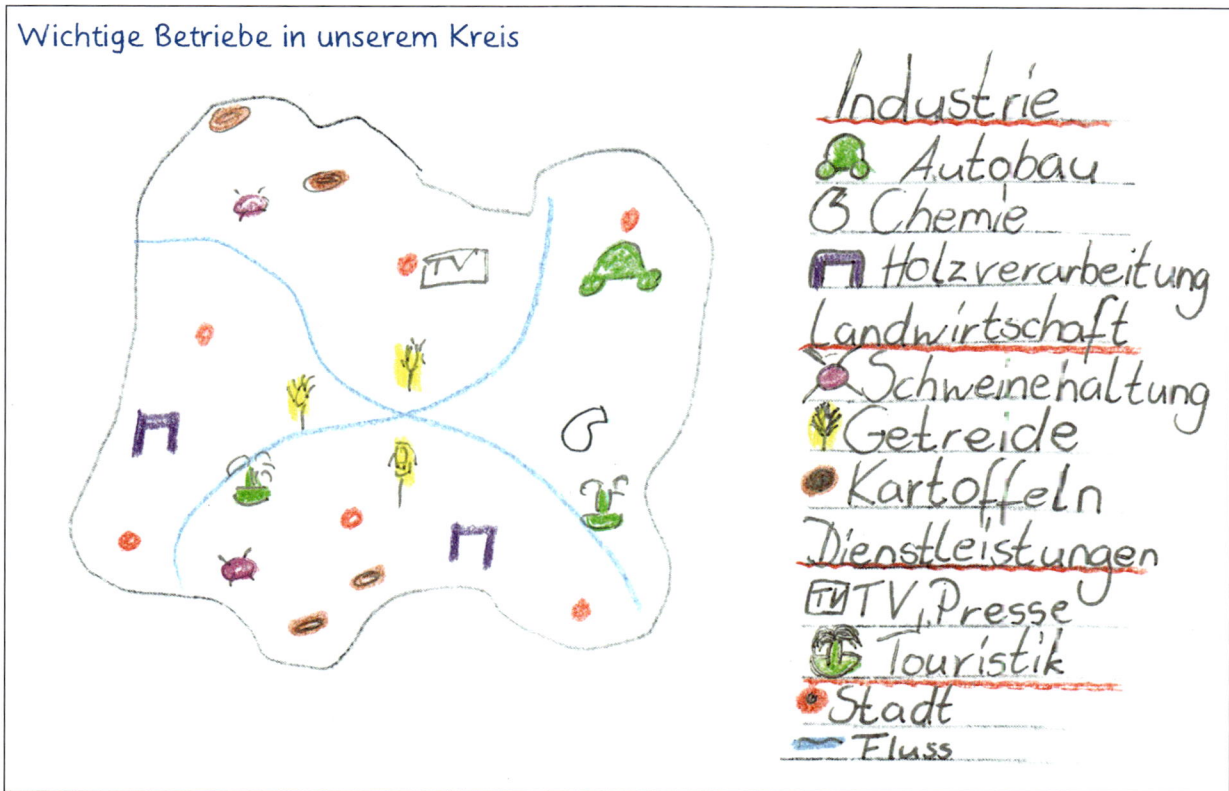

Wichtige Betriebe in unserem Kreis

 **MITMACHEN UND NACHDENKEN**

3 Gestaltet gemeinsam eine Karte zur Wirtschaft eures Heimatkreises.

4 Dinge werden auf der Straße, auf der Schiene, durch die Luft oder auf dem
Wasser von einem Ort zum anderen Ort transportiert. Welche Autobahnen,
große Straßen oder Flüsse/Kanäle führen durch euren Kreis oder eure Stadt?
Schreibe sie auf.

Freizeit im Heimatort oder im Heimatkreis

 Die Kinder überlegen, was sie in ihrer Freizeit tun können.
Wie gehen sie vor? Sprecht zu den Bildern.

Mit Freundinnen und Freunden beraten

Vielleicht ins Kino.

Was ist heute in der Schule los?

Wir machen Kinderzirkus.

Beim Reitturnier zuschauen.

Sich im Ort informieren

Mit der Karte eine Wanderung planen

Wir wandern zum Aussichtsturm.

Wie weit ist es?

Die Homepage des Ortes oder Kreises ansehen

Warst du schon einmal auf dem Eselhof?

Möglichkeiten der Freizeitgestaltung im Heimatort
oder im Heimatkreis erkunden und dokumentieren

Bräuche in der Heimat erleben

Schon immer trafen sich die Menschen, um Feste zu feiern
und **Bräuche** zu pflegen. Sie begrüßten den Frühling mit einem Fest
oder feierten in der dunklen Jahreszeit Advent mit Lichtern.
Bis heute haben sich solche Feste und Bräuche erhalten.

1 Hammerfest (Frohnau)   2 Köhlerfest (Tharant)   3 Bergparade (Freiberg)
4 Walpurgisnacht (Leipzig)   5 Schauflößen (Muldenberg)   6 Ostfest (Bautzen)
7 Stollenfest (Dresden)   8 Tag der Sachsen (jeweils in einer anderen Stadt)

 **MITMACHEN UND NACHDENKEN**

2 Informiert euch
über Freizeitangebote
für Kinder im Heimatort
oder im Heimatkreis.
Schreibt Angebote auf.

3 Wähle ein Fest in Sachsen aus.
Informiere dich genauer:
Wann
Wie
Warum   wird das Fest
Seit wann   gefeiert?

LEICHTER LERNEN

Wissenslücken füllen

• Sprecht in der Gruppe zu den Bildern.
• Befragt Erwachsene zu den Bildern.
• Sucht zu den Festen und Bräuchen
  weitere Informationen in Medien.
• Fasst eure Informationen
  in einer Tabelle zusammen.

Bräuche

Name	Ort	Beschreibung

• Berichte jetzt noch einmal
  über die Feste und Bräuche.

Fahrräder heute und früher

 Fahrräder müssen im Straßenverkehr betriebssicher und verkehrssicher sein.
Nenne die Teile, die an einem verkehrssicheren Fahrrad sein müssen.
Prüfe dein Fahrrad.

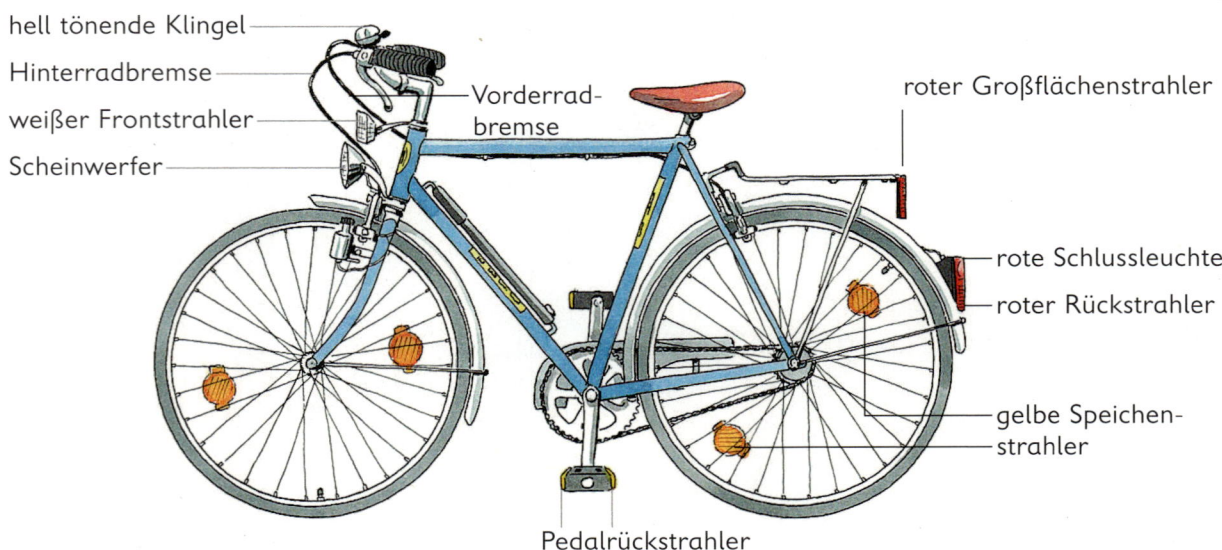

hell tönende Klingel
Hinterradbremse
weißer Frontstrahler
Scheinwerfer
Vorderrad-
bremse
roter Großflächenstrahler
rote Schlussleuchte
roter Rückstrahler
gelbe Speichen-
strahler
Pedalrückstrahler

Nur wenn alle Teile an deinem Fahrrad funktionieren, ist es auch betriebssicher.

 Prüfe, ob dein Fahrrad betriebssicher ist.

Ein Fachmann prüft dein Fahrrad genau.

Der Bremshebel darf selbst bei starkem Bremsen nicht den Lenkergriff berühren. Er darf sich auch nicht zu leicht bewegen.

Die Kette muss straff gespannt sein, sonst kann sie abspringen.

Die Reifen fest aufpumpen. Sie müssen genug Profil haben.

Nie ohne Helm!

Sattel und Lenker sind richtig eingestellt, wenn deine Füße beim Absteigen den Boden gerade noch berühren.
Alle Schrauben müssen fest angezogen sein.

Ein verkehrs- und betriebssicheres Fahrrad beschreiben; das eigene Fahrrad überprüfen können (Fahrrad TÜV); auf richtige Helmnutzung achten

AH S. 24/25

Fahrräder gibt es schon seit 200 Jahren:

1817
Laufrad

1 Das erste Fahrrad war ein Laufrad. Um vorwärts zu kommen, stieß
man sich mit den Füßen vom Boden
ab. Das Rad wurde von Karl Drais
erfunden. Es heißt Draisine.
Es bestand fast nur aus Holz und
hatte weder Bremsen noch Pedale.

2 Etwa 50 Jahre später erfand man
Pedale und schraubte sie an
das Vorderrad. Eine Tretkurbel
drehte nun das Vorderrad.
Aus dem Laufrad wurde
das Tretkurbelrad.

**um
1865**
Tret-
kurbel-
rad

**um
1870**
Hoch-
rad

3 James Starley entwickelte ein
Hochrad mit Vollgummireifen,
Speichen und Bremsen. Es fuhr
schneller, doch das Auf- und
Absteigen war schwierig,
auch Stürze aus dieser Höhe
waren sehr gefährlich.

4 Nach der Erfindung des Ketten-
antriebs wurden zwischen Vorder-
und Hinterrad Pedale angebracht.
Wenn der Fahrer die Pedale trat,
übertrug eine Kette den Antrieb
auf das Hinterrad. Auf diesem
Niederrad konnte man mit den
Füßen leicht den Boden erreichen.

**um
1880**
Nieder-
rad

5 Dann erfand man Luftreifen und
Rücktrittbremse. Das Fahrrad trat
weltweit seinen Siegeszug an.

**nach
1888**

Aussehen und Technk der Fahrräder
werden heute ständig verändert.
Sie dienen als Verkehrsmittel.

MITMACHEN UND NACHDENKEN

3 Gestalte ein Lapbook mit Informationen zu den verschiedenen Fahrradtypen:
Rennrad, Mountainbike, Elektrofahrrad …
Stelle dar, wie sich die Fahrräder technisch immer weiter entwickelt haben.

Rad fahren

 1 Mit dem Rad fahren – was muss ich wissen?

Auf der Straße sind Radfahrer und Fußgänger auch Verkehrsteilnehmer. Deshalb müssen sie Verkehrsregeln, Vorschriften und Verkehrszeichen kennen und beachten. So schützen sie sich und andere vor Gefahren.

Die wichtigste Regel für alle:

„Die Teilnahme am Straßenverkehr erfordert ständige Vorsicht und gegenseitige Rücksicht. Jeder Verkehrsteilnehmer hat sich so zu verhalten, dass kein anderer geschädigt, gefährdet oder mehr als vermeidbar behindert oder belästigt wird."

Diese Regel ist aus der Straßenverkehrsordnung (StVO) §1. Finde die StVO im Internet.

Achtung, Radfahrer!

- Kinder bis 8 Jahre müssen mit ihrem Fahrrad Gehwege benutzen. Kinder bis 10 Jahre dürfen Gehwege benutzen.
- Radfahrer müssen einzeln hintereinander fahren.
- Die Fußgängerzone ist kein Radweg!
- Radfahrer müssen alle Verkehrszeichen beachten, auch Ampeln und Markierungen auf der Fahrbahn.

Welche Regeln sind noch zu beachten? Erstellt eine Liste.

Wichtige Verkehrszeichen kennen und beachten

Vorschriftzeichen

| Radweg | Gemeinsamer Fuß- und Radweg | Getrennter Rad- und Fußweg | Verbot für Radverkehr | Halt. Vorfahrt gewähren! |

Gefahrzeichen

| Gefahrstelle | Arbeitsstelle | Einseitig verengte Fahrbahn | Unebene Fahrbahn | Fußgänger |

Vorschriften, Zeichen, Regeln für Radfahrer und Fußgänger kennen;
Wissen durch Recherchen vertiefen

AH S.26/27

2 Mit dem Rad fahren – was muss ich können?

Übt im **Verkehrsgarten** oder in einem anderen sicheren Gelände.
Jede Übung wird bewertet:

Zügig anfahren,
ohne zu wackeln

Sicher geradeaus fahren
Zeichnet eine etwa 80 cm
breite und etwa 3 m lange
Gasse.
Jeder fährt zügig an
und bleibt in der Gasse.

Nach hinten sehen, dabei
geradeaus weiterfahren

Schulterblick
Schaut beim Durchfahren
der Gasse nach hinten.
Dort wird ein Schild
hochgehalten.
Was steht darauf?

Sicher mit einer Hand
fahren

Mit einer Hand fahren
Fahrt durch die Gasse:
einmal nur mit der rechten
und einmal nur mit der
linken Hand am Lenker.

Bei Gefahr stark bremsen,
ohne zu stürzen

Stark bremsen
Stellt einen Kegel auf.
Fahrt aus 10 m Entfernung
darauf zu und bremst
mit beiden Bremsen.

Verkehrsregeln sicher anwenden

1 Wähle Aufgaben aus. Forsche nach.

1 Rechts vor links

Eine Regel heißt: „An Kreuzungen und
Einmündungen hat Vorfahrt,
wer von rechts kommt",
kurz gesagt: „rechts vor links".
• Wer fährt hier zuerst?

2 Halt. Vorfahrt gewähren!

Wenn Verkehrszeichen die Vorfahrt regeln,
ist die Regel „rechts vor links" aufgehoben:
Bei diesem Zeichen müssen Fahrzeuge
immer an der Haltelinie anhalten, auch wenn
von links und rechts kein Fahrzeug kommt.
• Wann dürfen sie weiterfahren?

3 Fußgängerüberweg

Alle Fahrzeuge müssen vor dem Überweg
anhalten, wenn ein Fußgänger
den Übergang erkennbar benutzen möchte.
• Was ist zu beachten, wenn du
  als Radfahrer diesen Übergang benutzt?

4 Vorrang des Gegenverkehrs

Auf dem Bild ist eine Arbeitsstelle zu sehen.
Das Zeichen gibt an:
Der Gegenverkehr hat Vorrang.
• Wer darf hier zuerst fahren?

5 Wer hat Vorfahrt?

Findet dieses Zeichen an einer Kreuzung. Informiert euch, was es bedeutet.

Verkehrsregeln vertiefen, Fragen beantworten; Verkehrsregeln im Rahmen der Fahrpraxis anwenden;
Eigenverantwortung/Verantwortung gegenüber anderen wahrnehmen

AH S.26/27

Früher und heute

Woher wissen wir, wie es früher war?

So spielten Kinder früher.

So spielen Kinder heute.

Was spielt ihr?

Vergangenheit begegnet uns

Unsere Umgebung und wir selbst verändern uns ständig.
Schau in das Fotoalbum deiner Familie. Wie haben sich im Laufe der Jahre
alle Personen verändert?
Du fotografierst mit einem kleinen Fotoapparat oder mit dem Handy.
Wie wurden früher Fotos gemacht?
Bei einem Ausflug besuchst du eine alte Kirche. Du fragst dich:
Wer hat die Kirche gebaut?
Wie alt ist sie?
Sich mit Spuren der Vergangenheit zu beschäftigen und diese mit der heutigen Zeit
zu vergleichen, kann sehr interessant sein.

 Betrachtet die Bilder und lest die Texte.
Vergleicht und erzählt, was sich verändert hat.

Dieses Wohnschloss in Glauchau
wurde von den Herren von Schönburg
erbaut.
Die Grafenfamilien wohnten hier
bis zum Jahr 1945.

Heute dienen die Räume
der Schlossanlage zum Beispiel
als Museum, Kunstsammlung,
Bibliothek, Galerie und Musikschule.

Dieses alte Haus wird saniert.
Das bedeutet: Altes wird repariert
und Neues eingebaut,
zum Beispiel ein Badezimmer.

Diese sanierte Wohnung im Altbau
ist modern und hell.
Sie hat neue Fenster, Fußböden
und es gibt einen Fahrstuhl im Haus.

AH S.28/29

Früher haben Kinder gerne mit dem Kaufmannsladen gespielt. Sie haben Sachen verkauft, gekauft und Preise zusammengerechnet.

Auch heute gibt es Lebensmittel zum Spielen aus Holz oder Plastik. Damit spielen die Kinder einkaufen.

Vor ungefähr 80 Jahren schrieben die Kinder in der Schule auf Schiefertafeln. Sie schrieben mit einem Griffel.

Ein Tablet ist ein kleiner tragbarer Computer, mit dem man mehr als nur Schreiben kann.
Tablet ist ein englisches Wort und heißt übersetzt Schreibtafel.

MITMACHEN UND NACHDENKEN

2 Führt mit euren Lehrern ein Interview zur Geschichte eurer Schule. Notiert vorher Fragen. Wie hat sich eure Schule verändert?

3 Findet Beispiele für den Vergleich „Früher und heute" in eure näheren Umgebung, im Ort oder in eurem Landkreis. Bringt Material zum Anschauen mit.

So sah ich vor fünf Jahren aus.

Getreideernte früher und heute

 Das sind Fotos aus dem Jahr 1950.
Damals halfen bei der Getreideernte auch die Kinder mit.
Beschreibe die Fotos mit Hilfe der Abbildungen unten.

1

Mit der **Sense** wurden
die Getreidehalme geschnitten.
Mit dem **Rechen** wurden sie
zusammengeharkt.

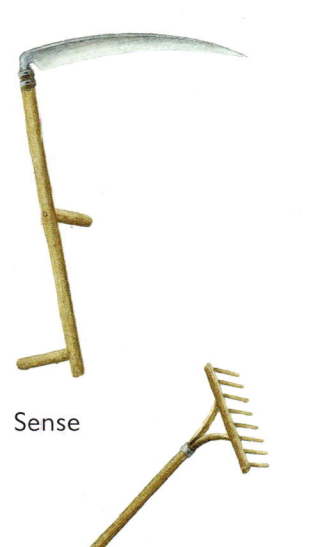

Sense

Rechen

Dreschflegel
zum Aus-
schlagen
der Körner

2

Die geschnittenen Halme
band man zu **Garben**
zusammen. Diese wurden
zum Trocknen aufgestellt.

3

Waren die Garben getrocknet,
fuhr man sie im Leiterwagen
zum Bauernhof. Dort wurden sie
in der Scheune gelagert.

4

Im Herbst wurden
die Körner auf dem Boden
der Scheune (Tenne) aus-
gedroschen, gesammelt
und in Säcke geschüttet.

Einblick in die Arbeiten bei der Getreideernte früher gewinnen,
Arbeitsmittel benennen und beschreiben

AH S.30/31

Getreideernte heute

Mähdrescher erleichtern uns heute die Arbeit.
Einen Hektar (100 m x 100 m)
bearbeitet die Maschine
in einer Stunde.
Früher brauchte ein Mensch
dafür 90 Stunden.

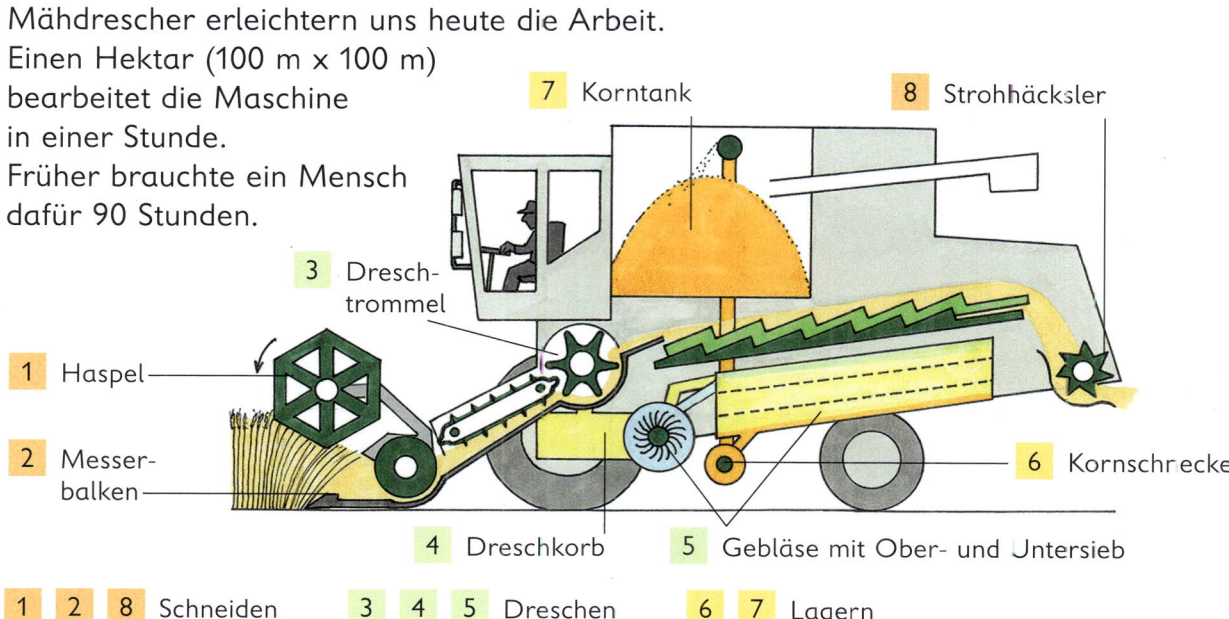

7 Korntank

8 Strohhäcksler

3 Dresch-trommel

1 Haspel

2 Messer-balken

4 Dreschkorb

5 Gebläse mit Ober- und Untersieb

6 Kornschnecke

1 2 8 Schneiden   3 4 5 Dreschen   6 7 Lagern

Der Mähdrescher

Der Mähdrescher schneidet
viele Getreidehalme
auf einmal ab.
Er zieht die Halme ein und
drischt die Körner
in der Dreschtrommel.

Im Korntank werden
die Körner gesammelt
und von dort über
ein Rohr auf einen
Wagen geschüttet.

Die Halme (Stroh)
werden gehäckselt und
auf dem Feld verteilt.
Getrocknet wird es
in Strohballen
abtransportiert.

 MITMACHEN UND NACHDENKEN

2 Welche Getreidearten werden mit einem Mähdrescher geerntet?

3 Beschreibe die Teile des Mähdreschers und erkläre die Arbeitsschritte.

4 Vergleiche: Getreideernte früher und heute. Nutze die Seiten 68 und 69.

Historische Quellen

 Wähle Aufgaben aus. Forsche nach.

1 Zeitstrahl

Gestaltet einen Zeitstrahl mit eigenen Bildern.

2 Interview

Führe mit deiner Oma oder deinem Opa ein Interview zu einem Ereignis aus der Geschichte ihres Ortes.

3 Haushaltsgegenstände

Erforsche: Welches ist der älteste Gegenstand in eurem Haushalt?

Den habe ich von der Uroma geerbt.

4 Denkmal

Fotografiere ein altes Denkmal. Erkunde, warum es erbaut wurde.

5 Sage

Finde eine Sage aus eurer Gegend. Lies sie vor.

Sagen aus Sachsen

6 Alte Gebäude

Informiere dich über ein altes Gebäude in deinem Ort. Stelle deine Ergebnisse vor.

Die Vielfalt historischer Quellen kennen lernen; erkennen, dass auch die eigene Familie historische Quellen besitzt

S. 16

Im Frühling

Welche Pflanzen und Tiere leben auf der Wiese?

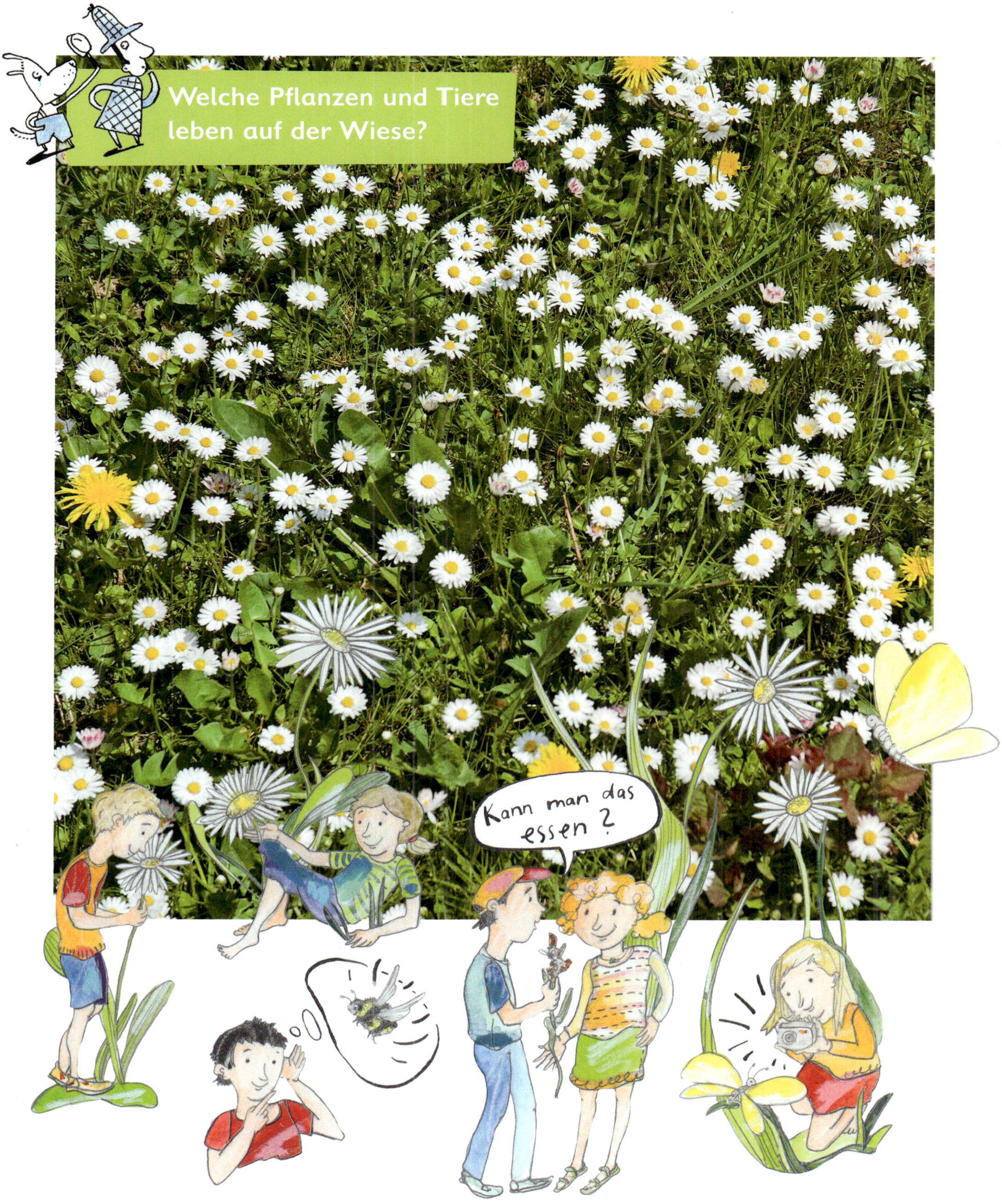

Wiesenpflanzen kennen lernen

 Im Schulgarten könnt ihr ein Stück Wiese anlegen.
Informiert euch, welche Arbeitsschritte notwendig sind.

Es gibt feuchte, trockene,
nährstoffreiche und nährstoffarme Böden.
Auf diesen Böden wachsen
unterschiedliche **Wiesenarten**.
Auf einigen wachsen viele blühende Pflanzen.
Im Frühjahr blühen zum Beispiel Löwenzahn
und Margerite.
Im Sommer entfalten Nelke, Storchschnabel,
Wiesen-Glockenblume und Klee ihre Blüten,
etwas später dann Engelwurz und Gilbweiderich.
Auf den Wiesen wachsen auch
verschiedene **Gräser**.
Wiesen sind ein **Lebensraum** für viele Tiere.
Wiesen werden meist zweimal im Jahr gemäht.

LEICHTER LERNEN

Beispiele finden
Suche zu einem Thema, zum Beispiel
„Wiesenpflanzen", Bilder und Texte.
Dann bleibt der Inhalt besser in Erinnerung.

Wachsen
die Blumen nach?

Rotklee

Wiesen-
Glockenblume

Storchschnabel

Gilbweiderich

Margerite

Löwenzahn

Engelwurz

Kuckucks-
Lichtnelke

Wiesenpflanzen unterscheiden, deren Namen benennen;
Artenkenntnisse erweitern

AH S.32/33   S. 2/3

Wiesenpflanzen bestimmen

Die Namen unbekannter Wiesenpflanzen kannst du mit einem **Bestimmungsbuch** für Pflanzen herausbekommen.

- Wähle ein Bestimmungsbuch, das die Pflanzen nach Lebensräumen ordnet.
- Schlage den Abschnitt „Wiese" auf.
- Vergleiche die abgebildete Pflanze genau mit der, die du gerade siehst.
- Hast du sie gefunden, lies dazu die Beschreibung.
- Merke dir den Namen.

Wiese

Die Pflanze wird etwa 15 cm hoch.
Sie wächst im zeitigen Frühjahr und dann ganzjährig.
Ihre Blüten sind weißrosa, in der Mitte dottergelb.
Sie sitzen auf blattlosen Stängeln.

Gänseblümchen

Wenn du meinst, den Namen der Pflanze zu kennen, dann sieh im Wörterverzeichnis des Bestimmungsbuches nach.

- Schlage die angegebene Seite auf.
- Stimmt deine Vermutung?

Wiesenpflanzen sammeln

Du kannst Pflanzen sammeln und **herbarisieren**.
Gehe so vor:

Sammle keine geschützten Pflanzen!

Sammeln

Auflegen und pressen

Aufkleben

Beschriften

MITMACHEN UND NACHDENKEN

2 Finde eine schöne Pflanze auf der Wiese. Herbarisiere sie.

3 Sammelt Bilder von Wiesenpflanzen.
Schreibt kurze Texte dazu und gestaltet ein Lapbook.

4 Erforscht, warum das Mähen der Wiese nicht schadet.

Zwei Wiesenpflanzen mit Tiernamen

 Erkläre: Woher hat der Löwenzahn seinen Namen?

Fruchtkorb

Blütenkorb

Frucht

geschlossener Blütenkorb

Schon zeitig im Frühjahr blüht
der erste Löwenzahn.
In dem großen Blütenkorb hat er
viele kleine gelbe Zungenblüten.

Der Blütenkorb wird zur „Pustekugel".
Die Samen sehen wie
kleine Fallschirme aus.
Ein Windhauch trägt sie fort.

Der Löwenzahn soll
seinen Namen wegen
der spitz gezahnten Blätter
bekommen haben.
Sie erinnern wirklich
an die Zähne eines Löwen.
Die Pflanze wächst
fast überall, sogar
zwischen Steinen.
Sie lässt Wiesen im Frühling
erst gelb und dann weiß
leuchten. Während die ersten Früchte
mit ihren weißen „Fallschirmen" umherschwirren,
treibt die Pflanze schon wieder
neue gelbe Blüten aus.

INTERESSANT

Der Löwenzahn enthält
in allen Pflanzenteilen
Kautschuk.
Forscher wollen ihn
für die Industrie
nutzbar machen.
Kautschuk brauchen wir
für alle Produkte
aus Gummi:
Autoreifen, Matratzen,
Luftballons …

Wir forschen weiter zur Verbreitung der Samen.

Wind? Tiere?

Blüte   Schnabel

Ab Mai blüht der Wiesen-Storchschnabel.
Verdunkelt sich der Himmel,
schließen sich die Blüten und schützen so
Nektar und Blütenstaub vor Regen.

Im „Storchschnabel" bilden sich
die Samen. Werden die reifen Früchte
nur leicht berührt, springen sie auf
und schleudern ihre Samen heraus.

Der Wiesen-Storchschnabel
hat schnabelförmige
Früchte, die einem
Storchenschnabel ähneln.
So bekam er seinen Namen.
Während der Blütezeit von
Mai bis August sieht man
die Pflanze blauviolett auf
Wiesen leuchten.
Wiesen-Storchschnabel und
Löwenzahn werden auch als
Heilpflanzen genutzt.

INTERESSANT

Der Wiesen-Storch-
schnabel stellt sich
auf das Wetter ein.
Bei Regenwetter und
wolkigem Himmel
neigen sich die Blüten-
stiele nach unten.
Bei Sonnenschein
reckt er seine Blüten
der Sonne entgegen.

MITMACHEN UND NACHDENKEN

2 Beschreibe den Löwenzahn oder den Wiesen-Storchschnabel.
   Erkläre, wie sie sich verbreiten.

3 Der Löwenzahn hat viele Namen.
   Es soll über 500 geben: Kuhblume, Butterblume … Forsche nach.

4 Finde weitere Wiesenpflanzen mit Tiernamen.
   Zum Beispiel: Gänseblümchen, Habichtskraut.
   Vermute, wie sie zu ihrem Namen gekommen sind.

Die Wiese – ein Haus mit vielen Bewohnern

1 Wer wohnt in welchem **Stockwerk der Wiese**?

Ober-geschoss:
Blüten
größerer
Pflanzen
Tiere

Mittel-geschoss:
kleine
Pflanzen
Tiere

Erd-geschoss:
niedrige
Pflanzen
Tiere

Keller:
Wurzeln
Tiere

Alles hängt miteinander zusammen:

1 Die Pflanzen bekommen aus dem Boden Wasser und Nährstoffe.

2 Die Kreuzspinne fängt Insekten.

3 Das Tagpfauenauge ernährt sich vom Nektar der Wiesenblumen.

4 Die Raupen des Tagpfauenauges fressen die Blätter der Brennnessel.

5 Der Regenwurm frisst abgestorbene Wurzeln.

6 Der Igel frisst Regenwürmer und …

Ein Bewohner der Wiese

Der Regenwurm wohnt im „Keller"
der Wiese. Er frisst sich durch den Boden.
So entstehen lange Gänge. Dadurch wird
der Boden aufgelockert und durchlüftet.
Das ist gut für die Pflanzen.
Der Regenwurm ernährt sich von alten
Blättern und abgestorbenen Wurzeln. Sein
Kot enthält viele Nährstoffe für Pflanzen.
Woher sein Name kommt, ist unklar.
Die einen sagen, weil wir bei Regen viele
Regenwürmer an der Erdoberfläche sehen. Andere meinen, weil man den Regenwurm
in früherer Zeit den „regen Wurm" nannte.

Regenwürmer im Boden

- Schichtet dunkle und helle Erde in ein Glas.
  Legt Laub- oder Salatblätter obenauf.
  Gebt einige Regenwürmer hinein.
  Haltet die Erde etwas feucht.
- Stellt das Glas in einen Karton
  mit Luftlöchern. So sind die Würmer
  im Dunkeln – wie im Boden.
- Schreibt eure Beobachtungen auf.
- Bringt die Regenwürmer
  nach einer Woche wieder ins Freie.

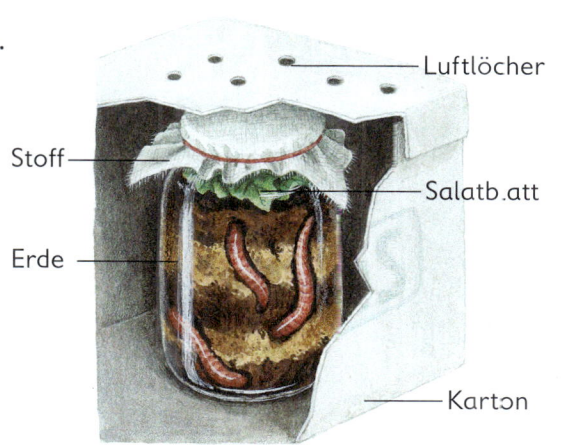

Luftlöcher

Stoff

Salatblatt

Erde

Karton

- In Deutschland gibt es
  über 40 verschiedene
  Arten von Regenwürmern.
- Jeder Regenwurm kann
  täglich mengenmäßig
  die Hälfte seines Gewichts
  fressen.
- Regenwürmer können
  bis zu acht Jahren alt
  werden.

Unter einem Stück Wiese,
das 1 Meter mal 1 Meter
groß ist, können etwa
500 Regenwürmer leben.

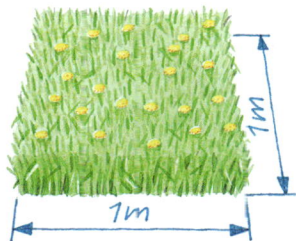

1m

1m

MITMACHEN UND NACHDENKEN

2 Gestaltet ein Regenwurm-Plakat.

3 Erkläre: Warum sind Regenwürmer
gut für den Boden?

Das Tagpfauenauge

 Beschreibe die Entwicklung des Tagpfauenauges.

Das Tagpfauenauge besucht das Obergeschoss der Wiese. Es ist an den vier Augenflecken auf seinen Flügeln gut zu erkennen. Schlägt der Schmetterling die Flügel plötzlich auf, will er seine Feinde täuschen: Zwei große „Augenpaare" schauen sie an. Faltet der Schmetterling die Flügel zusammen, sieht er aus wie ein welkes Blatt. Die Unterseiten der Flügel sind bläulich-schwarz. Auf dunklem Untergrund ist er dann kaum zu sehen. So ist der Schmetterling gut getarnt und dadurch geschützt. Ein Tagpfauenauge verwandelt sich dreimal.

Die Verwandlung des Tagpfauenauges

1

Das Weibchen legt Eier unter Brennnesselblättern ab.

2

Nach zwei bis drei Wochen schlüpfen die Raupen. Sie fressen und wachsen.

3

Die Raupen häuten sich mehrere Male.

4

Nach etwa drei Wochen spinnen sich die Raupen in einen langen Faden ein. Nun nennt man sie Puppen.

5

In der Puppenzeit von zwei bis drei Wochen verwandelt sich die Raupe zum Schmetterling.

6

Hier schlüpft aus der Puppe ein Schmetterling. Er pumpt die schlaffen Flügel mit Blut auf. Dann fliegt er los.

Entwicklung eines Kleintieres (Tagpfauenauge) im Lebensraum Wiese mit Hilfe von Bildern interpretieren

Ein Jahr des Tagpfauenauges

Die Brennnessel ist die Futterpflanze der Raupen. Deshalb ist die Entwicklung des Schmetterlings mit dem Wachsen und Blühen der Pflanze verbunden.

Das Tagpfauenauge legt zweimal im Jahr Eier. Die Schmetterlinge schlüpfen zweimal im Jahr. Die ersten fliegen von Juni bis August, die zweiten von August bis Oktober. Die Schmetterlinge ernähren sich dann vom Nektar verschiedener Blüten. Sie überwintern in feuchten, geschützten Räumen wie Höhlen, Kellern oder Schuppen. Man kann Tagpfauenaugen schon ab März beobachten. Sie werden 6 bis 7 Monate alt.

| März | April | Mai | Juni | Juli | August | September | Oktober | November bis Ende Februar |

LEICHTER LERNEN

Bildtabelle auswerten

- Schau dir zuerst alle Bilder einzeln an, zum Beispiel: *Brennnessel, Schmetterling, Eier und farbige Streifen ...*
- Überlege dann, wie die einzelnen Bilder miteinander zusammenhängen, zum Beispiel: *Raupe, Anordnung der Streifen in den Monaten, Wuchsform der Brennnessel ...*
- Schreibe kurze Sätze zum Bild auf. So kannst du dir das Gesehene besser merken.

MITMACHEN UND NACHDENKEN

2 Beobachte Schmetterlinge. Was tun sie?

3 Schreibe zu deinem Lieblings-Schmetterling einen Steckbrief.

4 Viele Schmetterlinge stehen unter Naturschutz. Erkunde, warum sie unter Schutz stehen.

Entwicklungszyklus des Tagpfauenauges erkennen; am Beispiel Abhängigkeiten zwischen den Tieren und Pflanzen im Lebensraum Wiese erfassen

79

Wir schützen Tiere und Pflanzen

 Wähle Aufgaben aus. Forsche nach.

1 Bedrohte Arten

Naturschutz-Organisationen veröffentlichen eine „Rote Liste" mit Tier- und Pflanzenarten, die vom Aussterben bedroht sind. Hier ist eine Auswahl von Tieren und Pflanzen, die in Sachsen auf der Roten Liste stehen.
Erforsche im Internet, was die Zahlen neben den Tier- und Pflanzenarten bedeuten.

| Sumpfschildkröte 0 | Rotbauchunke 1 | Kreuzotter 2 | Kaisermantel 3 |

| Gelber Frauenschuh 0 | Adonisröschen 1 | Sonnentau 2 | Leberblümchen 3 |

2 Nisthilfen

Solche **Nisthilfen** können einen Platz im Schulgarten finden.

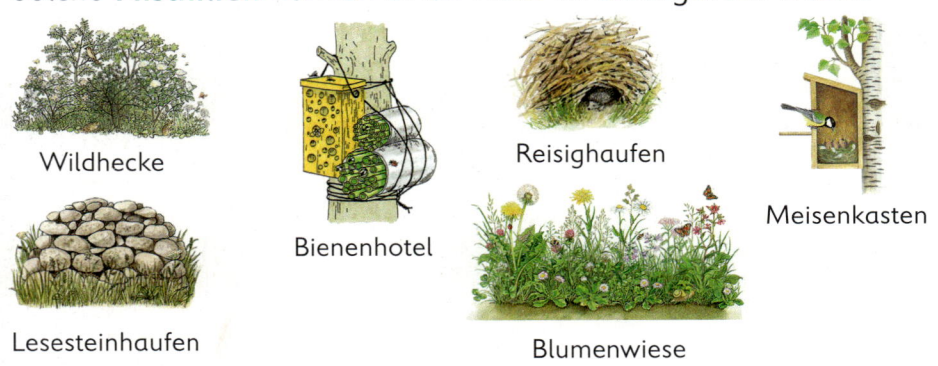

Wildhecke
Bienenhotel
Reisighaufen
Meisenkasten
Lesesteinhaufen
Blumenwiese

Warum sind die Wildhecke und das Bienenhotel nützlich?
Wo hast du so etwas schon einmal gesehen?

3 Young Panda Club

Der Young Panda Club ist ein Programm des WWF
(Weltweiter Fonds für die Natur) für Kinder ab acht Jahren.
Informiere dich über Aktionen und wie du Mitglied werden kannst.

Um die Artenvielfalt von Pflanzen und Tieren wissen; Probleme zum Artenschutz bearbeiten, Lösungsansätze entwerfen

S. 2/3

Der Natur auf der Spur

Wie kommt Wasser in der Natur vor?

Wasser gibt es in der Natur in drei Zustandsformen.

Fest - flüssig - gasförmig?

Der Eisberg ist ...

Das Wasser ist ...

Auch in der Luft ist Wasser. Es ist unsichtbar.

Ich sehe keinen Wasserdampf?

Wasser überall

1 Betrachtet die Bilder vom Wasser. Stellt Fragen und sucht Antworten:
- Was hat ein Glas Milch mit Wasser zu tun?
- Warum sind auch Früchte auf dem Bild?
- Was erzählt ein runder Stein vom Wasser?

Wasser verändert sich in der Natur wie kein anderer Stoff.
Wasser kann flüssig sein. Es fließt als schmaler Bach
oder breiter Fluss durch das Land.
Es rollt in großen Wellen an das Ufer.

Wasser kann fest sein. Kälte formt Wasser zu Eiskugeln oder Schnee.

Wasser kann gasförmig sein. An einer eiskalten Flasche sammeln sich
in einem warmen Raum schnell Tropfen. Dieses Wasser kommt aus der Luft.

> Kochendes Wasser wird im Topf weniger. Warum?

Beispiele für Wasser in der Umwelt finden;
Zustandsformen des Wassers benennen

AH S.38/39  S.7

Wasser verwandelt sich

EXPERIMENT

Ihr braucht: Kühlschrank, Eiswürfel-Behälter, Wasserflasche, Teller, Wasser

Geht so vor:

1 Stellt im Eisfach aus Wasser Eiswürfel her.

2 Legt fünf Eiswürfel auf einen Teller. Seht nach drei Stunden nach

3 Stellt den Teller in die Sonne. Seht nach drei Tagen wieder nach.

4 Stellt eine kalte Flasche auf den Tisch. Hebt sie nach zwei Minuten hoch.

Vermutet: Was passiert? Begründet eure Vermutung.

1 Im Eisfach erstarrt das Wasser unter 0 °C zu Eiswürfeln. Das Wasser ist jetzt fest.

2 Über 0 °C schmelzen die Eiswürfel wieder zu Wasser. Das Wasser ist flüssig.

3 Nach drei Tagen ist das Wasser durch die Sonne verdampft. Es ist unsichtbarer Wasserdampf in der Luft. Der Wasserdampf ist gasförmig.

4 An der Flasche kühlt sich der gasförmige Wasserdampf aus der Luft ab. Er kondensiert. Das heißt, er wird wieder Wasser. Deshalb wird die Flasche feucht.

MITMACHEN UND NACHDENKEN

2 Führt das Experiment durch und schreibt ein Versuchsprotokoll.

3 Erkläre das Schaubild.

4 Erkundet: Was passiert, wenn Wasser kocht?

Wasser verändert sich

Eis fest — schmilzt / erstarrt → Wasser flüssig — verdampft / kondensiert → Wasserdampf gasförmig

Der Kreislauf des Wassers

1 Beschreibe die Wege des Wassers auf unserer Erde.

In den Wolken fliegen die Wassertröpfchen oder Eisteilchen hin und her. Sie stoßen aneinander, verbinden sich und werden immer schwerer. Sie fallen als Niederschlag aus den Wolken.

Ist die Luft trocken, verdunsten viele Tropfen gleich wieder.

Ist die Luft feucht, fällt Regen.

Ist die Luft sehr kalt, fällt Schnee.

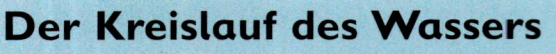

Der Wasserkreislauf ist die natürliche Bewegung

Die Sonne treibt

Dort, wo das Wasser einen Weg nach außen findet, tritt es als **Quelle** wieder hervor.

INTERESSANT

Das meiste Wasser ist in den **Weltmeeren**. Nur ein geringer Teil verteilt sich auf Flüsse, Seen, Gletscher, Eismassen und den Wasserdampf in der Luft.

Teile des Niederschlags versickern langsam im Boden.

Feste Bodenschichten lassen kein Wasser hindurch. Das Wasser sammelt sich darüber als **Grundwasser**.

Wissen über die Zustandsformen des Wassers auf den Wasserkreislauf in der Natur übertragen

AH S. 40/41

Der Wind treibt die Wolken
über den Himmel.

Unzählige winzige Wassertröpfchen
oder Eisteilchen bilden Wolken.

In der Höhe kühlt diese Luft wieder ab.
Dabei kondensiert Wasserdampf.
Es bilden sich winzige Wassertropfen.
Bei großer Kälte entstehen Eisteilchen.

des Wassers auf, unter und über der Erde.

diesen Wasserkreislauf an.

Diese Luft erwärmt sich
und steigt auf.

Der unsichtbare Wasserdampf
befindet sich in der Luft.

Auf der Erde wechselt Wasser ständig
vom flüssigen in den gasförmigen Zustand.
Es verdunstet:

**MITMACHEN UND
NACHDENKEN**

2 Zum Wasserkreislauf
hat James Krüss das
Gedicht „Das Wasser"
geschrieben.
Findet es im Internet
und malt ein Bild dazu.

aus Meeren, Seen
und Flüssen …

aus Lebewesen …   aus dem Boden …

Schwimmen und sinken – wir experimentieren

Manche Gegenstände schwimmen im Wasser, andere sinken.
Warum ist das so? Vermutet und experimentiert dazu.

1 Zum Knobeln:

In einem Glasbecken befinden sich drei feste,
gleich große Kugeln:
eine aus Stahl, eine aus Holz,
eine aus Styropor.

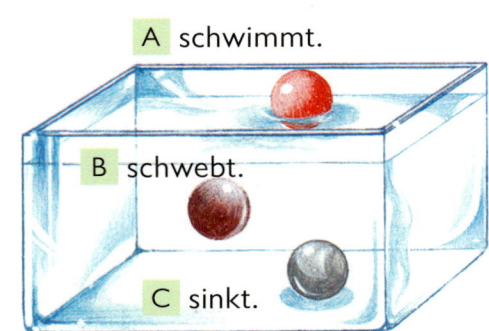

A schwimmt.

B schwebt.

C sinkt.

- Vermute: Aus welchem Material sind
  die Kugeln A , B und C ?
- Wie bist du auf dein Ergebnis gekommen?

Gegenstände schwimmen und sinken

Ihr braucht:

Geht so vor:

- Was passiert mit den Gegenständen,
  wenn sie im Wasser sind? Vermutet.

- Schreibt dann eure Beobachtung
  in die Tabelle.

Welche Gegenstände schwimmen? Welche Gegenstände sinken?

Gegenstand	Material	Vermutung		Ergebnis im Versuch	
		schwimmt	sinkt	schwimmt	sinkt
Münze	Metall		x		
Korken					
Würfel					
Nadel					

Zur Schwimmfähigkeit verschiedener Materialien experimentieren;
Zusammenhänge erkennen

Schwimmende Knetmasse

Ihr braucht:

Geht so vor:

- Formt aus Knete Figuren und setzt sie ins Wasser. Was stellt ihr fest?
- Versucht, eure Ergebnisse zu erklären.

Eine schwimmende Kartoffel

Ihr braucht:
- eine Kartoffel
- ein Weckglas
- Wasser
- einen Rührlöffel
- ein Paket Salz

Geht so vor:
- Lasst eine Kartoffel ins Wasser fallen.
- Schüttet Salz ins Wasser, sodass auf dem Boden etwa 3 cm hoch Salz liegt.
- Rührt kräftig um, damit sich das Salz im Wasser löst.
- Rührt noch mehr Salz ein.
- Versucht, euer Ergebnis zu erklären.

Erklärung:
- Die Kartoffel taucht ins Wasser ein und verdrängt dabei Wasser. Wenn die Kartoffel schwerer ist als das Wasser, das sie verdrängt, geht sie unter. Wenn aber im Wasser viel Salz gelöst ist, wird das Wasser schwerer. Dann schwebt oder schwimmt die Kartoffel im Wasser.

Schwimme ich, weil ich mehr Wasser verdränge …

… oder weniger?

 **MITMACHEN UND NACHDENKEN**

2 Führt die Experimente durch und schreibt dazu Versuchsprotokolle.

3 Warum gehen Menschen beim Schwimmen nicht unter?

Experimente mit Wasser

 Wählt Aufgaben aus. Alle Experimente veranschaulichen den Wasserkreislauf in der Natur.

1 Wasser verdunsten lassen

Du brauchst:

Teller 1
in der Sonne

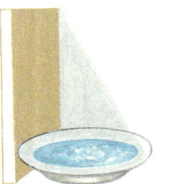

Teller 2
im Schatten

Gehe so vor:

- Gieße in zwei Teller je eine halbe Tasse Wasser.
- Sieh nach zwei Tagen nach.

Schreibt ein Protokoll zu dem Experiment.

2 Niederschlag erzeugen

Du brauchst:

- kleine Pflanze im Blumentopf, großes Glas

Gehe so vor:

- Stelle eine Pflanze längere Zeit unter Glas.
- Beobachte, was geschieht.

3 Eine Quelle fließen lassen

Ihr braucht:
- Schere
- Versuchsaufbau

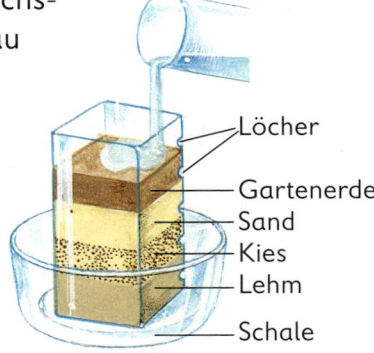

Löcher
Gartenerde
Sand
Kies
Lehm
Schale

Geht so vor:

- Schneide eine Plastikflasche in der Mitte ab.
- Steche mit der Schere Löcher in die Flasche.
- Fülle sie mit Lehm, Kies, Sand und Gartenerde.
- Stelle die gefüllte Plastikflasche in eine Schale und gieße Wasser hinein.
- Beobachte, was passiert.

Experimente zu den Zustandsformen des Wassers durchführen; eine Quelle entstehen lassen

S. 7

Von Tieren, Pflanzen und Menschen

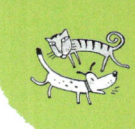

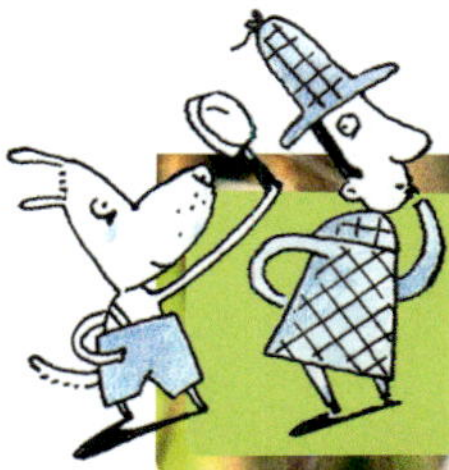

Warum ist der Feldhamster selten geworden?

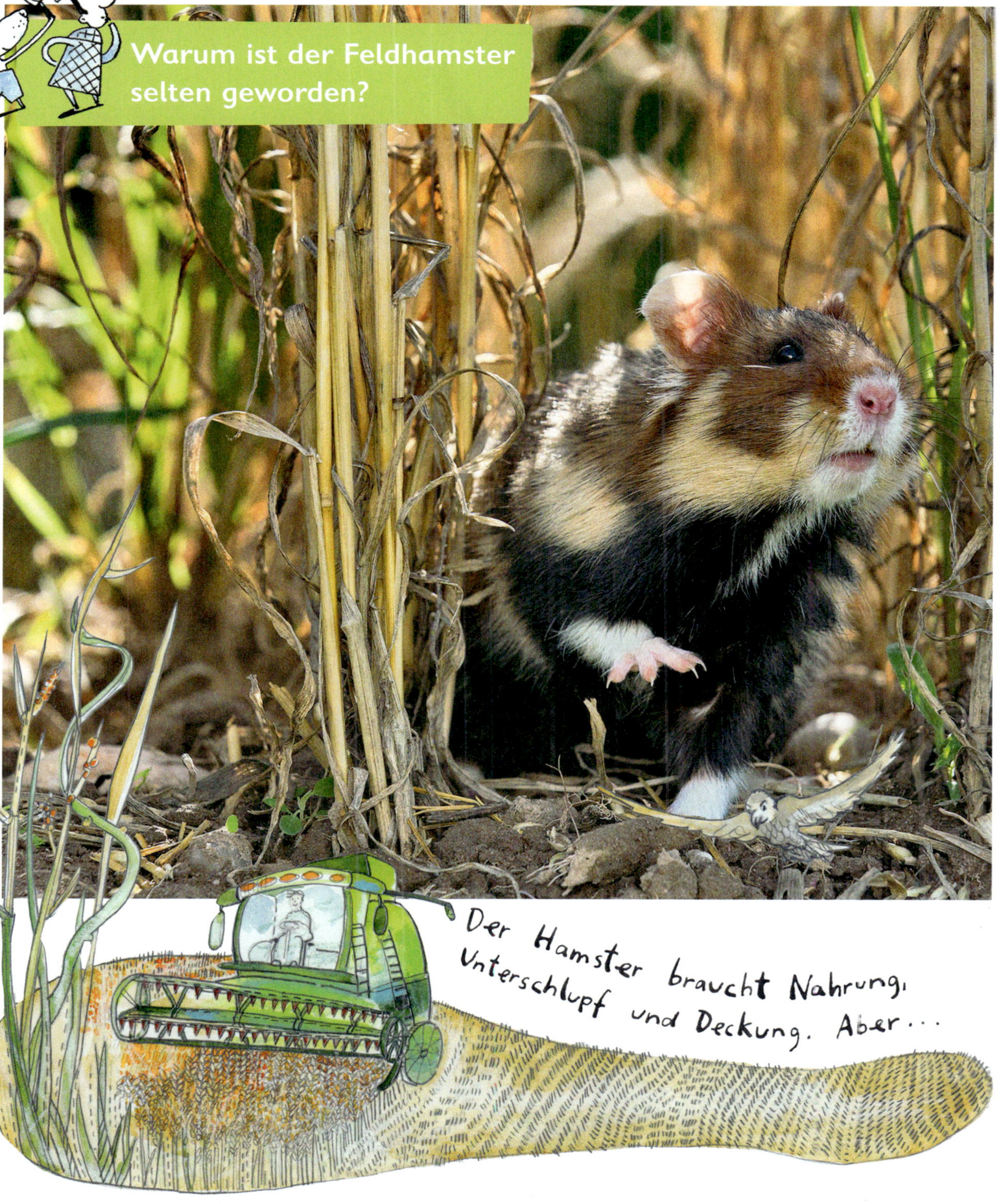
Der Hamster braucht Nahrung, Unterschlupf und Deckung. Aber …

Das Foto beschreiben; Zusammenhänge zwischen der Frage und der unteren Abbildung herstellen

Tiere und Pflanzen auf dem Getreidefeld

 Beschreibt den Hamsterbau.

Feldhamster sind typische Bodenbewohner.
Zur Nahrung des Hamsters zählen Körner und
Hülsenfrüchte, Klee, Kartoffeln, Rüben und Mais.
Lange Zeit wurde der Feldhamster als **Schädling** bekämpft.
Heute gehört er zu den bedrohten Wildtieren
in Deutschland.

Wer macht
den Hamstern
das Leben schwer?

Warum ist der Hamster selten geworden?
- Mähdrescher lassen kaum Körner auf dem Feld
  zurück. Den Hamstern fehlt die Nahrung.
- Die Bewässerung der Felder setzt Hamsterbaue
  unter Wasser.
- Tiefes Pflügen zerstört die Baue und tötet
  die Junghamster.
- Abgeerntete Felder bieten nach der Ernte
  Hamstern kaum noch Deckung vor ihren Feinden.

Wie kann der Hamster geschützt werden?
- Am Rand des Feldes einen Streifen Getreide
  als Nahrung und zum Schutz stehen lassen.
- Erbsen, Ackerbohnen und Luzerne als Nahrung
  aussäen.
- Den Boden sanft bearbeiten, damit die Baue
  nicht zerstört werden.
- Pflanzen aussäen, die den Tieren Deckung bieten.

INTERESSANT

Auf der Erde sind etwa
1,7 Millionen Tierarten
und 300 000 Pflanzenarten
bekannt.
Jedes Jahr sterben
etwa 150 Arten aus.
Mit jeder ausgestorbenen
Art verändert sich
langsam das Leben
auf der Erde.
Ein Beispiel: Was wäre,
wenn die Pflanzen nicht
mehr durch Insekten
besucht werden? Es bilden
sich keine Früchte, es gibt
keine Samen, es wachsen
keine neuen Pflanzen.

Am Beispiel Feldhamster Probleme zum Artenschutz bearbeiten
und Lösungsansätze kennen lernen

Die Kornrade ist ein **Wildkraut**. Früher war sie auf fast allen Getreidefeldern zu finden. Aber heute ist sie in Sachsen fast ausgerottet.

Warum ist die Kornrade selten geworden?

• Die Kornrade wurde in Getreidefeldern als **Unkraut** bekämpft.
• Das Saatgut, das heute in die Erde kommt, ist von Samen anderer Pflanzen gereinigt.
• Der Bau von Straßen, Betrieben und Häusern verdrängt die Pflanze.

Wie kann die Kornrade geschützt werden?

Heute werden Schutzäcker für Wildkräuter angelegt. Hier bauen die Landwirte das Getreide auf besondere Weise an:

• Es werden weniger Getreidesamen pro Fläche ausgesät. Die Samen werden in größerem Abstand ausgesät, zum Beispiel im doppelten Reihenabstand.
• Unkraut wird nicht bekämpft.
• Es wird weniger **Dünger** verwendet.

 **MITMACHEN UND NACHDENKEN**

2 Wie werden Hamster und Kornrade heute geschützt?

3 Schreibe einen Steckbrief zu einem geschützten Tier oder einer geschützten Pflanze des Feldes.

Alles hängt zusammen – aber wie?

1 Betrachtet das Bild.
Erklärt, wie alles zusammenhängt.

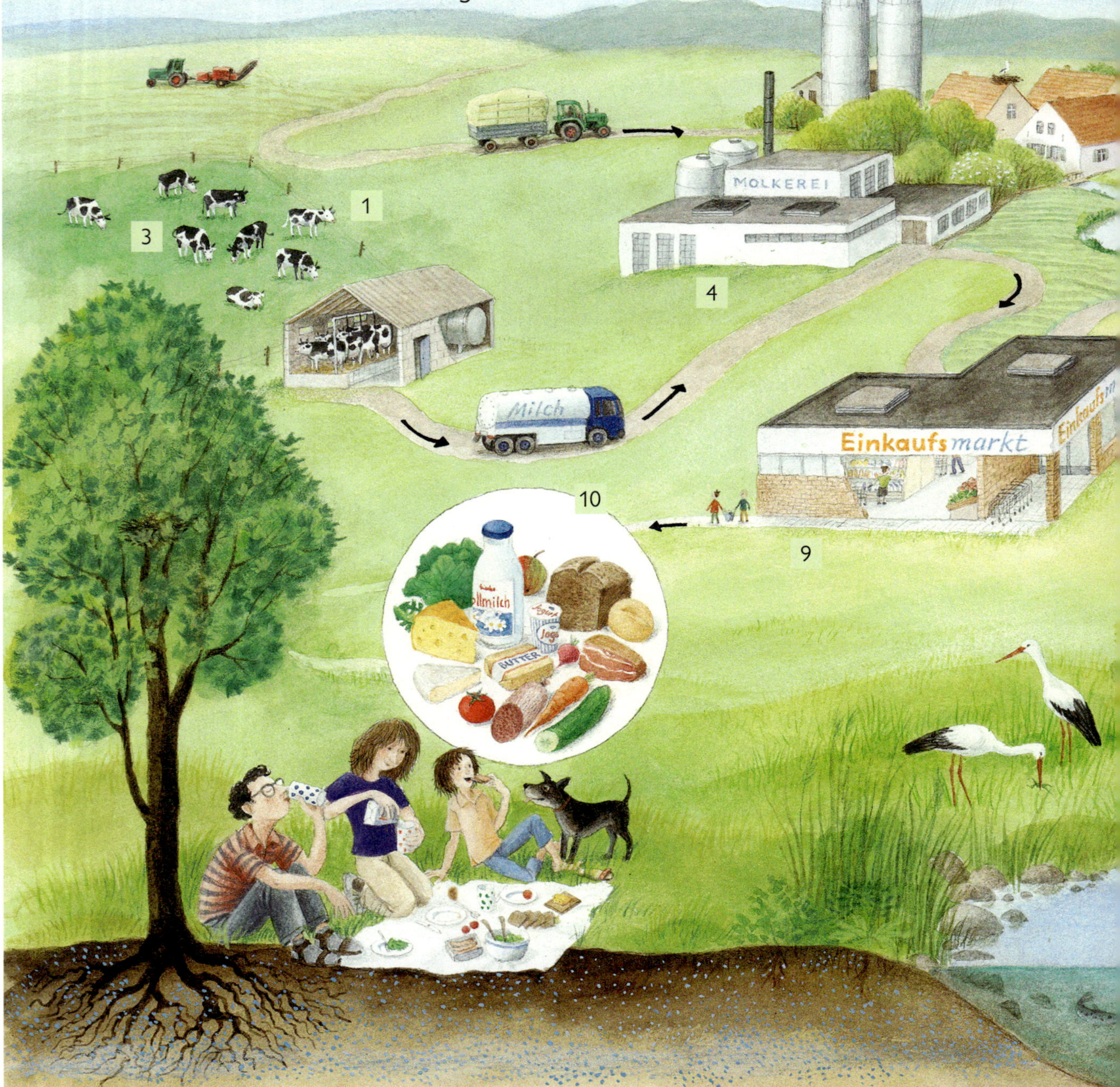

Wiesenpflanzen 1 und Kartoffelpflanzen 2 brauchen zum Leben Licht,
Wasser, Luft und Boden. Kühe 3 fressen Wiesenpflanzen und trinken Wasser.
Ihre Milch wird in Molkereien 4 verarbeitet. Menschen trinken Milch und essen
Milchprodukte. Kartoffeln 5 werden angebaut, im Herbst geerntet und eingelagert.
Ein Teil wird in Betrieben 6 verarbeitet, ein Teil dient als Schweinefutter 7 .
Die Menschen essen Kartoffeln.

Pflanzen und das Fleisch von Tieren
werden in Betrieben 8
zu weiteren Lebensmitteln verarbeitet.
Die Menschen kaufen Lebensmittel
in Einkaufsmärkten 9
und essen sie 10 . Sie trinken auch Wasser.

MITMACHEN UND NACHDENKEN

2 Legt eine Tabelle an:

Lebensmittel	von Tieren	von Pflanzen

3 Stellt einen Zusammenhang zwischen
Pflanze, Tier und Mensch in einem
Bild dar. Beschriftet euer Bild.

Den Lebensraum Feld erkunden

Das **Feld** und der Feldrand sind Lebensräume für Pflanzen und Tiere.
Hier wachsen Nutzpflanzen und Wildpflanzen.
Tiere finden Nahrung und Unterschlupf.

1 Wähle Aufgaben aus.

1 Forsche nach und ergänze die Texte im Schaubild.

2 Welche Pflanzen und Tiere erkennst du? Nutze Bestimmungsbücher.

3 Notiere Beispiele für Zusammenhänge zwischen Pflanzen und Tieren auf diesem Feld. Zum Beispiel: Die Amsel frisst Hagebutten.

Die Menschen nutzen die Pflanzen des Feldes als …

In der Hecke und auf dem Feld finden Vögel …

Der Wind verbreitet die Samen des Klatschmohns. Die Samen …

Die Grille frisst Blätter, Wurzeln und …

Mistkäfer fressen Kot und abgestorbene Pflanzen. Sie sind nützlich, weil …

Der Feldhase frisst …

Die Feldmaus wohnt … Sie frisst …

Schmetterlinge saugen Blütennektar, Pflanzensäfte oder Honigtau von Läusen. Sie bestäuben … am Feldrand.

Das Feld als Lebensraum begreifen;
Begriffe im Sachzusammenhang sinnvoll nutzen

S. 8

Im Sommer

Was wird aus Getreide hergestellt?

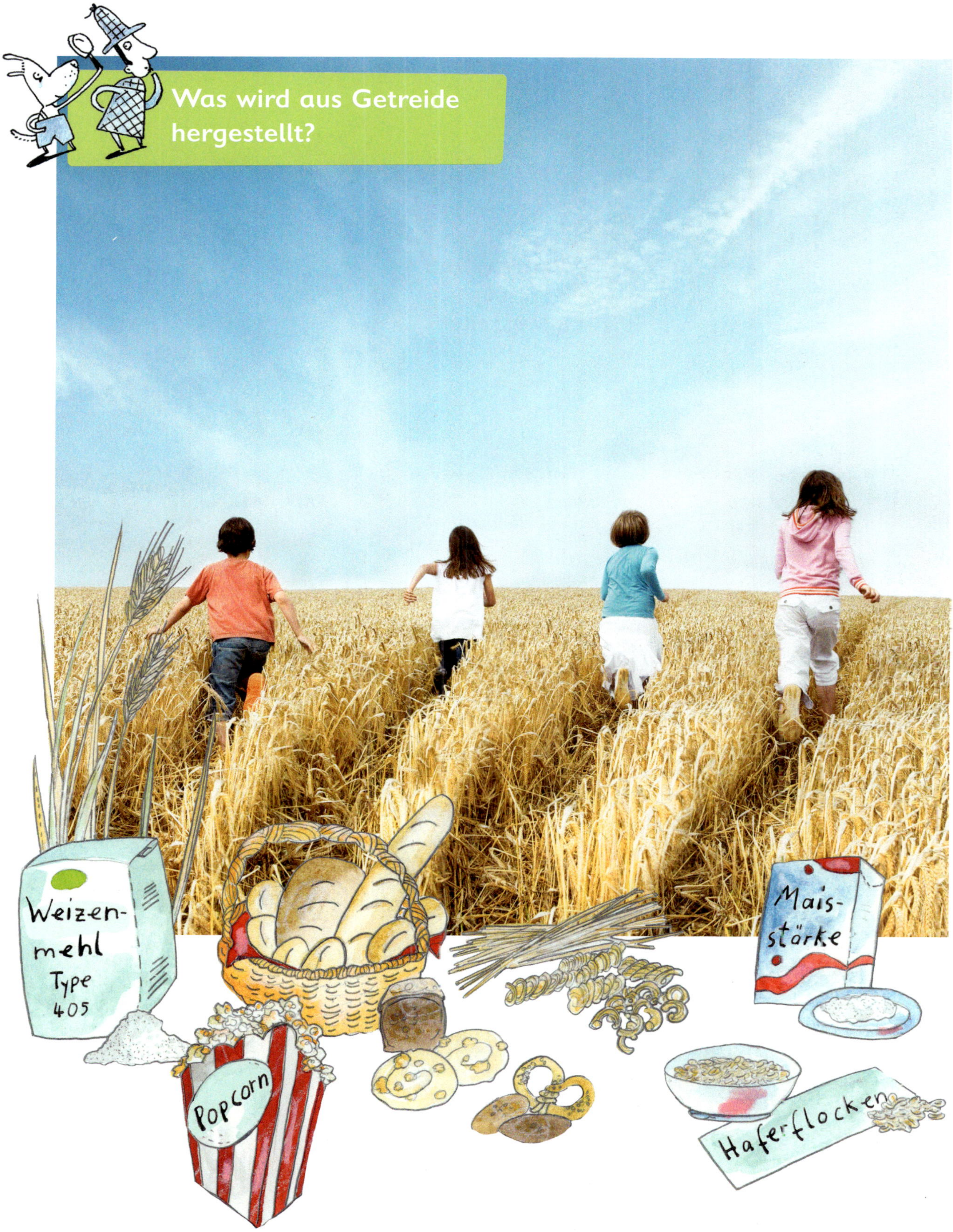

Weizen-mehl Type 405

Popcorn

Mais-störke

Haferflocken

Im Sommer reift das Korn

1 Erkläre das Schema.

Sommer
Ernte

Herbst
Aussaat

**Winterweizen
in den
Jahreszeiten**

Frühling
Wachstum und Blüte

Winter
Winterruhe

Weizen ist eine Getreidepflanze.
Man unterscheidet Sommer- und Winterweizen.
Sommerweizen wird ab Ende März ausgesät
und im Juli geerntet.

Winterweizen kommt im Herbst in den Boden.
Die Samen keimen und es bilden sich kleine Pflanzen.
Im Winter ruht das Wachstum.
Die Pflanzen vertragen Frost bis −20 °C.
Erst im nächsten Frühjahr wächst die Pflanze.
Sie bildet Blätter und eine Ähre mit Blüten aus.
Nach dem Befruchten der Blüten
entwickeln sich die Körner.
Winterweizen wird von Anfang Juli bis Mitte August
geerntet. Er ist die wichtigste Getreideart und
das wichtigste Brotgetreide in Deutschland.

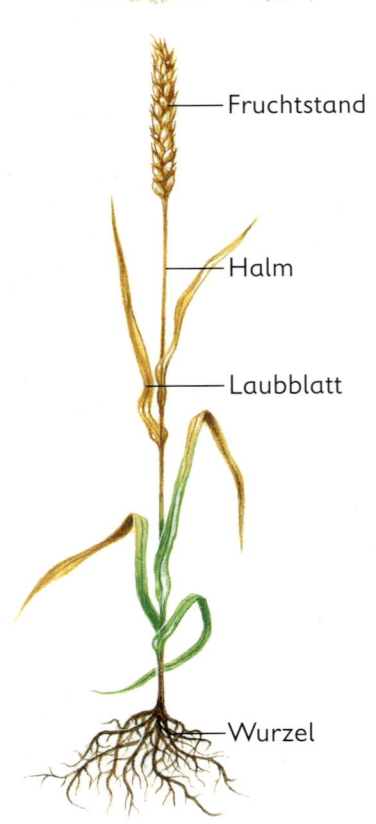

Fruchtstand

Halm

Laubblatt

Wurzel

Weizenpflanze

Anbau von Getreide mit Hilfe des Schemas erkunden;
Teile der Getreidepflanze beschreiben

AH S.44

Getreidearten

Neben Weizen werden bei uns auch andere Getreidearten angebaut:

Weizen   Roggen   Gerste   Hafer   Mais

Die Getreidearten unterscheidet man nach:
* dem Bau ihres Fruchtstandes

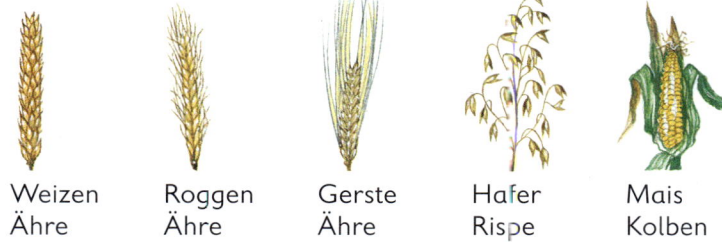

| Weizen | Roggen | Gerste | Hafer | Mais |
| Ähre | Ähre | Ähre | Rispe | Kolben |

* dem Vorhandensein oder der Länge der Grannen

Die Grannen der Gerste sind etwa 15 cm lang.

MITMACHEN UND NACHDENKEN

2 Beschreibe den Bau einer Weizenpflanze.

3 Zeichne eine Getreidepflanze. Benenne sie. Beschrifte ihre Teile.

4 Beschreibe und vergleiche die Getreidekörner.

INTERESSANT

Alle Getreidekörner (Samen) sehen verschieden aus.

Weizen   Roggen

Mais   Gerste   Hafer

Grana hieß früher Barthaar. Davon kommt Granne.

Vom Korn zum Brot

1 Beschreibe den Weg vom Korn zum Brot.
Nutze das Schaubild und den Text.

1 Im Herbst verteilt die Sämaschine die Getreidesamen auf dem Acker.
Man sagt: Landwirte bestellen das Feld.

2 Im Winter schauen Pflänzchen aus der Erde.
Manchmal sind sie vom Schnee bedeckt.

3 Im Sommer schneidet und drischt der Mähdrescher das Getreide.
Es wird entweder zu Großsilos oder zur Mühle gefahren.

4 In Großsilos kann das Getreide eine Zeit lang gelagert werden.

5 In der Mühle wird das Getreide gereinigt, gesiebt, gemahlen und verpackt.

Den Weg vom Korn zum Brot beschreiben;
die Verarbeitung von Getreide kennen lernen

AH S.45

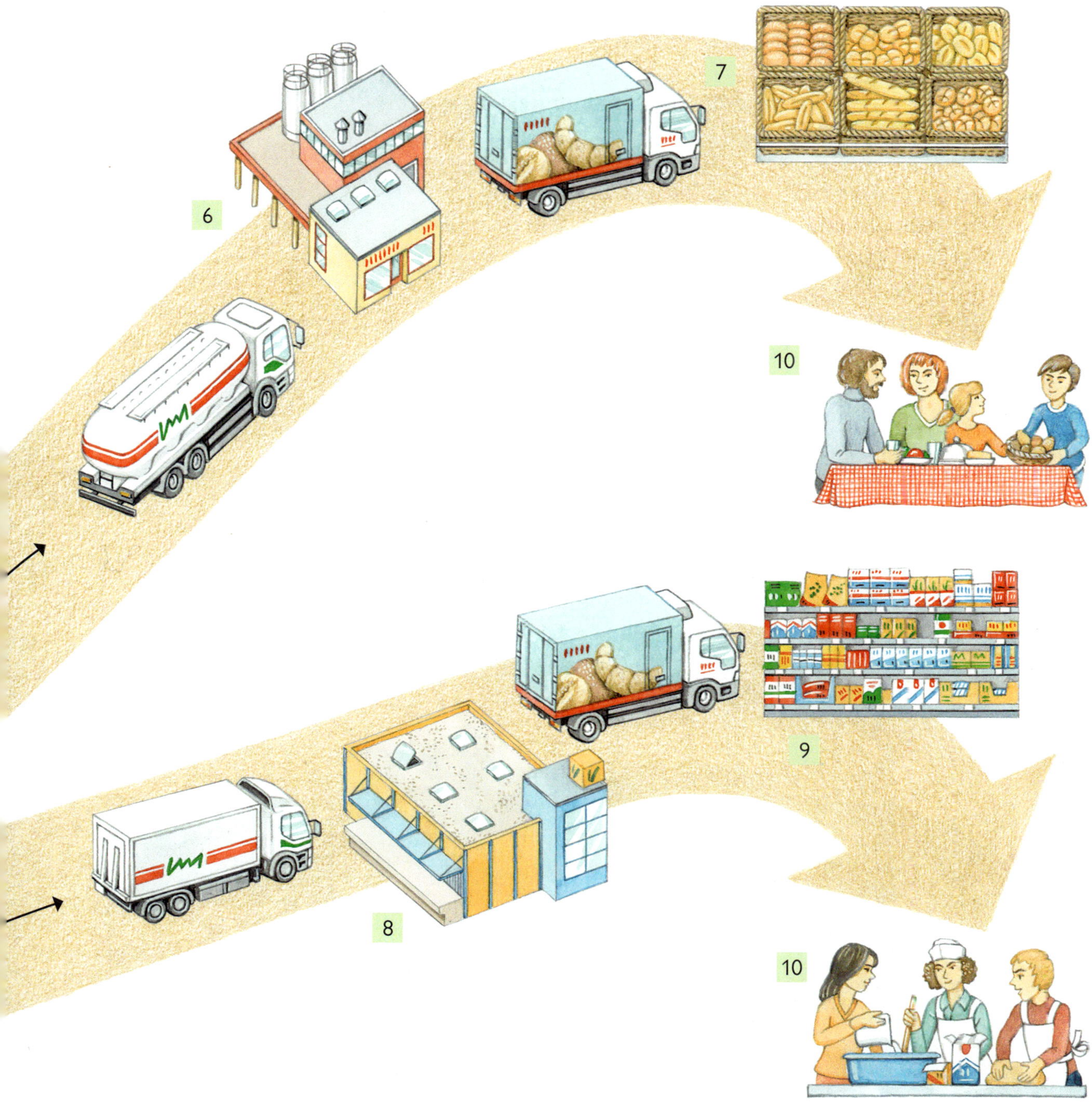

6 In der Großbäckerei oder in kleinen Bäckereien wird Brot gebacken.

7 In Verkaufsstellen gibt es viele Sorten Brot zu kaufen.

8 Das verpackte Mehl wird von der Mühle an Großhändler geliefert.
Er verkauft es an die Einzelhändler.

9 Mehl zum Brotbacken kann man in Lebensmittel-Geschäften kaufen.

10 Guten Appetit!

Getreide – ein Grundnahrungsmittel

1 Erkläre: Wie wurde Getreide zum Grundnahrungsmittel?
Nutze den Text.

Getreide gehört zu den Gräsern. Auf der Suche nach
etwas zum Essen sammelten die Menschen vor langer Zeit
auch Körner von wilden Gräsern.
Dann wählten die Menschen einige Pflanzen aus,
säten deren Körner aus und ernteten die Erträge.
Aus den umherziehenden Sammlern
wurden Ackerbauern, die an einem Ort blieben.
Sie lernten im Laufe der Zeit,
die größten Körner der kräftigsten Pflanzen für die Aussaat zu nehmen.
So züchteten sie Sorten mit mehr und größeren Körnern.
Heute gehört Getreide weltweit zu den wichtigsten **Grundnahrungsmitteln**.

2 Welche **Getreideprodukte** essen sie?

Ich esse oft
Pizza oder Pasta.

Ich esse gern
Pfannkuchen.

Wir essen oft
Gemüsereis.

Wir essen oft
gefüllte Tortillas
aus Maismehl.

Meine Familie
isst oft Fufu.

Wir essen
zu Hause
viel Pide.

Welche Speise
esst ihr in eurer
Familie sehr oft?

Von der Entwicklung des „Getreidegrases" zur gezüchteten Getreidepflanze erfahren;
erkennen, dass Getreide ein Grundnahrungsmittel auf der ganzen Welt ist

AH S.46/47

Einige Nahrungsmittel werden
in aller Welt besonders häufig gegessen.
Man nennt sie **Grundnahrungsmittel**.
Sie enthalten wichtige Aufbaustoffe
für unseren Körper, wie Kohlenhydrate,
Eiweiße und Fette.
Viele Kinder auf der Welt essen
so viel, wie und was sie wollen.
Manche essen zu viel.
Sie nehmen an Gewicht zu.
Das schadet oft der Gesundheit.

Andere Kinder haben nicht genug
zu essen. **Hunger** zu haben
ist sehr unangenehm. Der Magen knurrt,
manchem wird übel. Hungert ein Mensch
längere Zeit, fehlen dem Körper
Nährstoffe und Energie. Der Körper wird
schwächer und schwächer.
Immer noch stirbt alle sechs Sekunden
ein Kind an Hunger.
Hilfsprogramme versuchen, die Versor-
gung der Menschen mit Nahrung und
die Gesundheitsversorgung zu verbessern.

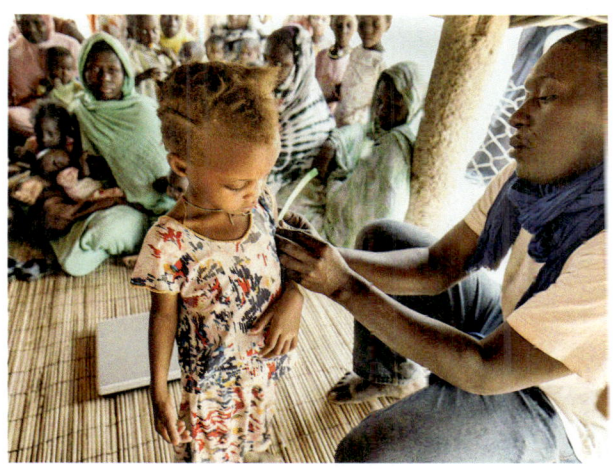

MITMACHEN UND NACHDENKEN

3 Ordnet die Speisen der Kinder diesen Ländern zu:
Deutschland, China, Türkei, Nigeria, Mexiko, Italien.
Legt eine Tabelle an.

Name der Speise	Land

4 Auch Reis ist ein Grundnahrungsmittel.
Informiert euch im Internet
über diese Getreidepflanze.

5 Begründe: Warum sind Nahrungsmittel
ein kostbares Gut? Sprecht darüber,
wie man mit Nahrungsmitteln umgehen sollte.

INTERESSANT

Die wichtigsten
pflanzlichen
Grundnahrungsmittel:
- Getreide wie
  Weizen oder Reis
- Knollen wie
  Kartoffeln oder
  dicke Wurzeln
  wie Yams
- Hülsenfrüchte wie
  Bohnen
  und Linsen
- Früchte wie Feigen
  und Datteln

Der Tagbogen der Sonne

An wolkenlosen Tagen ist die Sonne gut zu beobachten.
Sie scheint in einem Bogen über den Himmel zu wandern.
Das nennt man den Tagbogen der Sonne.

 Vergleiche den Tagbogen der Sonne in den einzelnen **Jahreszeiten**:
  • Wann steht die Sonne zur Mittagszeit am höchsten?
  • Wie lange scheint die Sonne am Tag?
  • Wo geht die Sonne auf? In welcher Richtung geht sie unter?

Tagbogen der Sonne in den Jahreszeiten

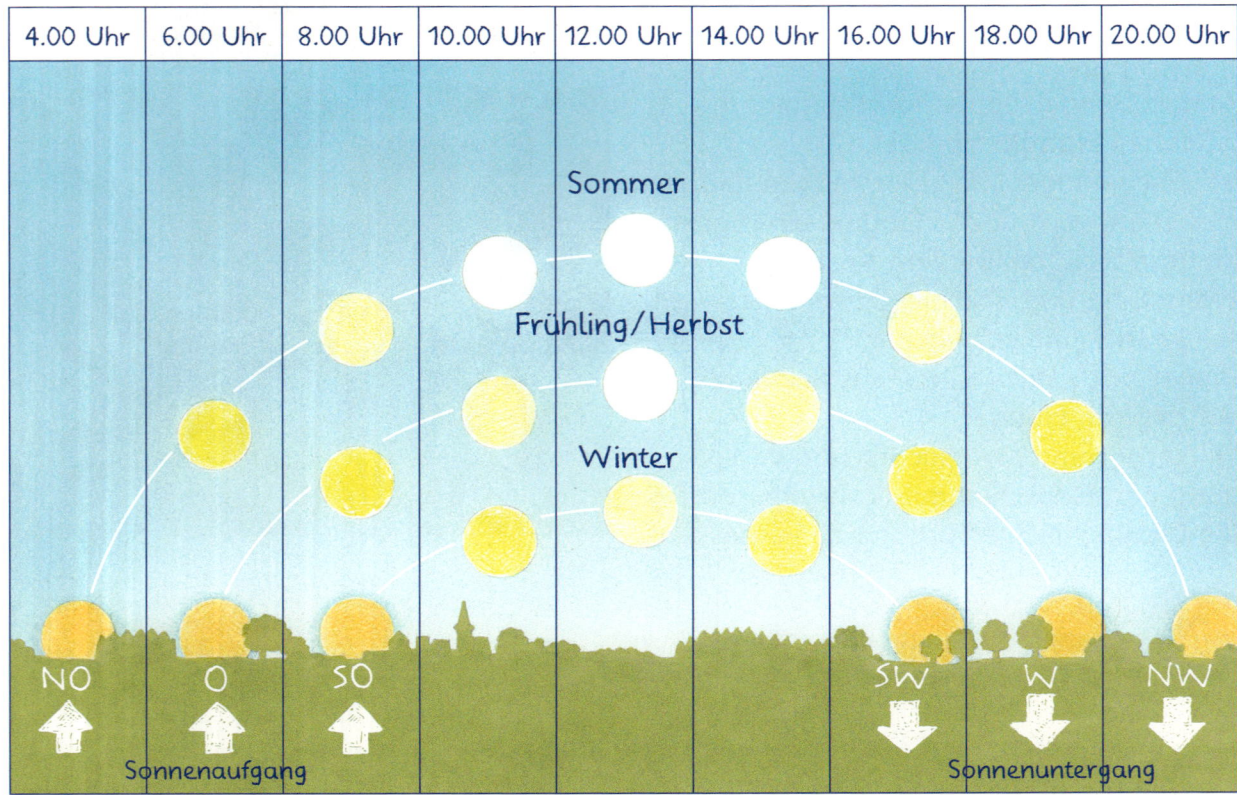

| 4.00 Uhr | 6.00 Uhr | 8.00 Uhr | 10.00 Uhr | 12.00 Uhr | 14.00 Uhr | 16.00 Uhr | 18.00 Uhr | 20.00 Uhr |

Die Erde bewegt sich auf einer Bahn
in einem Jahr einmal um die Sonne.
Die Erdachse ist geneigt.
So strahlt die Sonne mal steiler und länger,
mal flacher und kürzer auf Gebiete der Erde.
Deshalb ist es dort mal wärmer und mal kälter.
Wir erleben Jahreszeiten.

INTERESSANT

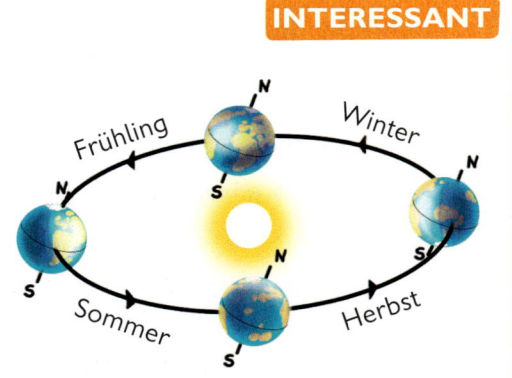

Phänomene der unbelebten Natur beobachten;
Tagbogen der Sonne kennen lernen

In den **Jahreszeiten** verändert sich vieles in der Natur:
die Temperatur, das Wetter, Pflanzen und Tiere, die Dauer von Tag und Nacht.

Frühling

März
21
Frühlings-
anfang

- Beginn am 21. März,
  Tag und Nacht
  sind gleich lang.
- Täglich wird es etwas
  später dunkel.
  Die Nächte werden kürzer.
- Die Sonne steigt mittags immer
  höher. Es wird wärmer.
- Land und Meere erwärmen sich.

Sommer

Juni
21
Sommer-
anfang

- Beginn am 21. Juni,
  Sommersonnenwende
- Es ist der längste Tag
  und die kürzeste Nacht
  im Jahr.
- Ab jetzt werden die Tage
  wieder kürzer und die Nächte länger.
- Die Sonne steigt mittags täglich
  etwas weniger hoch,
  aber noch wärmt sie stark.
- Land und Meere erwärmen sich
  weiter.

September
23
Herbst-
anfang

Herbst

- Beginn am 23. September,
  Tag und Nacht sind
  gleich lang.
- Täglich wird es
  etwas früher dunkel.
  Die Nächte werden länger.
- Die Sonne steigt mittags immer
  weniger hoch. Es wird kühler.
- Land und Meere kühlen ab.

Winter

Dezember
21
Winter-
anfang

- Beginn am 21. Dezember,
  Wintersonnenwende.
- Es ist der kürzeste Tag und
  die längste Nacht im Jahr.
- Ab jetzt werden die Tage
  wieder länger und die Nächte kürzer.
- Die Sonne steigt mittags täglich
  etwas höher,
  aber sie wärmt noch wenig.
- Land und Meere bleiben noch kühl.

MITMACHEN UND NACHDENKEN

2 Gestaltet Plakate zu den Jahreszeiten.

3 Erkläre den Tagbogen der Sonne in den Jahreszeiten.

4 Zeige, wie auf der Erde Tag und Nacht entsteht.
Nimm Globus und Taschenlampe zu Hilfe.

Nacht Tag

Phänomene der unbelebten Natur analysieren; Zusammenhang zwischen Tagbogen
der Sonne und Jahreszeiten erkennen
 S. 2/3, 14/15   103

Knobeln im Sommer

1 Wähle Aufgaben aus.

---

1 Original und Fälschung

Finde acht Unterschiede.

---

2 Sommerschmuck

Aus welchem Material
wurde das Herz
geflochten?
Gestalte auch
einen Sommerschmuck.

---

3 Einen Geheimbrief lesen

Was schreibt Leon
an seine Freundin?

Tipp: Du musst
Buchstaben streichen.

Hallo Anna,

icsh bain lmikt mgeilnecn Etltyerpn iom
Uhrlyauib. Gnesvtewrn lwadremn wkir
öwazndaervn. Aebepr eis wsar jserhr xwalrm.
GDaaruhm gzehben kwiur häeugte ralyle min
hdans Foresibhad. ÜMoirgjen lfabhrzen vwitr
meit ydekn Fhahirrpädhermn zcum ZEsgelxhoef.
Dkarhauwf fjreuue qiczh maicvh slchron.

Dein Leon

Wahrnehmung und Feinmotorik schulen;
eigene Ideen zum Knobeln im Sommer finden

Wusstest du schon ... ?

Wie können wir Pflanzen vermehren?

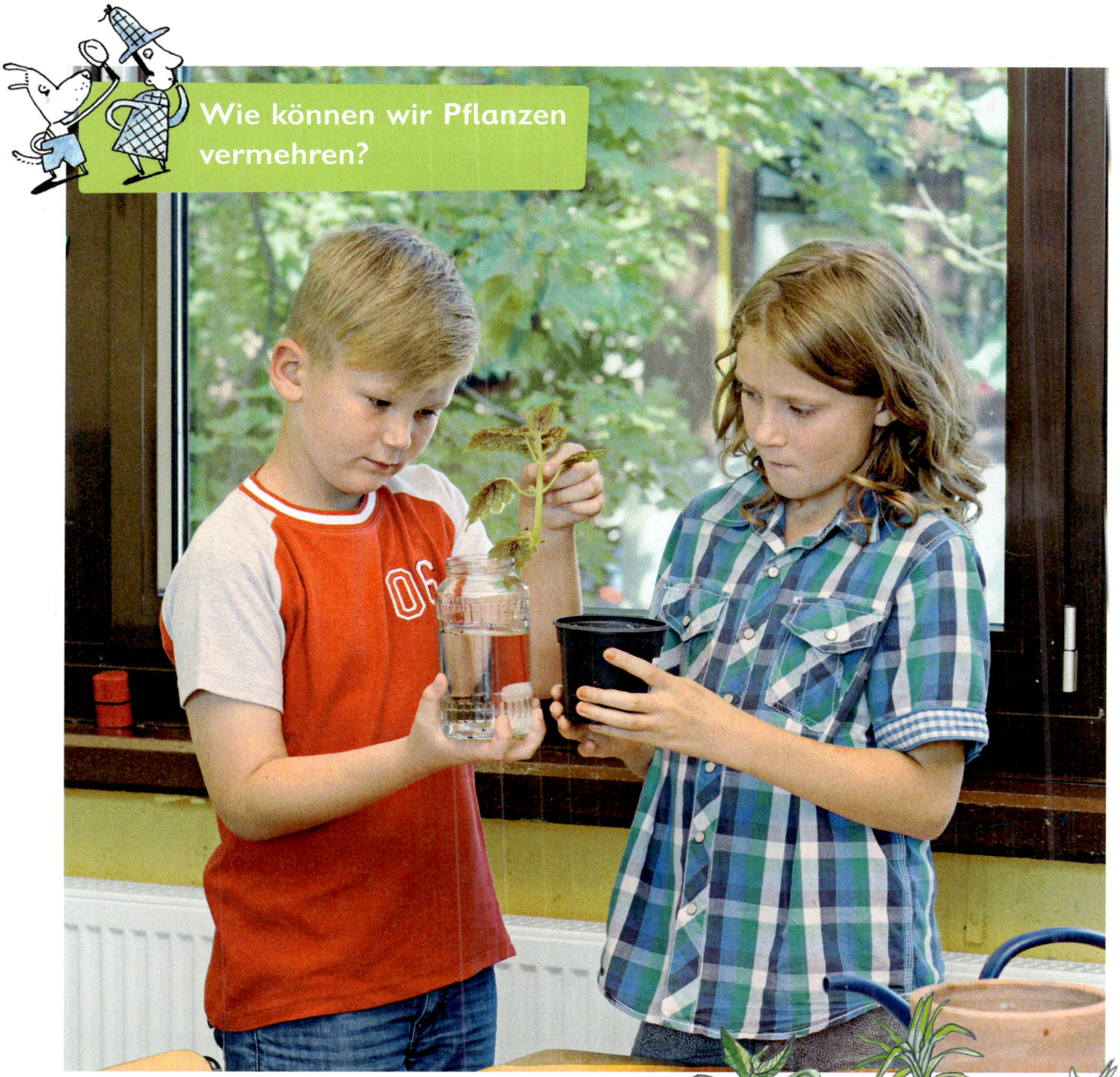

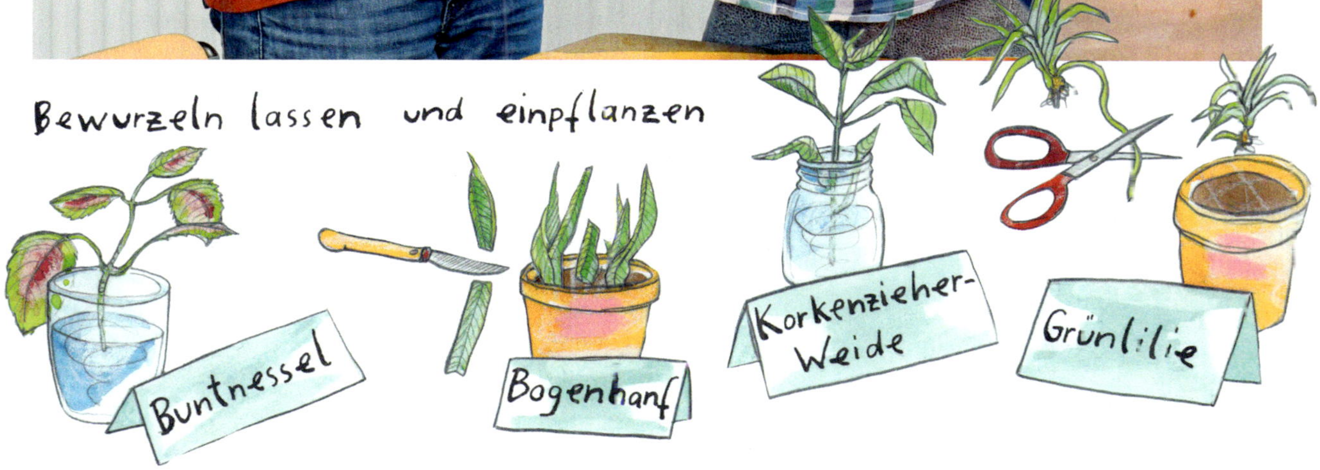

Bewurzeln lassen und einpflanzen

Buntnessel

Bogenhanf

Korkenzieher-Weide

Grünlilie

Wie vermehren sich Pflanzen? – Gruppenarbeit

 1 Viele Pflanzen vermehren sich durch Samen.
Holt euch hier Ideen.

Arbeitsschritte

- Fragen zum Thema sammeln
- einen Arbeitsplan erstellen
- Material sammeln
- Aufgaben in Gruppen bearbeiten und kontrollieren
- Ergebnisse präsentieren und auswerten

Gruppe 1
Wie verschiedene Samen aussehen

Löwenzahn-Samen

Radieschen-Samen

Gruppe 2
Wo sich Samen befinden

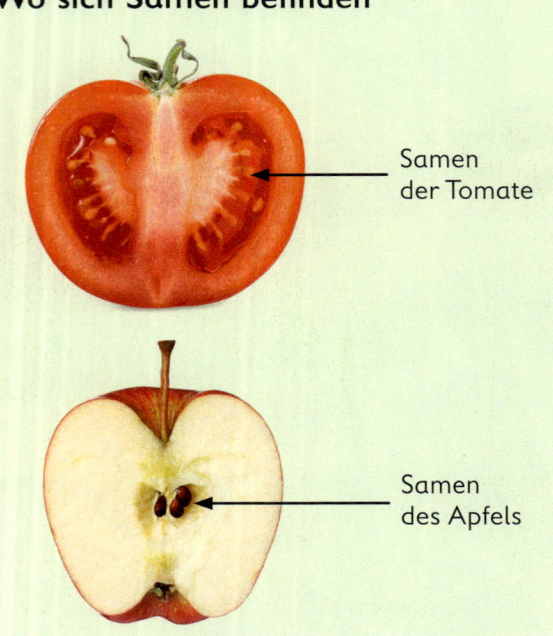

Samen der Tomate

Samen des Apfels

Gruppe 3
Wie sich Pflanzen durch Samen verbreiten

Der Wind verbreitet Samen.

Löwenzahn: Samen fliegen an Fallschirmen.

Linde: Samen fliegen an Propellern.

Klatschmohn: Samen streuen aus Kapseln.

Auch Tiere verbreiten Samen.

Kletten haften am Fell des Fuchses.

Eichhörnchen verstecken Haselnüsse.

Amseln fressen Beeren und scheiden die Samen aus.

Keine Blüten, keine Samen!

Wissen über Pflanzenvermehrung durch Samen festigen; Samenverbreitung durch Wind und Tiere kennen lernen

AH S.48/49  S. 2/3

Gruppe 4
Pflanzen brauchen Zeit bis zur Samenreife

Die Sonnenblume ist eine einjährige Pflanze.

Frühling   Sommer   Herbst   Winter

Einjährige Pflanzen entwickeln sich innerhalb eines Jahres.
Wir säen sie im Frühling aus. Sie blühen von Sommer bis Herbst.
Im Herbst bilden sie neue Samen und sterben dann ab.
Sie überdauern den Winter als Samenkörner.

Die Mohrrübe ist eine zweijährige Pflanze.

Das sind mehrjährige Pflanzen.

1. Jahr

Frühling   Sommer   Herbst   Winter

2. Jahr

Frühling   Sommer   Herbst   Winter

Zweijährige Pflanzen brauchen vom Keimen
der Samen bis zum Ausbilden neuer Samen
zwei Jahre.

Mehrjährige Pflanzen
Dazu gehören alle Pflanzen,
die mehrere Jahre wachsen
und blühen können.
Einige benötigen im Winter
Schutz.

MITMACHEN UND NACHDENKEN

2 Plant eine Gruppenarbeit zum Thema „Zimmerpflanzen im Klassenraum".

Jahrtausendpflanzen

 Erklärt, warum einige Pflanzen Jahrtausendpflanzen heißen.

Jahrtausendpflanzen nennt man
Pflanzen, die Menschen seit Jahrtausenden
nutzen oder an denen sie sich erfreuen.
Bei Ausgrabungen entdeckten Wissenschaftler
verkohlte Samen von Pflanzen.
So fanden sie heraus, welche Pflanzen
schon vor langer Zeit angebaut wurden.
Auch in der bis zu 2 000 Jahre alten Bibel
werden Pflanzen genannt.
Die Menschen verwendeten sie
schon damals als Nahrung, als **Heilmittel**,
als **Gewürze**, als Baumaterial
oder Futtermittel für ihre Tiere.
Auch Zierpflanzen wurden angepflanzt,
um damit Bauwerke, Gärten
und Wohnräume zu schmücken.
Viele Jahrtausendpflanzen werden
bis heute angebaut.

Dieses Modell zeigt, wie vor 4 000 Jahren
in Ägypten Korn gespeichert wurde.

Das sind alte Nahrungsmittel-Pflanzen:

| Hartweizen | Gerste | Rispenhirse | Zwiebel | Linse |

Diese alten Heil- und Gewürzkräuter werden noch heute in Sachsen angebaut:

Kreuzkümmel   Echter Salbei   Dill

Ideen für Gruppenarbeit

Gruppe 1
Wir erforschen Jahrtausendpflanzen
als Werkstoffe früher und heute.

Flachs

Weide

Eiche

früher:

Handtuch

Korb

Schrank

Bettwäsche

Kiepe

Brücke

Malerleinwand

Korbstuhl

Holzfass

heute: ?

Gruppe 2
Wir schreiben Steckbriefe
zu Jahrtausendpflanzen.
Dazu lesen wir in Sachbüchern,
im Internet und sammeln Bilder.

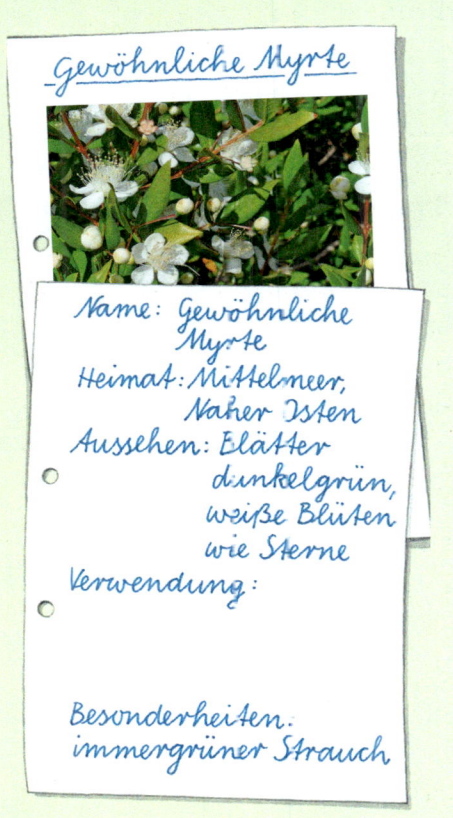

Gewöhnliche Myrte

Name: Gewöhnliche
       Myrte
Heimat: Mittelmeer,
      Naher Osten
Aussehen: Blätter
     dunkelgrün,
     weiße Blüten
     wie Sterne
Verwendung:

Besonderheiten:
immergrüner Strauch

Gruppe 3
Wir erforschen die Jahrtausendpflanze **Erbse**. Wir kochen Erbseneintopf.
Unser Arbeitsplan: ?

Gruppe 4
Jahrtausendpflanzen auf dem Fensterbrett

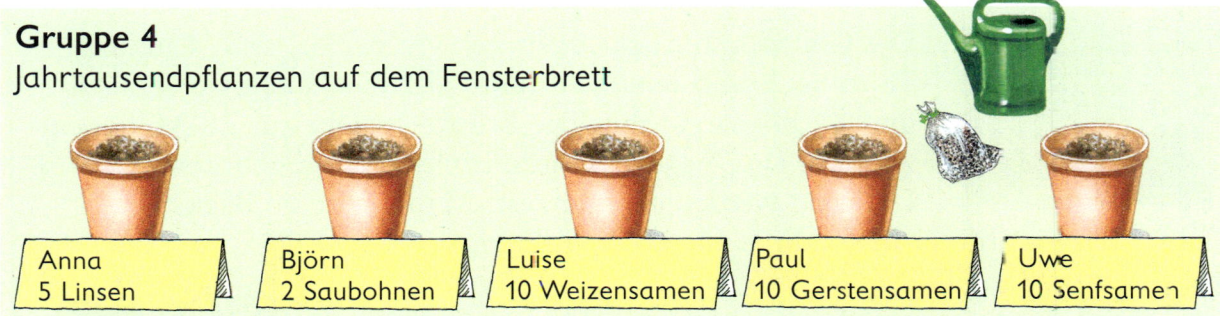

Anna
5 Linsen

Björn
2 Saubohnen

Luise
10 Weizensamen

Paul
10 Gerstensamen

Uwe
10 Senfsamen

Wir verteilen Samen auf der Erde. Die Erde müssen wir etwas gießen,
aber Staunässe vermeiden. Wir beobachten das Keimen der Sprösslinge.

Steinerne Zeugen erforschen

1 Wählt einen steinernen Zeugen in eurem Heimatort aus. Erforscht ihn.

So könnt ihr vorgehen:

• Das Objekt fotografieren: Göltzschtalbrücke

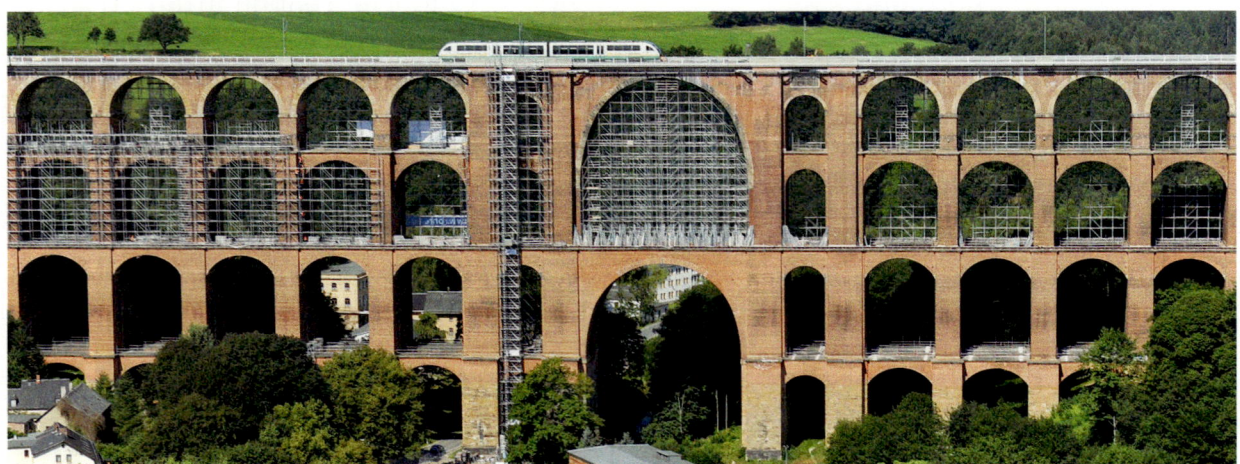

• Das Objekt genau betrachten, beschreiben und eine Skizze anfertigen

• Ein Modell bauen

Modell eines Brückenbogens aus Ton

• Informationen in Medien suchen, Experten befragen und alle Ergebnisse am Computer aufschreiben

Die Göltzschtalbrücke steht bei Mylau. Sie ist 574 m lang, 78 m hoch und über 150 Jahre alt. Wir haben vier Etagen und 81 Bögen gezählt. Die Brücke besteht aus 28 Millionen Ziegeln. Die Ziegel sind aus Ton und Sand gebrannt. Dadurch werden sie sehr fest. Man nennt sie Backsteine.
Die Brücke wurde in fünf Jahren für die Eisenbahn von Leipzig nach Hof in Bayern gebaut.
Die Pläne waren von Andreas Schubert. Er erbaute auch die erste deutsche Lokomotive – die „Saxonia".

Steinerne Zeugen erforschen, Objekte skizzieren, fotografieren, nachformen;
Entstehung erkunden

AH S.52

Wer Natursteine erforscht, erfährt Interessantes.

 Wie sind Steine
entstanden?

 Wie kommen Findlinge
ins flache Land?

 Wie kommen Abdrücke
in harte Steine?

Die Felsen des Elbsandsteingebirges
entstanden aus abgelagertem Sand,
der versteinerte.
In Sachsen gab es
reichlich **Sandstein**,
der sehr stabil war.
Deshalb baute man
daraus Kirchen und Schlösser.
Auch der Dresdner Zwinger und
die Frauenkirche sind aus Sandstein.
Dieser kommt aus
den Postaer Steinbrüchen
in der Nähe von Dresden.

Felsen im
Elbsandsteingebirge

Die Frauenkirche
in Dresden

Findlinge schmücken heute so manchen
Park. Die großen Gesteinsbrocken
wurden in der Eiszeit von riesigen
Gletschern aus dem Norden
bis nach Sachsen bewegt.

Findling

Im Naturkundemuseum in Chemnitz
sind fossile Abdrücke zu sehen.
Die **Fossilien** sind Reste oder Spuren
von Pflanzen oder Tieren, die in der Erdkruste
versteinerten. Heute geben sie
uns Auskunft über vergangenes Leben.

Fossiler Pflanzenabdruck

 MITMACHEN UND NACHDENKEN

2　Bemale einen Stein als Geschenk.

3　Gestaltet eine Ausstellung zu steinernen Zeugen.

Alles Steine:
Bausteine
Steinporträt
Fels
Edelstein
Marmor
Mühlstein
Glücksstein

Fragen stellen – Antworten finden

 Wähle Aufgaben aus. Forsche nach.

1 Redewendungen

Sucht im Internet **Redewendungen** zum Thema „Fragen und Lernen".

> Klug fragen können
> ist die halbe Weisheit.
>
> *Francis Bacon*

> Dumme Fragen gibt es
> nicht, dumm ist nur,
> wer nicht fragt.
>
> *Volksweisheit*

> Wichtig ist, dass man
> nie aufhört zu fragen.
>
> *Albert Einstein*

2 Antworten finden

Versucht, eine Erklärung zu finden.

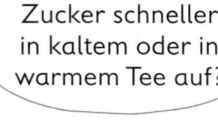

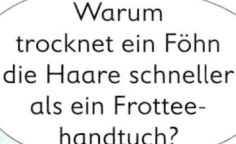

3 Experiment durchführen

Bildet ein Forscherteam
und bereitet einige
Experimente vor.

- Was will ich wissen?
- Was vermute ich als Antwort?
- Was brauche ich für das Experiment?
- Wie führe ich das Experiment durch?
- Was beobachte ich?
- Was habe ich herausgefunden?
- Was weiß ich jetzt?

Präsentiert die Experimente und eure Ergebnisse vor der Klasse.

Vertiefen, eigene Fragen stellen und Antworten finden; Experimente selbstständig
vorbereiten, durchführen, auswerten; mit Materialien und Geräten sachgerecht umgehen   AH S.50/51    S. 7

Zum Nachschlagen

Bestimmungsbuch S. 73

Welche Pflanze ist das? Diese Frage
beantwortet ein Bestimmungsbuch.
Da nicht alle Pflanzenarten in ein Buch
passen, hat es ein bestimmtes Thema,
zum Beispiel „Wiesenpflanzen".
Die Pflanzen werden genau beschrieben.
Fotos und Zeichnungen zeigen,
wie sie aussehen. Auch für Tiere
und Pilze gibt es solche Bücher.

Blindenführhund S. 44

Ein Blindenführhund hilft Menschen,
die nicht sehen können. Er führt sie
zum Beispiel über Treppen, zu Türen
und über den Fußgängerüberweg.
Bei Ampeln gibt er ein Signal und bleibt
bei Rot stehen. Schildern, Pfützen
und anderen Hindernissen weicht er aus.
Dazu braucht der Hund eine sehr gute
Ausbildung. Bei der Arbeit trägt er
ein weißes Führgeschirr.

Braille-Punktschrift S. 39

Der Franzose Louis Braille erfand
eine Blindenschrift. Die Buchstaben
des Alphabets werden durch Punktmuster
dargestellt. Die Muster werden
in das Papier gedrückt. Blinde können
das Muster mit den Fingern ertasten.
Diese Schrift kann von Blinden
auf der ganzen Welt gelesen werden.

Brauch S. 59

In einer Gemeinschaft von Menschen
gibt es oft Handlungen, die immer zu
bestimmten Zeiten und auf bestimmte
Weise vorgenommen werden. Beispiele
sind das Entzünden eines Osterfeuers,
ein Dorfumzug oder ein Kartoffelfest.
Solche Bräuche sind gut für das
Wir-Gefühl der Gemeinschaft und bilden
eine → Tradition.

Dreschflegel S. 68

Ein Dreschflegel ist ein altes Werkzeug
der Bauern. Er besteht aus einem Stiel
und einer hölzernen Keule. Die Keule ist
zwar mit dem Stiel verbunden, aber noch
beweglich. Mit dem Dreschflegel wurde
das Getreide geschlagen (= gedroschen),
um die Getreidekörner aus den Ähren
zu lösen.

Drogen S. 43

Drogen wirken auf das Gehirn und
die Nerven von Menschen. Manche lösen
einen Rausch aus, andere machen wach
oder betäuben. Drogen sind gefährlich,
weil sie süchtig und krank machen.

Dünger S. 91

Alle Pflanzen brauchen Nährstoffe,
um zu wachsen. Sie holen sie aus
dem Boden. Sind zu wenig Nährstoffe
vorhanden, kann man düngen.
Das bedeutet, künstlich Nährstoffe
in den Boden zu bringen. Dünger sind
zum Beispiel Gülle, Mist oder
chemischer Kunstdünger. Zu viel Dünger
schadet aber – sowohl den Pflanzen
wie dem → Grundwasser.

Erbse S. 109

Die Erbse ist eine wichtige Nutzpflanze,
die schon seit Jahrtausenden angebaut
wird. Sie dient als Tierfutter und
ihre Samen essen wir als Gemüse.
Die Samen sehen aus wie kleine Kugeln.
Sie befinden sich in länglichen Hülsen
und enthalten viel wertvolles Eiweiß.

Familie S. 24

Eine Gemeinschaft, in der Eltern und Kinder zusammenleben, ist eine Familie. Familien sind sehr unterschiedlich. In den einen gibt es viele Kinder, in den anderen lebt nur ein Kind. Manchmal sind die Eltern verheiratet, manchmal nicht. In manchen Familien gibt es nur einen Elternteil, in anderen gehören auch die Großeltern oder weitere Verwandte dazu.

Farm S. 7

Eine Farm ist ein Bauernhof. Das Wort stammt aus der englischen Sprache.

Feld S. 94

Ein Feld ist ein Stück Land, das von Landwirten genutzt und bearbeitet wird. Sie bauen darauf zum Beispiel Getreide, Kartoffeln oder Rüben an. Ein anderes Wort für Feld ist Acker.

Findling S. 111

Findlinge sind sehr große Felsbrocken. Sie liegen einzeln in → Landschaften, wo es eigentlich keine Felsen gibt. Die Findlinge wurden in der Eiszeit von Eis umschlossen. Als es wärmer wurde und das Eis schmolz, blieben manche schwere Steine liegen. Andere wurden an einen anderen Ort gespült.

Fossilien S. 111

Reste, Abdrücke und andere Spuren von Pflanzen und Tieren, die vor langer Zeit auf der Erde und im Wasser lebten, nennt man Fossilien. Manche sind winzig klein, sodass man ein Mikroskop braucht, um sie zu sehen. Andere sind so groß wie ein Haus. Durch die Fossilien erfahren die Forscher, wie das Leben auf der Erde in vergangenen Zeiten ausgesehen hat.

Garbe S. 68

Eine Garbe ist ein Bündel aus Getreidehalmen, an denen sich noch die Ähren befinden. Früher wurden die Garben auf dem Feld aufgestellt, damit das Getreide trocknen konnte.

Gebärden S. 44

Durch die Gebärdensprache können sich Menschen unterhalten, die nicht hören können. Dazu machen sie mit den Händen Zeichen und bewegen die Arme auf bestimmte Weise. Auch der Gesichtsausdruck und die Körperhaltung werden eingesetzt. Außerdem sprechen gehörlose Menschen manchmal Wörter lautlos mit. Es gibt auf der Welt viele unterschiedliche Gebärdensprachen.

Getreideprodukte S. 100

Getreideprodukte entstehen, wenn das Getreide verarbeitet wird. Getreideprodukte sind: Mehl, Brot und anderes Gebäck, Haferflocken und Nudeln … Dabei kann man zwischen den dunklen Vollkornprodukten und Produkten aus Weißmehl unterscheiden. Vollkornprodukte enthalten mehr Nährstoffe.

Gewürze S. 108

Gewürze sind Pflanzen oder Pflanzenteile, mit denen man den Geschmack von Essen und Getränken verbessern kann. Pfefferkörner zum Beispiel sind die Früchte eines Strauches aus Asien. Er war vor langer Zeit so kostbar wie Gold.

Gräser S. 72

Die meisten Gräser haben dünne Halme und lange, schmale Blätter.

Die Blüten sind leicht zu übersehen. Eine hauptsächlich mit Gras bewachsene Fläche heißt Rasen. Gräser wachsen auch auf Wiesen und Weiden. Sie sind wichtig für die Landwirtschaft, denn sie werden von Rindern, Schafen und Ziegen gefressen.

Graupel   S. 14

Graupel ist fester Niederschlag. Die runden Körner sind halbdurchsichtigen oder undurchsichtigen. Sie sind 2 bis 5 mm groß. Graupel entsteht aus Eiskristallen, Schneekristallen oder Schneeflocken. Auf dem Weg zur Erde schmelzen die Kristalle. Durch den Aufwind in der Wolke werden sie nach oben geschleudert. In der kalten Luft gefrieren sie zu Eiskörnern. Graupel über 5 mm Größe nennt man Hagel.

Grenze   S. 54

Eine Grenze ist eine Linie, die zwei Gebiete voneinander trennt. Es gibt zum Beispiel Staatsgrenzen (wie zwischen Deutschland und Polen), Landesgrenzen (wie zwischen Sachsen und Bayern) und Kreisgrenzen (wie zwischen Bautzen und Görlitz).

Grundnahrungsmittel   S. 100, 101

Die Nahrungsmittel, die die Menschen besonders viel essen, heißen Grundnahrungsmittel. Dazu gehören die pflanzlichen Nahrungsmittel, wie Weizen, Kartoffeln und Reis. Auch Milch, Eier und Fleisch von Tieren sind Grundnahrungsmittel. Was als Grundnahrungsmittel gern gegessen wird, ist auf der Erde nicht überall gleich. So werden in den Ländern des Südens zum Beispiel besonders viele Süßkartoffeln gegessen.

Grundwasser   S. 84

Wo bleibt das Wasser, wenn es regnet? Meistens versickert es im Boden. Unterirdisches Wasser heißt Grundwasser. Wenn es lange in der Erde bleibt, wird es sehr sauber und kann als Trinkwasser genutzt werden.

Heilmittel   S. 108

Kamille, Salbei, Fenchel, Zwiebeln, Knoblauch, Ingwer: Viele Pflanzen haben eine heilende Wirkung. Das wissen die Menschen schon seit vielen Tausend Jahren. 1991 fand man in den Alpen eine Mumie: „Ötzi" war ein Mensch, der vor 5 000 Jahren gelebt hat. Er hatte zum Beispiel einen Pilz bei sich, mit dem man Wunden behandeln kann.

Herbarisieren   S. 73

In einem Herbarium werden Pflanzen und Pflanzenteile gesammelt. Vorher müssen sie getrocknet und gepresst werden, zum Beispiel zwischen den Seiten schwerer Bücher. Danach werden die Pflanzen auf Papier oder Karton aufgeklebt und beschriftet. So kann man sie betrachten, bestimmen und vergleichen.

Hunger   S. 101

Wenn der Körper nicht mehr genug Nährstoffe und Energie hat, gibt er uns ein Zeichen: Hunger! Das ist ein unangenehmes Gefühl. In manchen Ländern Südamerikas, Afrikas und Asiens gibt es viele Menschen, die ständig Hunger haben. Es gibt dort nicht genügend Lebensmittel oder die Menschen sind zu arm, um sie kaufen zu können. Die Unterernährung führt zu schweren Krankheiten, oft sogar zum Tod.

Jahreszeiten S. 102, 103

Dass es Frühling, Sommer, Herbst und Winter gibt, hat mehrere Gründe: Die Erde wandert in einem Jahr um die Sonne herum. Die Erdachse steht dabei nicht gerade, sondern ist leicht schief. Dadurch wird die Nordhalbkugel im Sommer stärker beschienen als im Winter. Die Sonne steht bei uns im Sommer höher am Himmel, ist kräftiger und scheint länger. Auf der Südhalbkugel ist es umgekehrt.

Kompass S. 53

Mit einem Kompass kann man sich auf dem Meer und auf dem Land orientieren. Ein Gehäuse und ein Glas schützen ihn. Unter dem Glas ist die Windrose, auf der die Himmelsrichtungen eingetragen sind. Eine Kompassnadel zeigt immer an, wo Norden ist.

Kultur S. 24

Kultur ist das, was sich die Menschen ausgedacht und was sie geschaffen haben. Dazu gehören Sprache, Musik, Regeln und Gesetze, Technik, Kleidung und vieles andere.

Landschaft S. 51

Eine Landschaft ist ein Gebiet mit typischen Merkmalen. Die Merkmale können zum Beispiel ein Gebirge, Flachland, Wälder oder Flüsse sein.

Lebensraum S. 72

Der Begriff „Lebensraum" beschreibt den Ort, an dem bestimmte Tiere und Pflanzen leben, also zum Beispiel Fische in Gewässern oder Gras auf Wiesen. Lebensräume sind: Feld, Wald, Gewässer, Wiese.

Lufttemperatur S. 13

Die Luft hat eine Temperatur. Sie hängt von der Sonnenstrahlung ab. Die Sonnenstrahlen erwärmen den Erdboden und der erwärmt die Luft darüber. Je mehr also die Sonne scheint, umso wärmer wird die Luft.

Mehrjährige/einjährige/Pflanze S. 32, 107

Einjährige Pflanzen wachsen im Frühjahr, blühen im Sommer und sterben ab, wenn im Herbst ihre Samen reif geworden sind. Mehrjährige Pflanzen bleiben am Leben und machen eine Winterpause, zum Beispiel Bäume und Sträucher.

Meteorologe S. 17

Ein Meteorologe ist ein Wetterforscher. Er beobachtet das Wetter, erstellt Wetterberichte und versucht herauszufinden, wie sich das Wetter verändern wird.

Naturschutz S. 80

Unsere Natur ist durch die Menschen stark belastet. Wir nutzen zum Beispiel die Felder, wir bauen Kohle, Sand oder Kies ab, wir gestalten die Landschaft um und bauen Straßen und Häuser. Deshalb müssen Tiere, Pflanzen und ihre Lebensräume geschützt werden. Ziel des Naturschutzes ist es, die Vielfalt und Schönheit der Natur zu erhalten. Um den Schutz kümmert sich der Staat, zum Beispiel, indem er Naturschutzgebiete einrichtet. Sehr wichtig ist aber auch die Arbeit von vielen Menschen, Vereinen und Organisationen, die sich für den Naturschutz einsetzen. Aber auch jeder einzelne Mensch ist für den Schutz der Natur verantwortlich.

Nisthilfen   S. 80

Nisthilfen sollen Wildtieren helfen, ihren Nachwuchs aufzuziehen. So gibt es Nistkästen für Meisen und Stare. In der Natur finden sie nicht mehr genug Höhlen zum Brüten. Auch „Insektenhotels" gehören zu den Nisthilfen.

Quelle   S. 84

In der Erde befindet sich → Grundwasser. Manchmal sammelt es sich und tritt an der Erdoberfläche wieder aus. Dann ist es eine Quelle. Quellwasser ist meistens sehr klar. An der Quelle bildet sich ein kleiner Bach, der zu einem Fluss werden kann.

Radarbild   S. 17

Mit einem speziellen Radargerät können Wolken gemessen werden. So wird festgestellt, wohin die Wolken ziehen und ob es regnen wird. Filme und Fotos vom Regenradar zeigt der Wetterdienst auch im Internet.

Rechen   S. 68

Ein anderes Wort für Rechen ist Harke. Mit einem Rechen werden geschnittene Getreidehalme und Gras zusammengeharkt. Er besteht aus einem langen Stiel, einem Querbalken und vielen Zinken, die wie Zähne aussehen.

Redewendung   S. 112

Da beißt die Maus keinen Faden ab – dieser Spruch ist eine Redewendung und davon entsteht ein Bild in unserem Kopf. Auch wenn jemand etwas Kluges so sagt, dass man es sich gut merken kann, spricht man von einer Redewendung oder von einem „geflügelten Wort".

„Rote Liste"   S. 80

Auf den „Roten Listen" stehen Tier- und Pflanzenarten, die vom Aussterben bedroht sind.

Sandstein   S. 111

Sandstein entsteht meistens im Meer. Sandkörner lagern sich auf dem Boden ab und bilden dicke Schichten. Durch den großen Druck werden sie so fest zusammengepresst, dass ein Stein entsteht. Sandstein wird oft als Baumaterial genutzt.

Satellit   S. 17

Ein Satellit ist ein Himmelskörper, der einen anderen Himmelskörper umkreist – wie der Mond die Erde. Es gibt aber auch künstliche Satelliten. Sie werden von Menschen gebaut und mit Raketen ins Weltall gebracht. Tausende von ihnen umkreisen die Erde. Mit ihrer Hilfe kann man zum Beispiel das Wetter beobachten oder die Erdoberfläche fotografieren.

Schädling   S. 90

Ein Schädling ist ein Tier, das Pflanzen, Vorräte, Holz und andere Materialien befallen und zerstören kann. Beispiele hierfür sind der Kartoffelkäfer, die Hausmaus, der Holzwurm und die Kleidermotte. Den Menschen entsteht dadurch ein Schaden. Sie versuchen, die Schädlinge zu bekämpfen. Dabei werden giftige Mittel verwendet.

Sense   S. 68

Mit einer Sense werden Getreide und Gras gemäht. Sie besteht aus einem langen Stiel und einer gebogenen Klinge (auch Sensenblatt genannt).
Am Stiel befinden sich zwei Griffe. Beim Sensen werden die Arme und der Körper gedreht. Die scharfe Klinge macht dann über dem Boden einen Bogen und schneidet dabei die Halme.

Sinnesorgane   S. 36, 40

Ein Organ ist ein Körperteil mit einer bestimmten Aufgabe. Die Sinnesorgane haben die Aufgabe, Informationen (Reize) aus der Umwelt zu empfangen. Die Reize werden an das Gehirn weitergeleitet.
Es meldet uns zurück, was wir sehen, hören, riechen, ertasten und schmecken.

Sinnestäuschung   S. 37

Manchmal täuschen uns unsere Sinne. So sehen wir zum Beispiel Muster und Farben an Stellen, wo sie gar nicht sind. Der Grund ist ein Missverständnis zwischen Sinnesorgan und Gehirn. Das Sinnesorgan meldet Informationen, die unser Gehirn falsch deutet.

Skypen   S. 7

Skype ist ein Programm für Computer und Handys. Damit kann man über das Internet telefonieren. Das nennt man skypen. Wenn das Gerät eine Kamera hat, kann man sich beim Telefonieren auch sehen.

Sprichwort   S. 28

Ein Sprichwort ist ein kurzer Satz, der eine Lebensregel oder eine Weisheit benennt. Beispiele sind: Was ich nicht weiß, macht mich nicht heiß. Morgen, morgen, nur nicht heute, sagen alle faulen Leute.

Spur und Fährte   S. 33

Die Fährte ist der „Fußabdruck" eines Tieres. Die Muster, die Tiere auf dem Boden hinterlassen, sind typisch. Daher kann ein guter Fährtenleser sagen, von welchem Tier eine Fährte stammt. Es gibt aber noch andere Spuren: Federn, Eierschalen und Fraßspuren, zum Beispiel an Nüssen, sind ebenfalls Hinweise auf bestimmte Tiere.

Stockwerk der Wiese   S. 76

Auf einer Wiese wachsen Pflanzen verschieden hoch, deshalb kann man sagen, sie bilden Stockwerke.
Die Wurzelschicht ist der Keller. Im Keller leben viele kleine Tiere wie der Regenwurm. Darüber kommt das Erdgeschoss. Hier wachsen niedrige Pflanzen. Tiere wie Laufkäfer, Ameisen und Schnecken besiedeln die Schicht. Es folgt das Mittelgeschoss. An den Stängel und Blättern der Pflanzen bauen Spinnen ihre Netze, sitzen Schmetterlingsraupen und suchen Heuschrecken Nahrung. Im blütenreichen Obergeschoss finden Schmetterlinge, Bienen und Hummeln ihre Nahrung.

Thermometer   S. 13

Wie kalt oder wie warm ist etwas? Das wird mit einem Thermometer gemessen. Es gibt Thermometer für viele Zwecke, zum Beispiel Außenthermometer, Zimmerthermometer, Fieberthermometer und Badethermometer.

Tradition   S. 24

Zur Einschulung gibt es eine Schultüte, Silvester werden Knaller gezündet, Ostern Eier gefärbt und zum Geburtstag darf man sich etwas wünschen …
Dies sind Beispiele für Traditionen. Man kann also sagen, eine Tradition ist ein → Brauch oder eine Gewohnheit.

Unkraut   S. 91

Auf den Feldern und Wiesen wachsen auch Pflanzen, die anderen Pflanzen das Licht oder den Platz wegnehmen oder sogar giftig sind. Landwirte und Gärtner sehen solche Pflanzen gar nicht gern und nennen sie „Unkraut".

Verkehrsgarten   S. 63

Ein Verkehrsgarten ist ein Übungsplatz, auf dem Kinder das Fahrradfahren und das richtige Verhalten im Verkehr üben können.

Weltmeere   S. 84

Im Weltraum leuchtet die Erde blau, weil ihr größter Teil von Meer bedeckt ist. Die Weltmeere werden auch Ozeane genannt. Es gibt den Atlantik, den Pazifik und den Indischen Ozean. Darin leben unzählige Pflanzen und Tiere. Das Wasser der Meere ist sehr salzig.

Wetterbericht   S. 12

→ Wetterstationen in allen Ländern und Satelliten senden Daten an Forscher. Diese erfahren so, wie das Wetter an vielen Orten gerade ist. Sie erstellen einen Wetterbericht. Und die Forscher können sagen, wie das Wetter in den nächsten Tagen wahrscheinlich sein wird.

Wetterstation   S. 17

In einer Wetterstation befinden sich Messgeräte, die zum Beispiel die Temperatur, die Windgeschwindigkeit und die Dauer des Sonnenscheins messen. Die Wetterforscher benötigen die Messwerte für den → Wetterbericht. Um die Messgeräte zu schützen, werden sie oft in einer kleinen Wetterhütte untergebracht.

Wiesenarten   S. 72

Wiesen unterscheiden sich nach ihrem Standort, dem Boden und den Pflanzen, die darauf wachsen. Auch der Mensch hat einen Einfluss. Wenn Landwirte Wiesen etwas düngen, dann wachsen dort viele bunt blühende Pflanzen und Gräser. Alle diese Pflanzen sind nahrhaftes Futter für Rinder, Schafe, Pferde und andere Nutz- und Haustiere.

Wildkraut   S. 91

Wie der Name es sagt: Wildkräuter wachsen wild. Sie werden nicht von Menschen gezüchtet und versorgt. Beispiele sind Brennnessel, Gänseblümchen, Löwenzahn und Sauerampfer. Diese Wildkräuter kann man sogar essen.

Winterdienst   S. 30

Der Winterdienst räumt Straßen, Wege, Plätze, Haltestellen … bei Schnee und Eis. Dann können Fahrer und Fußgänger die Straßen wieder sind benutzen.

Winterstarre   S. 33

Was machen Insekten, Fische, Frösche, Eidechsen oder Schlangen im Winter? Sie verstecken sich, denn ihr Körper erstarrt, wenn es kalt wird. Sie atmen dann kaum noch und ihr Herz schlägt sehr langsam. Sie fressen auch nichts mehr. Man kann sie nicht aufwecken. Die Winterstarre hört erst auf, wenn es wieder wärmer wird.

Text- und Bildquellen

37 Paul Maar: Hier stimmt was nicht! In: LeseEcke 2. Berlin: Volk und Wissen Verlag GmbH & Co. 1998

5 Corbis/Keren Su; **7** imago sportfotodienst/imago stock&people; **8** Fotolia/michaeljung; **13** akg/Science Photo Library; **13** dpa Picture-Alliance; **14** Fotolia/(copyright) manuela_merl; **14** All mauritius images Medical & Science; **14** Fotolia/© hydebrink; **14** BilderBox; **15** blickwinkel; **15** Fotolia, **17** action press; **17** Deutscher Wetterdienst (DWD); **17** action press; **25** Fotolia Fanfo, **25** Fotolia Joshua Resnick; **27** action press; **29** Glow Images; **30** Screenshot www.fragFINN.de; **32** Fotolia/© emer; **32** OKAPIA BILDARCHIV KG; **33** Image Source; **33** Corbis RM; **33** blickwinkel; **38** dpa Picture-Alliance/ CPA Media Co.; **39** doc-stock health & wellness; **39** DJV-Bildportal Braille reading; Your_Photo_Today; **39** bpk-images/ adoc-photos; **44** Corbis; **44** Skarabee GbR, Köln; **45** Imago Sportfotodienst; **50** Fotolia/scimmery1; **50** Bildagentur-online/ Frank Exß; **61** akg-images; **61** akg-images/album; **61** F1online digitale Bildagentur; **61** bpk; **62** Verlag Heinrich Vogel; **65** akg-images; **66-67** (1–2) Museum und Kunstsammlung Schloss Hinterglauchau/Wigand Sturm/ W.-D. Röber/R. Büschel/E. Müller; **66**(3) ddp/360° CREATIVE; **67**(1) akg-images/Thomas Bartilla; **67**(2) Erzi Qualitätsprodukte aus Holz GmbH, Grunhainichen; **67**(3) Fotolia/K.C.; **68** akg-images; **69** Fotolia/Jan Reichel; **69** Fotolia/countrypixel; **71** Imago sportfotodienst;
72 All mauritius images/Garden; **75** Fotolia; **80** WWF; **81** Look Bildagentur; **82** © Tamas Zsebok; **89** Juniors Bildarchiv; **91** Fotolia© Tamas Zsebok Florian Rink; **95** Corbis/Anthony Lee/Ocean; **101** eyevine; **106** Fotolia/Tamas Zsebok, Andrea Wilhelm; **108** Prisma; **108** Fotolia/Tamas Zsebok, Henrik Larsson; **110** dpa Picture-Alliance; **111** Fotolia/ pixelspirale.

Shutterstock: 7 Syda Productions; **11** magicinfoto; **15** Mr Twister; **15** Pakhnyushchy; **15** OMMB; **15** Kichigin; **15** Mihai Simonia; **18** Alesikka; **18** Vita Serendipity; **18** Madlen; **22** attila dudas; **22** Lightspring; **24** Sylvie Bouchard; Andy Dean Photography; Monkey Business Images; imtmphoto; **26** Nancy Bauer; **27** Pressmaster; **27** Yellowj **30** strelka; **34** Arina P. Habich; **37** Joop Hoek; **38** Peter Kotoff; **38** ILYA AKINSHIN; **38** Ivonne Wierin; **38** Vichy Deal; **38** Curly Pat; **38** ULKASTUDIO; **38** Paul Matthew Photography; **38** Gavran 333; **50** Catalin Petolea; **66**(4) alexandre zreiger; **67**(4) Ergeny Atamanenko; **69** Michael C. Gray; **74** Sergei Drozd; **77** D. Kucharski/K. Kucharska; **78** Zdenek Kubik; **82**: Mika Heittola; Peter Gudella; Ruggiero Scardigno; Vlada Z; Sergey Uryadnikov; Andrey_Kuzmin; Tim UR; Givaga; Nuttawut Uttamaharad; STILLFX; dpePhoto; D7INAMI7S; **90** Jausa; **100** Goodluz; **100** Philippe Put; **100** Tom Wang; **100** Frazao Production; **100** Lucian Coman; **100** Brocreative; **100** Roman Sotola; **101** Master-L; **104** Barbro Bergfeldt; **106** Peter Kotoff; **106** Abramova Elena; **106** mayakova; **108** Gene Rosliuk; **108** Dmy And; **109** s74; **111** kiri11; **111** Ralf Neumann; **111** Michal Ninger; **111** Mikhail Markovskiy.

Auftragsfotografie
Peter Wirtz, Dormagen: 23, 35, 49, 53, 60, 63, 64, 105.

Karten
Peter Kast, Ingenieurbüro für Kartographie, Wismar

Übersicht zur Lehrplanpassung für Lehrerinnen und Lehrer

Lernbereich	Seiten im Schülerbuch 3	Seiten im Arbeitsheft 3
Zusammen leben und lernen	5–10, 23–28, 65–70	2–3, 8–9, 28–31
Mein Körper und meine Gesundheit	35–44, 101	12–15, 46–47
Begegnung mit Pflanzen und Tieren	18–21, 32–33, 68–69, 71–80, 89–94, 95–101, 104	6–7, 30–31, 32–37, 42–43, 44–47
Begegnung mit Phänomenen der unbelebten Natur	11–17, 22, 29–31, 34, 81–88, 102–103	4–5, 10–11, 38–39, 40–41
Begegnung mit Raum und Zeit	45–64, 65–67, 70	16–17, 18–19, 20–25, 26–27, 28–29, 53
Festigung und Vernetzung	112	50–51
Wahlpflichtbereiche 1–4	60–64, 105–111	24–27, 48–49, 52

Michael Grambusch,
Frank Lauenburg

Eine 5. Klasse managen

Ein Leitfaden mit Arbeits- und Organisationshilfen

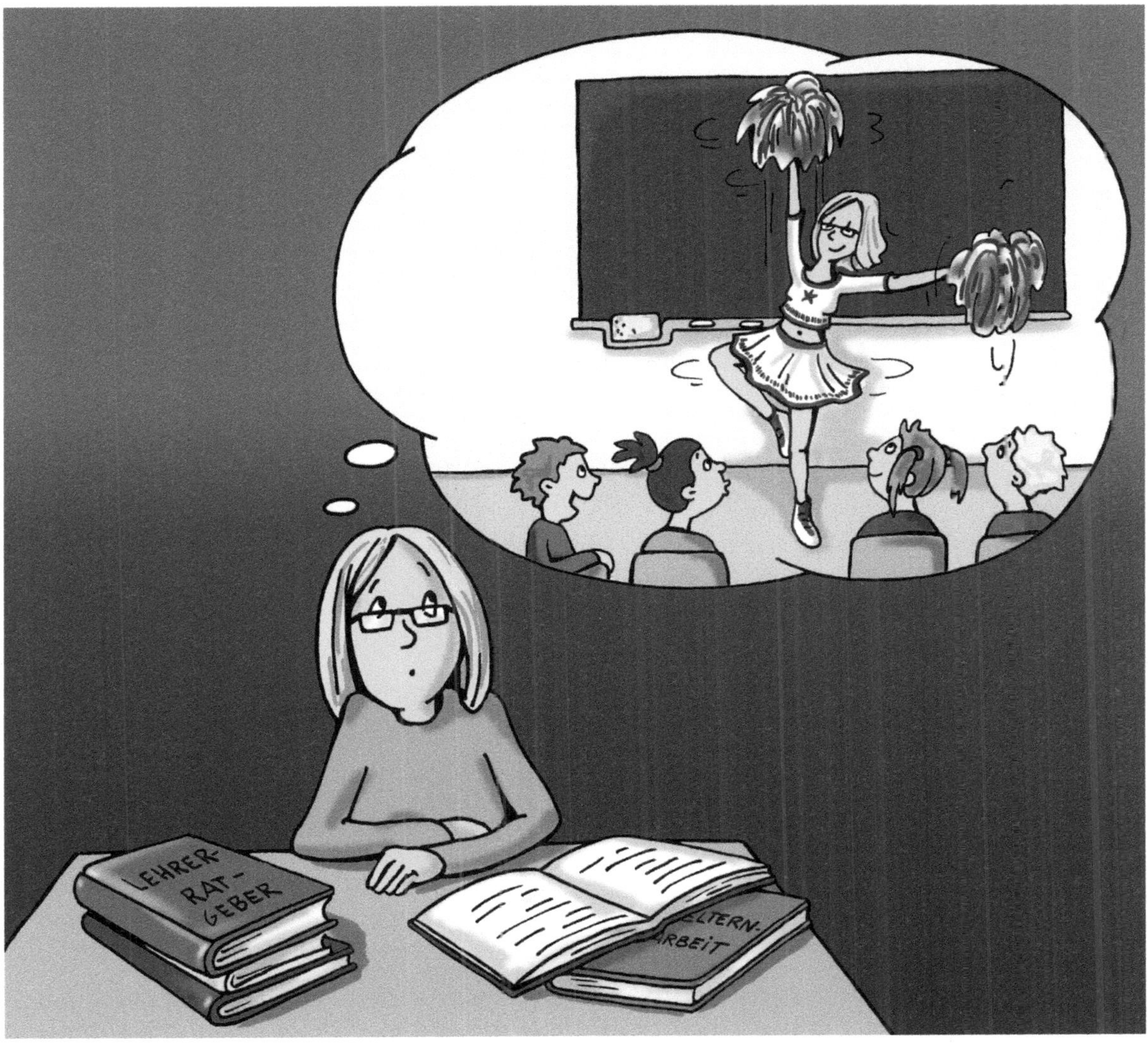

PERSEN

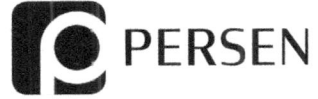

Die Autoren:

Frank Lauenburg studierte Geschichte und Sozialwissenschaften auf Lehramt für das Gymnasium an der Universität in Rostock und arbeitet zurzeit am Erasmus-Gymnasium in Grevenbroich. Veröffentlichungen im Bereich Jugendkulturen und Rechtsextremismus sowie diverse Unterrichtsmaterialien, u. a. zum Thema Stationenlernen in den Fächern Geschichte und Politik.

Michael Grambusch studierte Mathematik und Geschichte auf Lehramt für Gymnasien und Gesamtschulen an der Universität zu Köln und arbeitet zurzeit am Erasmus-Gymnasium in Grevenbroich.

Gedruckt auf umweltbewusst gefertigtem, chlorfrei gebleichtem und alterungsbeständigem Papier.

3. Auflage 2019
© 2014 PERSEN Verlag, Hamburg
AAP Lehrerfachverlage GmbH
Alle Rechte vorbehalten.

Satz: DTP Studio Koch, Oberweißbach

ISBN: 978-3-403-**23382**-4

www.persen.de

Inhalt

CD-Inhalt:

Anlage 1–6 und 8–11 in deutscher Sprache

Anlage 1–5 und 9+10 in polnischer, rumänischer, russischer, und türkischer Sprache

⌨ **Alle CD-Inhalte als veränderbare Word-Dateien**

Vorwort

Liebe Kolleginnen und Kollegen,

wie viele andere Lehrer[1], so lieben auch wir unseren Beruf. Wir genießen es, die Schüler in ihrer Entwicklung zu begleiten, sie hierbei zu fördern und sie zu unterstützen. Wir genießen aber auch die inhaltliche Vielfalt, die uns unsere Fächer bieten, *mit* den Schülern, ja manchmal sogar neue Dinge *von* den Schülern zu lernen. Aber die Aufgabenfülle eines Lehrers – neben der Vermittlung fachlicher Inhalte – wurde für uns erst im Laufe der letzten Jahre, vor allem durch die Tätigkeit als Klassenlehrer so richtig bewusst. Im Rahmen der Lehramtsausbildung wird diese Aufgabenfülle gern mithilfe der sieben sogenannten Lehrerfunktionen umrissen:

- unterrichten

- erziehen

- diagnostizieren, fördern

- beraten

- Leistung messen und beurteilen

- organisieren, verwalten

- evaluieren, innovieren, kooperieren

Auch schon in unserem Vorbereitungsdienst wurde versucht, diese Begriffe mit Leben zu füllen. Für die Aufgaben des Klassenlehrers blieben hierbei – unserer Erinnerung nach – genau zweieinhalb Zeitstunden übrig. Und doch waren wir nicht enttäuscht, gingen wir doch aufgrund unserer Fächerkombination (Geschichte und Politik-/Sozialwissenschaften) davon aus, niemals im Laufe unserer Berufskarriere Klassenlehrer zu werden. Dann kam es ganz anders. Als die Nachricht der Schulleitung kam, Klassenlehrer werden zu können, war die Unsicherheit erheblich, weil faktisch nichts über die anstehenden Aufgaben bekannt war. Und doch war die Freude über das Vertrauen und die damit verbundene neue Herausforderung groß. Prompt begann die Suche nach guten Ratgebern für „Klassenlehrer-Neulinge". Aber: Der anfänglichen Begeisterung folgte schnell die Ernüchterung, denn die vorhandenen Ratgeber bieten selten einen Überblick über die gesamte Fülle der anstehenden Aufgaben eines Klassenlehrers – und genau das versuchen wir Ihnen mit diesem Handbuch zu bieten.

Für den Aufbau haben wir entschieden, uns an der Zeitplanung eines Schuljahres zu orientieren. So wird Ihnen hier die Möglichkeit geboten, das Buch zeitlich mitzulesen. Einige Dinge benötigen mehr Vorbereitungszeit als andere und sollten somit früh in die Planung einbezogen werden, aber nicht alles muss bereits am Anfang eines Schuljahres mitgedacht werden. Auf jeden Fall wird schon mithilfe des Inhaltsverzeichnisses ein Jahresüberblick zur Verfügung gestellt, welcher Ihnen eine erste Gesamtorientierung bietet.

Bei unserer Planung gehen wir davon aus, dass ein Schuljahr i.d.R. Ende August/Anfang September beginnt und im Gegenzug im Juni/Juli endet. Die unterschiedlich von Ihnen zu erfüllenden Aufgaben haben wir in der „Uhren-Übersicht" durch den Dickdruck der einzelnen Monate markiert: Somit können Sie auf den ersten Blick erkennen, in welchen Monaten besondere Termine anstehen. Diese Übersicht kann jedoch nur als erster Hinweis verstanden werden, da diese letztendlich wenig über das Anspruchsniveau der an Sie gestellten Aufgaben aussagt.

---

[1] Der besseren Lesbarkeit halber wird in diesem Werk auf die Verwendung der weiblichen Form verzichtet – trotz alledem sind hiermit immer die weiblichen und männlichen Lehrer, Schüler oder Elternteile mitgedacht.

Lassen Sie sich jedoch nicht über die Anfangsstellung des Zeigers auf der Uhr täuschen – die Arbeit für Ihre neue Klasse 5 sollte früher beginnen! Somit haben wir uns entschieden, dem eigentlichen Schuljahr weitere Zeiten vorweg zu setzen. Diese sind im Jahresablauf der Klassenuhr mit einzelnen Pfeilen markiert. Die eigentliche Planung und Vorbereitung für das Managen Ihrer neuen Klasse 5 sollte somit im Bestfall etwa im November des vorherigen Schuljahres beginnen – spätestens jedoch im Mai des Vorjahres und somit auf jeden Fall noch vor Beginn der Sommerferien.

Im Laufe des Schuljahres werden Sie feststellen, dass einige Punkte von anderen Kollegen (vor-) strukturiert werden. An unserer Schule wird beispielsweise der „Tag der Offenen Tür" durch den Erprobungsstufenkoordinator organisiert. Auch der Rahmen des Elternsprechtages ist durch die Schulleitung vorgegeben. Eventuell haben Sie als Klassenlehrer somit weniger Vorbereitungen zu treffen, als dies im ersten Moment vielleicht erscheint. Wir nehmen aber alle Teilaspekte mit auf, falls Sie ggf. alleine aktiv werden müssen. Und falls nicht, so verstehen Sie die Hinweise einfach als Anregung für mögliche Überarbeitungen.

Als weitere Leseunterstützung und zur besseren Orientierung innerhalb der einzelnen Kapitel finden Sie Zwischenüberschriften und Randmarkierungen. Außerdem Vordrucke für Elternbriefe sowie wichtige Checklisten als gedruckte Anlage. Auf den Anlagen 1, 5, 8 und 9 ist im oberen Bereich Platz für einen Briefkopf der Schule. Einige Anlagen werden Sie buchstabengetreu übernehmen können, andere werden Sie an Ihre Situation anpassen müssen – nutzen Sie hierfür die beiliegende CD. Hier bieten wir Ihnen die Anlagen als veränderbare Vorlage als Word-Dateien. Auf die zur Verfügung stehenden Anlagen wird jeweils am Ende eines Kapitels hingewiesen. Als Erleichterung Ihrer Arbeit mit Eltern und Schülern mit Migrationshintergrund sind die entsprechenden Formulare ergänzend auf türkischer, russischer, rumänischer und polnischer Sprache verfasst.

Bildungspolitik gehört zum Aufgabenbereich der Bundesländer, somit haben sich im Laufe der Jahre durchaus unterschiedliche Strukturen und Begrifflichkeiten in den einzelnen Bundesländern entwickelt. Wir, die Autoren, unterrichten an einem Gymnasium in Nordrhein-Westfalen, somit werden wir Ihnen hier vor allem aus unseren individuellen Erfahrungen an Gymnasien in NRW berichten. Darüber hinaus bemühen wir uns jedoch, eher bundeslandübergreifende Begriffe und Organisationsstrukturen darzustellen. Im Einzelfall bleibt jedoch ein Blick in Ihr landesspezifisches Schulgesetz unumgänglich.

Wir empfehlen Ihnen, das vorliegende Werk zunächst querzulesen – verschaffen Sie sich einen ersten Überblick über die Gesamtfülle der Aufgaben, die Sie im Laufe des kommenden Schuljahres bewältigen müssen. Nehmen Sie sich dann zu gegebener Zeit einzelne Aspekte heraus und bearbeiten diese genauer. Im Bestfall sollten Sie sich jeweils nach Ablauf der jeweiligen Phase konkrete Notizen zu den einzelnen Abschnitten machen – was hat sich bewährt, was wollen Sie das nächste Mal anders machen? Wir sind offen für weitere Hinweise und Rückmeldungen!

Und noch ein kleiner Motivationsschub: Ja, Sie werden im Laufe des Schuljahres viele Baustellen zu bearbeiten haben – viele davon sind zum jetzigen Zeitpunkt noch gar nicht planbar, seien Sie daher flexibel. Aber wir versprechen Ihnen: Am Ende des Schuljahres werden Sie zufrieden und vielleicht sogar stolz sein. Zufrieden mit Ihrer Arbeit, die Ihnen das eine oder andere Mal viel abverlangt, Ihnen aber auch schöne und erfreuliche Momente bereitet haben wird. Stolz vielleicht auf Ihre Klasse. Sie werden sehen, dass Sie mehr Kontakt zu den einzelnen Schülern haben und diese viel besser kennen- und schätzen lernen werden, als die Fachlehrer dies tun. Sie werden die Eltern und die damit verbundenen häuslichen Rahmenbedingungen kennenlernen und besser einschätzen können. Und vor allem werden Sie diese Schüler als Ihre Klasse wahrnehmen. Ja klar, irgendwie sind alle Schüler, die Sie unterrichten, Ihre Schüler – und doch werden Sie merken, dass sich die Schüler Ihrer Klasse davon unterscheiden werden; lassen Sie sich darauf ein.

Wir hoffen, dass dieser Ratgeber Ihnen Stütze und Hilfe zugleich sein wird und wir Ihnen hiermit die Arbeit in diesem neuen Betätigungsfeld erleichtern können. Nun bleibt uns nur noch, Ihnen viel Freude beim Managen Ihrer neuen Klasse 5 zu wünschen!

Frank Lauenburg
Michael Grambusch

Frühjahr 2014

Der Tag der Offenen Tür und Hospitationsstunde

Viele weiterführende Schulen öffnen an einem Samstagvormittag im Spätherbst ihre Türen, um sich den Viertklässlern und ihren Eltern zu präsentieren. An diesem Tag der Offenen Tür werden Führungen durch das Schulgebäude, Informationen zu besonderen Angeboten und Profilen der Schule, Einblicke in bestimmte Arbeitsgemeinschaften und Unterrichtsprojekte sowie Schnupper- und Hospitationsstunden angeboten. Die eigentliche Organisation dieses Tages liegt bei der Schulleitung oder einem Organisationsteam. Doch auch aktuelle und künftige Klassenlehrer der fünften Klassen werden i.d.R. eingebunden. Die Aufgabe der aktuellen Klassenlehrer ist häufig die Vorbereitung und Durchführung von Schnupper- bzw. Hospitationsstunden mit den aktuellen Fünftklässlern.

Für Sie kann dieser Tag zwei Funktionen erfüllen: Erstens sollten Sie als neuer Klassenlehrer Präsenz zeigen. Suchen Sie Gespräche mit den potenziellen Eltern und neuen Schülern, informieren Sie sich ungezwungen über diese möglichen neuen Mitglieder Ihrer Schulgemeinschaft und vermitteln Sie gleichzeitig einen ersten Eindruck von sich. Darüber hinaus sollten Sie zweitens auch in eigener Sache aktiv werden: Holen Sie sich Anregungen für die Gestaltung eines solchen Tages von den aktuellen Klassenlehrern. Wie planen die Kollegen einen Tag der Offenen Tür? Welche konkreten Aufgaben können Fünftklässler an solch einem Tag übernehmen? Wie gestalten die Klassen ihre Klassenräume? Welche Unterrichtsinhalte und -methoden eignen sich besonders gut für Schnupperstunden? Wie können Eltern und künftige Fünftklässler sinnvoll in die Unterrichtseinheit eingebunden werden? Bedenken Sie, dass Sie im nächsten Jahr vermutlich an derselben Stelle stehen werden und diese Aufgaben übernehmen müssen. Mit einer guten und zielgerichteten Beobachtung und anschließenden Auswertung können Sie Ihre Arbeit für das kommende Jahr sinnvoll entlasten.

Zeigen Sie Präsenz

Anregungen holen

Die Mentoren

Der Start an der weiterführenden Schule ist für viele Kinder ein großer Schritt. Sie verlassen ihre gewohnte und meist auch recht überschaubare Grundschule und betreten nun ein Schulgebäude, das deutlich größer ist als ihr altes und sehen sich plötzlich mit einem vergleichsweise riesigen Lehrerkollegium konfrontiert. Neben dem Klassenlehrer, der oft nur zwei Fächer in seiner Klasse unterrichtet, gibt es plötzlich eine Vielzahl von Fachlehrern. Darüber hinaus vervielfacht sich auch die Zahl der Mitschüler. Besuchen im ländlichen Raum zuweilen weniger als 150 Kinder eine

Grundschule, so haben beispielsweise Gymnasien und Gesamtschulen in Nordrhein-Westfalen durchschnittlich knapp 1000 Schüler.[2] Bedenken Sie auch den Druck, der rund um die Versetzung in die fünfte Klasse und die entsprechende Schulformempfehlung auf vielen Kindern lastet. Diese Rahmenbedingungen und dieses neue Umfeld führen bei vielen frischgebackenen Fünftklässlern zu Verunsicherung und Desorientierung. Die Kinder brauchen Hilfe und Unterstützung, um sich an ihrer neuen Schule schnell einzuleben und zurechtzufinden. Genau hier gilt es am Anfang der Tätigkeit als Klassenlehrer anzusetzen. Neben dem Fachunterricht und den alltäglichen Verwaltungsaufgaben kommt es darauf an, gemeinsam mit den Kindern eine Klassengemeinschaft zu formen und ein „Wir-Gefühl" zu entwickeln.

Zunächst ist es Ihre Aufgabe als Klassenlehrer im Verbund mit den Kollegen im Klassenteam, den Übergang zur weiterführenden Schule möglichst sanft zu gestalten. Des Weiteren gibt es an vielen weiterführenden Schulen ein Mentoren- bzw. Patenprogramm. Dabei unterstützen zumeist zwei bis vier Schüler aus höheren Jahrgangsstufen (meistens aus der letzten Jahrgangsstufe der Sekundarstufe I oder der Einführungsphase der Sekundarstufe II) die Fünftklässler während des ersten Schuljahrs an der neuen Schule oder sogar während der gesamten Orientierungsstufe. Zum Aufgabenbereich dieser Mentoren bzw. Paten gehören die Mitgestaltung des Schnuppertages und der ersten Klassenlehrerstunde(n) zu Beginn des Schuljahres, die Teilnahme an Klassenfahrten und Ausflügen oder die Vorbereitung von Klassenaktivitäten wie einem Spiele- oder Bastelnachmittag. Außerdem sollen die älteren Schüler den Fünftklässlern in den ersten Schulwochen besonders außerhalb des Unterrichts als Ansprechpartner dienen. Sie können den Kindern zum Beispiel dabei helfen, die Wege zu den Fachräumen zu finden oder Spielgeräte während der Pausen auszuleihen.

Wir haben die Erfahrung gemacht, dass ein zuverlässiges und harmonisches Mentorenteam nicht nur eine große Hilfe für die Kinder, sondern auch eine wertvolle Entlastung und Unterstützung für den Klassenlehrer sein kann. Um beides zu gewährleisten und dieses anspruchsvolle Amt auszufüllen, müssen die Mentoren gewisse Eigenschaften mitbringen: Neben der bereits angesprochenen Zuverlässigkeit sind insbesondere Offenheit gegenüber den Kindern, Eigeninitiative und Kreativität wichtig. Um ein geeignetes Mentorenteam für Ihre Klasse zusammenzustellen, sollten Sie in Erfahrung bringen, wie das Anwerben und die Auswahl der Mentoren an Ihrer Schule geregelt sind und sich vor allem selbst aktiv an diesem Prozess beteiligen. Falls die Bewerber an Ihrer Schule schriftliche Bewerbungen abgeben, so lohnt es sich, diese aufmerksam zu lesen oder sogar selbst das Gespräch mit den Bewerbern zu suchen. Wir haben auch gute Erfahrungen damit gemacht, bei der Auswahl der Mentoren den Rat der Klassenlehrer der potenziellen Mentoren einzuholen. Diese können oft eine fundierte und differenzierte Einschätzung abgeben, inwiefern sich ein Kandidat als Mentor einer fünften Klasse eignet. Vielleicht kennen Sie aber auch aus Ihrem Unterricht Schüler, die Sie

[2] Die Zahlen beziehen sich auf das Schuljahr 2012/13. Siehe dazu: Ministerium für Schule und Weiterbildung des Landes Nordrhein-Westfalen (Hrsg.): Das Schulwesen in Nordrhein-Westfalen aus quantitativer Sicht 2012/13. Statistische Übersicht 379. 1. Auflage, Düsseldorf 2013.

gerne als Mentor an Bord haben möchten? Sprechen Sie diese Schüler rechtzeitig an. Die Wertschätzung und das Vertrauen, dass sie damit signalisieren, kann einen besonderen Motivationsschub darstellen.

Anlage 1: *Informationen für Interessenten am Mentorenamt, S. 41*

Der Schnuppertag für Eltern und Schüler

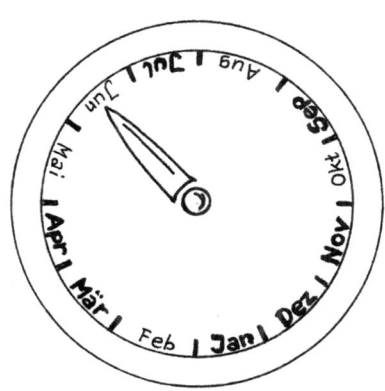

Spätestens im Juni sollte von Seiten der Schulleitung die Entscheidung über die Klassenleitungen für das kommende Schuljahr gefallen und den Betreffenden mitgeteilt worden sein. Dabei sind je nach Schule verschiedene Konstellationen möglich. Das klassische Modell sieht einen verantwortlichen Klassenlehrer sowie einen stellvertretenden Klassenlehrer vor. Inwieweit dieser Stellvertreter in die nun laufenden Vorbereitungen und die spätere Klassenleitung eingebunden wird, hängt dabei von den Vorstellungen des Klassenlehrers ab. Mittlerweile praktizieren aber auch immer mehr weiterführende Schulen das Modell eines gleichberechtigten Klassenlehrertandems, wie es seit vielen Jahren von den Gesamtschulen praktiziert wird. Übernehmen Sie eine neue Klasse im Tandem, so ist es wichtig, sehr früh die gemeinsame Arbeit zu planen und vorzubereiten. Kommunikation ist hier das A und O.

Wenn Sie von Ihrem Schulleiter die Nachricht erhalten, dass Sie zum kommenden Schuljahr, entweder alleine oder im Tandem, eine fünfte Klasse übernehmen dürfen, beginnt für Sie zunächst die Vorbereitung des Schnuppertages. An diesem Tag (genauer: Nachmittag) kurz vor den Sommerferien besuchen die angehenden Fünftklässler, meistens mit ihren Eltern, ihre neue Schule. Sowohl die Kinder, als auch die Eltern werden mit vielen Fragen und Unsicherheiten das fremde Schulgebäude betreten, denen es an diesem Tag zu begegnen gilt. Dazu sollten Sie zunächst eine erste persönliche Beziehung zu ihren neuen Schülern herstellen. Lange Reden und Absichtserklärungen sind dazu allerdings nicht das geeignete Mittel. Stellen Sie sich stattdessen kurz vor und erläutern Sie den Kindern, wie der gemeinsame Nachmittag ablaufen wird. Versuchen Sie anschließend die Stimmung durch einen „Eisbrecher" aufzulockern. Eine schöne Idee ist es zum Beispiel, ein Foto von sich selbst am ersten Schultag auf der weiterführenden Schule zu zeigen. Sie können den Kindern dann erzählen, wie sie sich selbst an dem Tag gefühlt haben. Die Kinder wird es freuen, diese kleine persönliche Geschichte von Ihnen zu hören. Wir haben beim Kennenlernen unserer Klassen die Erfahrung gemacht, dass die Kinder mit Vorliebe etwas über die Person und Persönlichkeit ihres neuen Lehrers erfahren möchten. Ein Gespräch über Haustiere, den Musikgeschmack oder den Lieblingsverein kann also auch hilfreich sein, um eine Beziehung zwischen Ihnen und Ihrer neuen Klasse anzubahnen. Indem Sie etwas über Ihre eigene Person sagen, regen Sie die Kinder an, sich untereinander besser kennenzulernen.

Neben dem neuen Klassenlehrer lernen die angehenden Fünftklässler am Schnuppertag auch erstmals ihre neuen Klassenkameraden kennen.

Erste persönliche Beziehung

Erste Gespräche

Sie fragen sich dann, wer ihre neuen Mitschüler sind, wie sie mit diesen zurechtkommen werden und welche eigenen Erfahrungen sie in dieser neuen sozialen Gruppe, die für die kommenden fünf oder sechs Jahre eine zentrale Rolle in ihrem Leben spielen wird, machen werden. In diesem Zusammenhang ist es eine anspruchsvolle Aufgabe, das Kennenlernen und das Zusammenwachsen der Klasse zu einer echten Klassengemeinschaft zu fördern. Am Schnuppertag können Sie natürlich nur den ersten Schritt machen. Die Kinder sollen sich einander und auch Ihnen vorstellen, sodass sie am Ende des Tages und vielleicht auch am ersten Schultag nach den Sommerferien die Namen und Gesichter ihrer neuen Klassenkameraden kennen. Dazu bietet sich eine Vielzahl von Spielen an, die Sie mit ihrer neuen Klasse am Schnuppertag spielen können.

Spielerisch Namen lernen

Allein durch das Referendariat kennen Sie sicherlich schon eine stattliche Anzahl von Spielen und Methoden, die das Kennenlernen fördern. Besonders geeignet sind Methoden, bei denen der Name mit bestimmten Eigenschaften oder Bewegungen verknüpft wird. Durch die Vernetzung und das Ansprechen mehrerer Sinne, kann man sich die Namen besser einprägen. Auch die Mentoren sollten an diesen Spielen teilnehmen, um sie von Anfang an in den Kennenlernprozess zu integrieren. Beginnen Sie beispielsweise mit dem Spiel „Bewegte Namen":

Hilfestellung durch die Mentoren

Die Schülerinnen und Schüler stehen im Kreis. Das erste Kind sagt seinen Namen und macht dazu eine Bewegung oder Geste (es geht in die Hocke, hüpft in die Luft, tippt sich auf die Nasenspitze etc.). Das nächste Kind wiederholt dies und stellt sich anschließend auf die gleiche Art vor. Das geht so weiter, bis das letzte Kind schließlich die gesamte Reihe durchgeht und sich selbst ebenfalls mit seinem Vornamen und einer Bewegung oder Geste vorstellt. Anstatt Bewegungen und Gesten können auch Eigenschaften oder Attribute als Alliteration an den Vornamen angehängt werden (z. B.: Ich bin der muntere Michael.). Der Schwierigkeitsgrad und die Spieldauer (ggf. aber auch die Frustration) steigern sich, wenn die Runde (wie bei dem Spiel „Ich packe meinen Koffer") bei einem Fehler wieder von vorne beginnt.

Basteln für den ersten Schultag

Wenn Sie nach der ersten Vorstellung und den Kennenlernspielen noch Zeit haben, bietet es sich an, etwas für den ersten Schultag zu basteln. Eine einfache Variante wären Namensschilder, die die Kinder am ersten Schultag wieder mitbringen sollen. Als ersten Beitrag zur Gestaltung des neuen Klassenraums kann man aber auch einen Geburtstagskalender basteln. Zunächst bekommen die Kinder von Ihnen ein buntes Blatt oder ein dünnes Stück Pappe. Darauf können sie ein Bild von sich malen, ihren Namen und ihren Geburtstag schreiben. Darüber hinaus kann das Blatt natürlich nach Herzenslust verziert werden. Anschließend werden die Blätter chronologisch nach den Geburtstagen im Jahr sortiert, gelocht und mit einer Schnur zusammengebunden. An unserer Schule bekommen die angehenden Fünftklässler am Schnuppertag zudem alle einen Button, den Sie während dieses Tages und am ersten Schultag tragen. Auch der Klassenlehrer und die Mentoren tragen diesen Button. Das erleichtert nicht nur das Wiedererkennen der neuen Klassenkameraden, sondern stiftet auch ein Gemeinsamkeitsgefühl. Wenn es zu aufwendig ist, diese Buttons am Schnuppertag selbst zu basteln, ist Ihnen vielleicht ein netter Kunstkollege behilflich. Um die Beratung der Eltern werden Sie sich an diesem Tag nicht kümmern müssen, Sie haben mit den Kindern bereits ausreichend zu tun. Diese Aufgabe übernimmt ent-

Michael Grambusch/Frank Lauenburg: Eine 5. Klasse managen
© Persen Verlag

weder die Schulleitung oder ein beauftragter Kollege, der Sie über die Inhalte im Vorfeld entsprechend informiert.

Ein Tipp zum Schluss: Klären Sie mit Ihrer neuen Klasse, wie sie in ihren ersten Schultag starten möchte. Ist es den Kindern lieber, auf dem Schulhof abgeholt zu werden oder möchten sie selbst den Weg zum neuen Klassenraum gehen? Je nach Größe und Architektur des Schulgebäudes ist das keine leichte Aufgabe. Sie sollten in diesem Fall den Weg vorher ein- oder zweimal mit den Kindern üben.

Die Gestaltung des Klassenraums

Im besten Fall steht der Klassenraum bereits zum Schnuppertag vor den Sommerferien fest, sodass Sie in den Ferien erste Vorbereitungen treffen können. Da die Lernumgebung und die Lernatmosphäre nach der pädagogischen Forschung wichtige Voraussetzungen für ein erfolgreiches Lernen sind, lohnt es sich, etwas Zeit in die Überlegungen zur Gestaltung des Klassenraums zu investieren. Das bedeutet jedoch nicht, dass man den Raum gleich zu Beginn mit Bildern, Postern, Pflanzen und Materialien überfrachten sollte. Es ist sinnvoller, buchstäblich Raum zu lassen für die Ideen und Produkte der Kinder. Eine fortschreitende gemeinsame Gestaltung des Klassenraums trägt dazu bei, dass die Schüler sich dort heimisch fühlen und fördert zudem die Entwicklung der Klassengemeinschaft. Ein schöner und selbst gestalteter Raum, der die Arbeit und Entwicklung der Klasse widerspiegelt, stiftet Identität.

Vermeidung einer Überfrachtung des Klassenraums

Dennoch sollten einige Vorbereitungen bereits vor der ersten Stunde getroffen werden. Zunächst gilt es zu überlegen, wie Sie die Tische im Raum anordnen möchten. Hier gibt es vielfältige Möglichkeiten wie Gruppentische, Sitzreihen oder eine „U-Form". Wir haben die besten Erfahrungen mit der Anordnung in „U-Form" gemacht. Bei dieser Sitzordnung können sich die Schüler gegenseitig gut sehen und hören, was der Kommunikation im Klassenplenum sehr zuträglich ist. Hier zeigt sich ein Nachteil hintereinander angeordneter Sitzreihen: Die Schüler in der ersten Reihe sprechen zum Lehrer, nicht aber zu ihren Mitschülern. Des Weiteren lassen sich aus dem „U" mit etwas Übung schnell andere Arrangements wie ein Stuhlkreis oder Gruppentische einrichten. Hier empfiehlt es sich, dieses Umräumen später einige Male gezielt zu üben. Sie werden erstaunt sein, wie zügig die Kinder das beherrschen. Aufgrund unserer Erfahrungen raten wir davon ab, Gruppentische als Grundordnung zu wählen. Bei dieser Anordnung sitzen zwangsläufig Kinder verschiedener Gruppentische mit dem Rücken zueinander, was die Kommunikation im Plenum erschwert. Außerdem bergen Gruppentische ein nicht zu unterschätzendes Unruhepotenzial, gerade bei einer fünften Klasse. Auch wenn sie für Gruppenarbeiten und kooperative Lernformen von großem Nutzen sind, so überwiegen die Nachteile in vielen anderen Unterrichtsphasen.

Anordnung der Tische im Klassenraum

Aufbewahrung von Material

Neben der Anordnung der Tische ist auch die Aufbewahrung von Materialien zu planen. Anders als in der Grundschule wird nicht mehr so viel Material im Klassenraum deponiert, sodass der benötigte Raum zur Materialaufbewahrung überschaubar ist. Im Klassenraum verbleiben oft einige Bücher wie Bibeln und Atlanten oder auch Freiarbeitsmaterialien. Andere Materialien der Kinder wie Malkästen oder Musikinstrumente werden hingegen in den entsprechenden Fachräumen gelagert. Auch wir Lehrer lagern Materialien wie Plakate, Folien, Ersatzscheren usw. nicht im Klassenraum, sondern im Lehrerzimmer. Schließlich kommen diese Dinge ja auch in weiteren Lerngruppen zum Einsatz und müssen daher immer auf die Schnelle griffbereit sein. Wird der Klassenraum während des Schultags auch von anderen Lerngruppen genutzt, empfiehlt sich die Lagerung aller Bücher und Materialien in einem abschließbaren Klassenschrank. Dessen Größe ist in der Regel ausreichend. Die Erfahrung zeigt leider, dass gerade fremde Lerngruppen oft weniger sorgsam mit den Gegenständen und Materialien in einem Klassenraum umgehen. Aber auch ohne einen Klassenschrank sollte eine Ablagemöglichkeit für die Schüler geschaffen werden. Hier kann man den Hausmeister ansprechen, ob im Schulgebäude noch ungenutzte Regale oder ein ungenutzter Schrank zur Verfügung stehen. Selbstverständlich ist es auch einen Versuch wert, sich bei der Schulleitung oder dem Schuletatverwalter nach der Möglichkeit einer Neuanschaffung zu erkundigen. Darüber hinaus können Sie auch den Kontakt zu den Eltern Ihrer neuen Klasse suchen und um eine Möbelspende bitten. So lässt sich bestimmt das ein oder andere brauchbare Möbelstück vor dem Sperrmüll retten. Wir haben erlebt, dass die meisten Eltern sehr hilfsbereit sind und gerne mit anpacken, wenn es im Sinne der Klasse ist. Dieser Weg bietet außerdem eine gute Möglichkeit, die Eltern in die Klassengemeinschaft einzubinden.

Abschließend möchten wir Ihnen noch ein paar Anregungen geben, mit denen unsere Klassen gute Erfahrungen gemacht haben. Es erscheint sinnvoll, einen Schuljahresplaner im Klassenraum aufzuhängen. Viele Verlage und Verbände stellen diese kostenlos zur Verfügung. Hier können Termine wie die Klassenfahrt, Ausflüge, Geburtstage und anstehende Klassenarbeiten eingetragen werden. Auch eine Pinnwand für aktuelle Aushänge und Flugblätter ist nützlich und kann helfen, an die vielfältigen Aktivitäten der Klassen- und Schulgemeinschaft zu erinnern. Unser Klassenraum hat für die Kinder eine zusätzliche Aufwertung erhalten, als eine kindgerechte Klassenuhr angeschafft wurde. Mit angesagten Comicfiguren kann man hier eigentlich nichts falsch machen. Da viele Kinder in der fünften Klasse noch keine Armbanduhr tragen, ist eine Uhr im Klassenraum auf jeden Fall hilfreich, da die Schüler beispielsweise die Dauer von Arbeitsphasen zunehmend selbstständig im Blick haben sollten. Neben all diesen Dingen sollten Sie auch die ersten gemeinsamen Produkte des Schnuppertages aufhängen, sofern die Kinder bereits welche erstellen konnten. Das erhöht den Wiedererkennungswert am ersten Schultag.

Jahresplaner

Michael Grambusch/Frank Lauenburg: Eine 5. Klasse managen
© Persen Verlag

Einschulung und die ersten Schultage

Der erste Schultag nach den Sommerferien beginnt für Ihre neuen Fünftklässler mit einer Einschulungsfeier. Diese wird durch einen von der Schulleitung bestimmten Verantwortlichen, an unserer Schule durch den Erprobungsstufenkoordinator, vorbereitet und gestaltet. Für Sie wird es im Anschluss an diese Feier ernst, wenn Sie gemeinsam mit Ihrer neuen Klasse zum Klassenraum gehen. Hier sollten sich die Kinder zunächst einen Sitzplatz aussuchen. Das gibt Ihnen Sicherheit und stärkt das Wohlbefinden in der fremden Umgebung. Lassen Sie den Kindern ein wenig Zeit, um heimisch zu werden, bevor Sie eine eigene Sitzordnung vorgeben. In diesem Zeitraum haben sie auch Gelegenheit, Schüler besser kennenzulernen.

Sitzordnung

Trotz des ersten Kennenlernens vor den Ferien sind sowohl Ihnen als auch den Kindern sicherlich nicht mehr alle Namen der Klasse geläufig. Damit sich dennoch alle mit Namen ansprechen können, empfiehlt es sich, zunächst Namensschilder anzufertigen und aufzustellen.

Der Rest des ersten Schultags, wie auch die Klassenlehrerstunden während der nächsten Tage, werden größtenteils durch Organisationsaufgaben und Klassenlehrergeschäfte geprägt sein. Ein Großteil dieser Aufgaben ist Ihnen durch den Gesetzgeber oder die Schulleitung auferlegt, andere Aufgaben dienen dem Aufbau einer funktionierenden Klassengemeinschaft. Es gilt, Zettel und Bücher zu verteilen, den Stundenplan bekanntzugeben, Klassendienste einzuführen, einen Klassensprecher zu wählen oder die Besonderheiten bestimmter Fachräume zu erläutern. Um die Kinder nicht zu überfordern und Ihnen nicht gleich den Spaß an der neuen Schule zu verderben, sollten Sie diesen Aufgaben während der ersten Tage häppchenweise nachkommen.

Erste Organisctions-aufgaben

In der ersten gemeinsamen Stunde sollten Sie zunächst lediglich die wichtigsten Pflichtaufgaben erfüllen:

1. **Anwesenheitskontrolle:** Überprüfen Sie, ob Ihre Klasse wirklich vollzählig ist. Nicht immer finden alle Kinder nach der Einschulungsfeier den Anschluss an die Klasse und den Weg in den Klassenraum. Überprüfen Sie auch, ob die Wahl des Religionsunterrichts oder die Wahl der ersten Fremdsprache auf Ihren Listen korrekt vermerkt ist. Klären Sie ggf. bestehende Fehler durch das Sekretariat.

2. **Die Bekanntgabe des Stundenplans:** Diesem Punkt fiebern die Schüler an ihrem ersten Schultag besonders entgegen, daher sollten Sie den Stundenplan auch recht früh bekannt geben. Sie können dazu entweder einen Stundenplan vorbereiten und als Kopie ausgeben oder die Kinder den Plan in mitgebrachte Blanko-Pläne, wie es sie mittlerweile zu Schuljahresbeginn vielfach als Werbegeschenke gibt, eintragen lassen. Wir empfehlen jedoch die erste Variante. Falls Sie die Kinder abschreiben lassen, sehen Sie sich umgehend mit den vielen unterschiedlichen (und zuweilen noch sehr langsamen) Schreibtempi konfrontiert und riskieren Übertragungsfehler. Wenn Sie jedoch einen Stundenplan vorbereiten, können Sie diesen in

Ruhe mit den Kindern besprechen. So können Sie auf differenzierten Unterricht (z. B. Religion) oder den Wechsel in Fachräume hinweisen.

3. **Verhalten im Brandfall:** In der Regel haben Sie die Pflicht, die Kinder über das Verhalten im Brandfall aufzuklären. Erklären Sie Ihnen, welches Alarmsignal es an Ihrer Schule gibt, wie sie sich im Falle eines Alarms zu verhalten haben und welcher Fluchtweg vom Klassenraum aus vorgesehen ist. Nehmen Sie sich auch die Zeit, diesen Weg einmal gemeinsam mit Ihren Schülern zu gehen. Vermerken Sie diese Belehrung auch im Klassenbuch. Sie können in diesem Zusammenhang auch den Brandschutzbeauftragten Ihrer Schule ansprechen.

Die folgenden weiteren Verwaltungs- und Organisationsaufgaben können sukzessive in den nächsten Tagen oder sogar Wochen erledigt werden:

1. **Hausaufgabenregelung**[3]**:** Erklären Sie den Kindern, in welchem Umfang Hausaufgaben aufgegeben bzw. an welchen Tagen keine Hausaufgaben aufgegeben werden. Besprechen Sie auch, welcher Zeitumfang für die Erledigung angemessen ist und was die Kinder tun sollen, wenn Sie Probleme beim Bearbeiten der Hausaufgaben haben.

2. **Entschuldigungsverfahren:** Besprechen Sie mit den Kindern, wie Sie mit Fehlzeiten und damit verbundenen Entschuldigungen umgehen. Wir empfehlen Ihnen, jedes Kind gemeinsam mit den Eltern ein Entschuldigungsformular führen zu lassen. Dadurch sparen Sie sich die Zettelwirtschaft, die durch eine Vielzahl von Entschuldigungsschreiben entsteht. Außerdem haben Sie jederzeit eine Übersicht über die Fehlstunden der Kinder und Sie können diese am Ende des Halbjahres bequem addieren.

3. **Austeilen der Bücher:** Sie sollten den Schülerinnen und Schülern nicht am ersten Schultag bereits alle Schulbücher mitgeben. Manches Kind würde unter dem Gewicht der Schultasche zusammenbrechen. Es genügt, wenn Sie die Bücher jeweils vor der ersten Fachunterrichtsstunde austeilen. Klären Sie außerdem mit den Kolleginnen und Kollegen ab, ob nicht einige Bücher (z. B. Atlanten) im Klassenraum gelagert werden können.

4. **Austeilen von Infozetteln:** Oft sehen sich die Eltern in den ersten Schultagen mit einer Flut von Infozetteln und Briefen (Informationen zur Klassenfahrt, Brief des Fördervereins, Brief des Schulleiters usw.) konfrontiert. Auch hier ist es sinnvoll, diese Briefe nach und nach auszuhändigen. So erhöhen Sie die Wahrscheinlichkeit, dass alle Briefe zu Hause ankommen und dort auch aufmerksam gelesen werden. Lassen Sie sich die Kenntnisnahme derselben bspw. im Hausaufgabenheft quittieren.

5. **Klassendienste:** Neben den klassischen Diensten (Tafeldienst, Ordnungsdienst, Klassenbuchdienst) können je nach Situation in

---

[3] Siehe Hausaufgabenerlass des jeweiligen Bundeslandes.

Ihrer Klasse weitere Dienste eingerichtet werden, zum Beispiel ein Blumendienst oder ein Dienst für den Klassenschrank. Diese Dienste sollten immer von zwei Schülerinnen und Schülern erledigt werden und mit Ausnahme des Klassenbuchdienstes wöchentlich wechseln, sodass mit der Zeit jedes Kind eine Aufgabe wahrnimmt. Indem Sie den Kindern diese Dienste anvertrauen, drücken Sie auch Ihr Vertrauen aus. Sie stärken die Mitverantwortung der Kinder für den Klassenraum und die Klassengemeinschaft und können durch eine ordentliche und gepflegte Lernumgebung die Lernbereitschaft und damit die Chancen auf den Lernerfolg erhöhen. Das Klassenbuch sollten Sie hingegen nur zuverlässigen Schülern anvertrauen. Da es jeden Morgen abgeholt und während des Schultages zu verschiedenen Räumen mitgeführt werden muss, ist diese Aufgabe ungeeignet für Kinder, die bereits Probleme damit haben, ihre eigenen Materialien zu organisieren.

Unsere Erfahrung zeigt, dass die Kinder zu Wochenbeginn das ritualisierte Einteilen der Dienste regelrecht einfordern. Nutzen Sie das als Ritual zur Einstimmung auf die Schulwoche und visualisieren Sie die Dienste für die anstehende Woche. Dazu eignet sich eine laminierte Liste mit den Diensten, auf der die diensthabenden Schüler eingetragen werden können.

Visualisierung

> **Anlage 2:** *Musterformular Entschuldigungsverfahren, S. 42*

Methoden des Kennenlernens

Ihre wichtigste Aufgabe als Klassenlehrer einer fünften Klasse besteht darin, die Kinder zu einer Klassengemeinschaft zusammenzuführen. Wie zuvor bereits angedeutet, sollten Sie dazu verschiedene Phasen des Kennenlernens durchlaufen: Das reine Namenlernen hat bereits am Schnuppertag begonnen und muss während der ersten Stunden fortgesetzt werden. Darüber hinaus ist es wichtig, dass die Kinder ihre Mitschüler wirklich kennenlernen. Das bedeutet, dass sie mehr über die individuellen Merkmale, Vorlieben und Besonderheiten ihrer Klassenkameraden erfahren. Sie sollten in dieser Phase also Methoden wählen, die die Charakterzüge, Hobbys und persönlichen Vorlieben der Kinder herausstellen:

Schüler lernen sich untereinander kennen

- Sie können mit den Kindern Steckbriefe anfertigen, die neben den persönlichen Daten auch Fragen nach Hobbys, Lieblingsessen oder persönlichen Wünschen enthalten.

- Eng daran angelehnt ist das Erstellen von Freundebüchern. Diese Bücher, die im Kern eine Sammlung von Steckbriefen sind, sind bei Kindern der Klasse 5 oft sehr beliebt. Die Schüler können das Titelblatt nach ihren Vorstellungen gestalten und dann die Aufgabe bekommen, eine bestimmte Anzahl an Einträgen zu sammeln. Es empfiehlt sich, noch zusätzliche Absprachen zu treffen, damit die Kinder ihr Buch nicht nur an ihre Freunde aus der Grundschule weitergeben. Man könnte zum Beispiel eine gewisse Anzahl an Jungen und Mädchen oder an Kindern von einer anderen Grundschule vorgeben, die jedes Kind in seinem Freundebuch haben muss.

Charakter und Interessen der Schüler kennenlernen

- Eine motivierende Methode, bei der die Kinder zugleich in Bewegung kommen, stellt das Partnerinterview dar. Dabei geben Sie zunächst drei bis vier Fragen vor, die die Kinder an ihren Interviewpartner richten. Anschließend gehen die Kinder, während Sie Musik laufen lassen, frei durch den Klassenraum, bis die Musik ausgeschaltet wird. Dann müssen sie sich einen Interviewpartner aus ihrer direkten Umgebung suchen. Am Ende sollten sich einige Paare gegenseitig vorstellen.

- Ähnlich funktioniert auch das Kugellager. Hierbei bilden die Kinder zwei konzentrische Kreise mit der gleichen Anzahl von Schülern. Die Kinder im inneren Kreis schauen nach außen, die im äußeren nach innen, sodass sich die gegenüberstehenden Partner angucken. Dann drehen sich beide Kreise auf Ihr Kommando (z. B. „Der äußere Kreis dreht sich um drei Positionen nach links!"), sodass sich neue Paare gegenüberstehen. Die Schüler bekommen dann von Ihnen eine Fragestellung (z. B. „Wie war dein schönster Ferientag?"), über die sie mit dem Gegenüber sprechen. Zuerst berichten die Kinder im Innenkreis und der Außenkreis hört zu. Nachdem Sie ein akustisches Signal gegeben haben, werden die Rollen getauscht.

In der letzten Phase geht es darum, die gelernten Namen und individuellen Eigenschaften (spielerisch) zu festigen. Dazu eignet sich beispielsweise das Spiel „Der Name ist Programm".

Spielerische Festigung der Namen

- Die Kinder schreiben ihren Namen von oben nach unten auf das Blatt. Anschließend schreiben sie zu jedem Buchstaben ihres Namens Eigenschaften, die sie ausmachen oder die andere an ihnen schätzen. Die fertigen Blätter können verziert werden. Sind alle Kinder fertig, werden die Blätter in einer Gruppe (vier bis sechs Schülerinnen und Schüler) oder vor der Klasse präsentiert, wobei aufgrund der besseren Lesbarkeit Papier im DIN-A3-Format verwendet werden sollte.

Für dieses Spiel sind auch folgende Variationen möglich:

- Falls sich die Kinder bereits besser kennen, können auch andere Schüler (z. B. der Sitznachbar oder ein zufällig gewählter Partner) die Eigenschaften notieren. Je nach Gruppe ist hier die Beschränkung auf positive Eigenschaften wichtig.

- Jedes Kind notiert seinen Namen von oben nach unten. Anschließend werden die Blätter immer einen Platz weitergegeben und um eine Eigenschaft ergänzt. Am Ende hat jedes Kind wieder sein Blatt, auf dem jeder Mitschüler eine Eigenschaft notiert hat. Auch hier kann je nach Gruppe die Beschränkung auf positive Eigenschaften ratsam sein.

Eine weitere spielerische Methode zum vertiefenden Kennenlernen stellt das „Kennenlern-Bingo" dar:

- Jedes Kind bekommt einen Zettel mit einer Liste von Eigenschaften (z. B.: hat ein Haustier, ist in einem Sportverein, mag gerne Pizza, kommt mit dem Bus zur Schule, …). Die Aufgabe ist es, hinter jeder Eigenschaft einen Mitschüler zu notieren, auf den diese zutrifft. Dazu können sich die Kinder frei in der Klasse bewegen und ihre Mitschüler befragen. Gewonnen hat, wer als Erster hinter jeder Eigenschaft einen

Michael Grambusch/Frank Lauenburg: Eine 5. Klasse managen
© Persen Verlag

Namen notiert hat. Indem man Mehrfachnennungen reduziert oder verbietet, kann der Schwierigkeitsgrad erhöht werden.

Anlage 3: *Mustersteckbrief, S. 43*

Regeln in der Klasse

Wenn sich die Kinder besser kennenlernen und sich in der neuen Schule zunehmend heimisch fühlen, werden sie bereits nach wenigen Schultagen die Scheu und Zurückhaltung ablegen, die anfangs mit dem Besuch der weiterführenden Schule einhergeht. Sie werden feststellen, dass Ihre Klasse sich ziemlich schnell als lebhafte Gemeinschaft entpuppt. Diese Entwicklung ist natürlich erfreulich. Andererseits müssen Sie als Klassenlehrer aber auch dafür sorgen, dass weiterhin eine Lern- und Arbeitsatmosphäre vorherrscht, die konzentriertes und zielgerichtetes Lernen ermöglicht. Das geschieht sowohl im Interesse der Schüler als auch im Interesse der Lehrkraft, die effektiv und weitgehend störungs- und konfliktfrei unterrichten möchte. Es geht also nicht darum, die Kinder durch die Einführung von Klassenregeln einzuengen. Vielmehr sollen sie aufzeigen, wie der Umgang miteinander gelingen kann und welche Konsequenzen es hat, wenn die Regeln übertreten werden.

Die Klassenregeln können einerseits durch die Schule oder den Klassenlehrer vorgegeben werden. Diese zeitsparende Variante hat jedoch zwei wesentliche Nachteile. Zum einen werden so nicht alle Situationen reglementiert, die den Kindern wichtig sind. So wünschen sich Schüler oft Regeln, die für das Gelingen des Unterrichts eher nachrangig sind. Die Regel „Keiner spielt in der Pause alleine" ist hierfür ein Beispiel. Zum anderen erreicht man eine spürbar größere Akzeptanz der Klassenregeln, wenn die Kinder bei der Erarbeitung und Formulierung eingebunden werden.

Im Gespräch mit den Schülern zeigt sich oft, dass die Klassenregeln das Verhalten der Kinder während des Unterrichts und die Grundzüge des sozialen Umgangs in der Klasse beschreiben sollen. Achten Sie darauf, dass die Anzahl der Regeln überschaubar bleibt und dass möglichst positive Formulierungen anstatt Verbote verwendet werden.

Zur Umsetzung der Regeln empfiehlt es sich, diese wie einen Vertrag von den Kindern unterschreiben zu lassen und anschließend im Klassenraum auszuhängen. So können Sie im Konfliktfall unmittelbar auf die gemeinsam erarbeiteten und verabschiedeten Klassenregeln hinweisen. Dennoch werden Sie gemeinsam mit den Kindern erkennen, dass diese Klassenregeln alleine noch keine Probleme lösen. Klassenregeln funktionieren nur, wenn auch die Konsequenzen bei ihrer Missachtung klar sind und ein positives Feedback bei ihrer Einhaltung erfolgt. Wenn die Regeln befolgt werden, können Sie einzelnen Schülern oder auch der ganzen Klasse eine positive Rückmeldung geben. Am einfachsten (und dabei auch oft am wirkungsvollsten), ist das Lob des Lehrers. Darüber hinaus sind auch kleine Belohnungen wie Süßigkeiten, Hausaufgabengutscheine oder ein schöner Stift möglich. Für die gesamte Klasse können Sie auch gemeinsame Aktivitäten wie ein Klassenfrühstück oder einen gemeinsamen Ausflug in Aussicht stellen.

Die Klasse wächst zusammen

Konsequenzen

Mitbestimmung der Schüler

Positive Formulierungen

Vertrag mit den Schülern

Rückmeldung

Negatives Feedback oder negative Konsequenzen sollten hingegen nicht die gesamte Klasse treffen, um keine „Kollektivstrafen" zu verhängen, die auch Unbeteiligte treffen. Klären Sie auch hier gemeinsam mit den Schülern, welche Folgen einmalige und wiederholte Regelverstöße haben. Dabei geht es nicht um einen strengen Strafenkatalog. Wichtiger ist es, den Kindern Gelegenheit zu geben, ihr Verhalten zu erklären und zu reflektieren. Methodisch könnte dies mithilfe eines Besinnungsbogens oder mit einer „Schiedsstelle" aus Klassenlehrer und Klassensprecher erfolgen. In diesem Fall erhält der Schüler die Möglichkeit, die Situation aus seiner Sicht darzustellen und eigene konkrete Vorschläge für eine künftige Vermeidung dieses Verhaltens anzubieten bzw. Lösungen des Problems vorzuschlagen. I.d.R. erreichen Sie damit eine höhere Akzeptanz und langfristigere Veränderung, als wenn Sie – aus Perspektive des Schülers – ein Fehlverhalten „von oben herab" bestrafen.

Anlage 4: *Musterformular Besinnungsbogen, S. 44*

Gestaltung der Sitzordnung

Am ersten Schultag werden sich die Kinder weitgehend bereits bekannte Sitznachbarn gesucht haben. Sie sitzen also neben ihren früheren Mitschülern aus der Grundschule oder den Freunden aus dem Sportverein. Nachdem sich die Kinder untereinander besser kennengelernt haben und nachdem Sie ebenfalls die Gelegenheit hatten, sich ein Bild von Ihrer Klasse zu machen, sollten Sie diese Cliquen durch eine vorgegebene Sitzordnung ein Stück weit aufbrechen. Bei der Gestaltung dieser Sitzordnung sollten Sie mehrere Fragen im Kopf haben:

- Wer passt zusammen bzw. wer passt nicht zusammen?

- Wer ist schüchtern bzw. wer ist offen?

- Welche Kleingruppen könnten harmonieren?

- Wer sollte eher vorne sitzen (Manche Kinder leiden unter Sehschwächen oder bedürfen größerer Aufmerksamkeit durch die Lehrer.)?

Wünsche berücksichtigen

Um sicherzugehen, dass sich die Kinder auch in der neuen Sitzordnung wohlfühlen, sollten Sie auch die Wünsche der Klasse berücksichtigen. Ich habe erlebt, dass ein unerwünschter Sitzplatz oder ein ungeeigneter Sitznachbar die Freude eines Kindes an der Schule sehr negativ beeinflussen kann. Es empfiehlt sich also, jedes Kind drei Mitschüler notieren zu lassen, neben denen es gerne sitzen möchte. Machen Sie den Kindern vorher deutlich, dass Sie sich bemühen, immer mindestens einen Wunsch zu erfüllen. So sind Sie flexibel genug, um einerseits die eigenen Vorstellungen für die Sitzordnung umzusetzen und andererseits jedes Kind zumindest neben einen Wunschnachbarn zu setzen. Außerdem geraten durch dieses Verfahren Schüler in Ihren Blick, die kaum oder gar nicht als Sitznachbarn gewünscht werden. Eine solche Beobachtung kann Anlass zu einem Gespräch mit den betroffenen Kindern geben, um zu verhindern, dass sie in der Klasse isoliert werden.

Regelmäßige Veränderung

Die neu gefundene Sitzordnung sollte nicht für ein Halbjahr oder gar das gesamte Schuljahr bestehen, sondern regelmäßig verändert werden.

Michael Grambusch/Frank Lauenburg: Eine 5. Klasse managen
© Persen Verlag

Hier kann man die jeweiligen Ferien zum Anlass nehmen oder einem festen Rhythmus von sechs bis acht Wochen folgen. Sie können so Störungen begegnen, wenn sich bestimmte Grüppchen als Unruheherde erweisen und die Kinder entlasten, die einen lauten oder zappeligen Sitznachbarn hatten. Außerdem möchte man als Lehrer durchaus immer wieder mal andere Kinder in der Nähe sitzen haben, um sie während des Unterrichts besser im Blick zu haben. Besonders, wenn man mit der Arbeitshaltung unzufrieden ist oder den Eindruck hegt, dass ein Kind eine Phase hat, in der es etwas mehr Unterstützung durch den Lehrer benötigt, greife man zu dieser Maßnahme.

Die Wahl des Klassensprechers

Auch für die Wahl der Klassensprecher sollten Sie sich und den Kindern etwas Zeit geben. Erkundigen Sie sich bei der Schulleitung oder den Verbindungslehrern zur Schülervertretung nach dem Termin für die erste Schülerratssitzung. Bis dahin sollte jede Klasse ihren Klassensprecher gewählt haben. Schöpfen Sie diesen Zeitraum aus, damit die Kinder ein Gespür dafür entwickeln können, wer von ihren neuen Mitschülern den Anforderungen, die mit dem Amt des Klassensprechers einhergehen, am besten gerecht werden kann.

Die Schülervertretung ist die Interessenvertretung der Schüler an der Schule. Ihr Kernanliegen ist es, die Interessen der Schüler gegenüber der Schulleitung, den Lehrerinnen und Lehrern, den Eltern und dem Schulträger zu übermitteln. Darüber hinaus engagieren sich Schülervertreter bei der Förderung sozialen und kulturellen Zusammenlebens in der Schule. Sie organisieren zum Beispiel Sportfeste oder beteiligen sich an Kampagnen wie „Schule ohne Rassismus – Schule mit Courage".

Da die Schulpolitik in die Zuständigkeit der Bundesländer fällt, unterscheiden sich neben den konkreten Rechten und Aufgaben der Schülervertretungen zuweilen bereits die Bezeichnungen. Während das Schulgesetz des Landes Nordrhein-Westfalen die Schulvertretung als Mitwirkungsorgan in seinem Schulgesetz festschreibt, ist im bayerischen Schulgesetz von der Schülermitverantwortung die Rede. Bundesländerübergreifend ist es allerdings vorgesehen, dass jede Klasse einen eigenen Klassensprecher sowie einen Stellvertreter wählt. Diese dienen ihren Mitschülern zunächst als Vermittlerperson gegenüber anderen Organen und Institutionen der Schule.

Das bedeutet konkret, dass die Klassensprecher

- ihre Klasse im Schülerrat (d. h. der Versammlung aller gewählten Klassensprecher) und gegenüber Eltern, Lehrern und der Schulleitung vertreten,

- die Arbeit des Schülerrats in speziellen Arbeitsgruppen (Organisationsteam für Fußballturnier o. Ä.) unterstützen,

Schülervertretung

Schulpolitik

Der Klassensprecher als Vertreter

- dem Klassenlehrer Anregungen, Wünsche und Sorgen der Klasse oder einzelner Schüler übermitteln,
- bei der Lösung von Konfliktfällen helfen.

Verantwortung

Da es sich hier um eine Liste von sehr verantwortungsvollen Aufgaben handelt, spielen die Klassensprecher für das Zusammenwachsen und Funktionieren der Klassengemeinschaft eine wichtige Rolle. Entsprechend sorgfältig sollte ihre Wahl geplant, vorbereitet und durchgeführt werden.

Einige Tage vor der geplanten Wahl der Klassensprecher können Sie die Kinder auf diesen Termin hinweisen und dabei bereits die Aufgaben und Rechte der Klassensprecher skizzieren. Dabei sollten Sie die Bedeutung dieser Aufgaben für die Gewählten auf konkrete Situationen herunterbrechen, sodass auch Fünftklässler eine gute Vorstellung von den Anforderungen dieses Amtes bekommen.

Die eigentliche Wahl sollte erst einige Tage nach dieser Vorstellungsrunde stattfinden, damit potenzielle Kandidaten ausreichend Bedenkzeit haben, ob sie zur Wahl antreten möchten. Auch die „Wähler" erhalten so etwas Zeit, um sich Gedanken über geeignete Klassensprecher zu machen.

Zwei Wahlgänge

Das Wahlprozedere ist in den entsprechenden Gesetzen und Erlassen der Schulministerien nicht genauer beschrieben. Nachdem Sie festgestellt haben, welche Schüler für das Amt kandidieren möchten, empfehlen wir, *zwei getrennte Wahlgänge* für den Klassensprecher und den Stellvertreter in *geheimer Wahl* durchzuführen. Beides sind typische Prinzipien demokratischer Wahlen. Durch einen zweiten Wahlgang ermöglichen Sie es den Schülern, tatsächlich ihren Wunschkandidaten für das Stellvertreteramt zu wählen. Die geheime Wahl verhindert, dass sozialer Druck die Wahlentscheidung der Kinder beeinflusst und garantiert eine wirklich freie Wahl. Die abschließende Stimmenauszählung sollte durch zwei bis drei „Wahlleiter", die nicht kandidiert haben, nicht öffentlich durchgeführt werden. So verhindern Sie, dass die Wahl als Plebiszit über den Beliebtheitsgrad einzelner Schüler gedeutet wird.

Rituale in den ersten Unterrichtsstunden

Neben den vielseitigen organisatorischen Aufgaben und Klassengeschäften muss in der ersten Woche an der neuen Schule natürlich auch der Fachunterricht beginnen. Nicht nur die Zwänge der Lehrpläne und die anstehenden Klassenarbeiten drängen Sie dazu, sondern auch die Schüler, die an der weiterführenden Schule auch neue Dinge lernen möchten. Im Zuge dieser Unterrichtsstunden bietet es sich an, gewisse Rituale mit den Kindern einzuführen und einzuüben, die das Unterrichten unterstützen.

Begrüßung

Als Signal, dass der Schultag bzw. die nächste Schulstunde beginnt, ist besonders für jüngere Schüler ein Begrüßungsritual wichtig. In der Regel werden Sie die Kinder bitten aufzustehen, und dann darauf warten, dass die Kinder zur Ruhe kommen und sich auf die anstehende Stunde konzentrieren, bevor sie sich begrüßen. Zu Beginn der ersten Stunde oder am Anfang einer nachmittäglichen Unterrichtsstunde kann aber auch ein

Michael Grambusch/Frank Lauenburg: Eine 5. Klasse managen
© Persen Verlag

kleines Bewegungsspiel nützlich sein, um die Lebensgeister zu wecken. Im Verlauf jeder Unterrichtsstunde gibt es Phasen der Erarbeitung und der Präsentation bzw. Ergebnissicherung. Durch ein gewisses Maß an Ritualisierung kann der Unterrichtsalltag während dieser Phasen entlastet werden. Während der Arbeitsphasen verfolgen Sie als Lehrer das Ziel, dass jedes Kind in seinem eigenen Tempo und auf seinem individuellen Weg zum Ziel kommt. Das gelingt in erster Linie durch die Gestaltung der Materialien und Arbeitsaufträge sowie durch die Wahl der Sozialform. Diese Stellschrauben alleine genügen aber nicht, um der Heterogenität einer Lerngruppe gerecht zu werden. Sie kennen sicher folgende Situation: Die ersten Schüler sind bereits deutlich vor Ende der Arbeitsphase mit ihren Aufgaben fertig und wünschen sich weitere Arbeitsaufträge, während andere Kinder ohne Unterstützung nicht vorankommen. Da Sie als Lehrer nicht überall zugleich sein können, empfehlen wir Ihnen, dieser Situation vorbeugend entgegenzutreten. Für die leistungsstarken Schüler sollten Sie bereits eine Zusatzaufgabe vorbereitet haben. Diese kann nah am Stoff der Stunde sein und einen problemerweiternden Charakter haben oder auch aus einer spannenden Knobelaufgabe bestehen. Notieren Sie diese Aufgabe direkt an der Tafel oder weisen Sie darauf hin, dass die Kinder das Material selbstständig holen können, wenn sie mit den eigentlichen Aufgaben fertig sind. Alternativ können Sie besonders fleißige und begabte Schüler auch als Experten einsetzen, die nach der Erledigung ihrer Aufgaben gemeinsam mit Ihnen die Fragen der anderen Schüler beantworten. Da sich nicht alle Kinder in der Rolle des Experten wohlfühlen, sollte sie nur von Freiwilligen ausgeübt werden. Des Weiteren sollten Sie vermeiden, eine Vielzahl kleiner fragend-entwickelnder Unterrichtsgespräche mit den Kindern zu führen, die Probleme haben. Immerhin haben Sie sich ja zuvor bewusst für eine selbstständige Erarbeitungsphase entschieden. Um diese Selbstständigkeit nicht zu sehr einzuschränken, können Sie mit Ihrer Klasse den Umgang mit Hilfesystemen einüben. Am einfachsten gelingt dies, wenn Sie an einem festen Platz im Klassenraum oder auf der Rückseite eines Tafelflügels Tipps auslegen bzw. notieren, mit denen die Kinder die größten Hürden überwinden können. Diese Tipps sollen natürlich nicht die Lösungen vorwegnehmen, sondern in zwei oder drei Schritten gestaffelte Hilfen, die zunächst lediglich prozessorientiert sein können (z. B.: „Überlege, wie wir das ähnliche Problem in der letzten Stunde gelöst haben", „Fertige zunächst eine Skizze an," etc.), anbieten. Wenn Sie mit Ihrer Klasse den sorgfältigen Umgang mit diesen Hilfen besprechen und diese fester Bestandteil der Arbeitsphasen werden, reduzieren sich die Nachfragen der Schüler deutlich. Im Gegenzug fördern Sie so selbstständiges und individualisiertes Arbeiten in Ihrer Klasse.

Eine weitere immer wiederkehrende und oft ermüdende Unterrichtsphase ist die Phase der Ergebnispräsentation. Wir erinnern uns selbst noch an viele Schulstunden, die fast gänzlich durch das Vergleichen und Besprechen von Hausaufgaben geprägt waren. Eine solche Situation ist sowohl für die Schüler, als auch für die Lehrer unbefriedigend. Daher sollten Sie neben der klassischen gemeinsamen Besprechung im Plenum mit Ihrer Klasse weitere Formen der Ergebniskontrolle einüben, die zeitsparend und abwechslungsreich sind. Eine Möglichkeit stellen vorbereitete Kontrollblätter dar. Auf diesen können die Lösungen von Standardübungen zur Selbstkontrolle an die Kinder ausgegeben werden. Dies erfordert

Randnotizen:
- Zusatzaufgaben für schnelle Schüler
- Schüler als Experten
- Unterstützung des selbstständigen Arbeitens
- Möglichkeiten der Ergebnissicherung

aber auch etwas Übung. Sie werden erstaunt sein, wie viele Fehler die Schüler anfangs übersehen, auch wenn sie die korrekte Lösung neben dem Heft liegen haben. Daher sollten Sie zu Beginn auch immer stichprobenartig überprüfen, ob die Selbstkontrolle funktioniert. Mit etwas Übung und in Verbindung mit Partnerkontrollen durch den Sitznachbarn, lässt sich diesem Problem begegnen. Sie können sich später darauf beschränken, dringende Fragen im Plenum oder im Einzelgespräch mit den betroffenen Schülern zu klären.

Das zentrale Medium des Unterrichts ist, trotz des fortschreitenden Einsatzes neuer Medien, weiterhin die klassische (Kreide-)Tafel. Auf ihr werden Ideen gesammelt, Fragen notiert, Arbeitsaufträge und Hausaufgaben angeschrieben oder Ergebnisse gesichert. Diese Fülle von Funktionen macht bereits deutlich, dass Fünftklässler Hilfe bei der Orientierung an der Tafel brauchen. Ihnen muss klar sein, was wichtig und was unwichtig ist und welche Teile eines Tafelbildes ins Heft zu übertragen sind.

Daher sollten Sie, auch in Absprache mit den anderen Fachlehrern in Ihrer Klasse, eine weitgehend einheitliche Tafelarbeit verfolgen. Einen äußeren Tafelflügel sollten Sie für die Hausaufgaben freihalten, die am Ende der Stunde notiert und abgeschrieben werden. Da es nach unserer Auffassung empfehlenswert ist, differenzierte Hausaufgaben aufzugeben, sollte man mit den Kindern auch noch eine Symbolik ausmachen, mit der verschiedene Anforderungsniveaus gekennzeichnet werden. So kann man beispielsweise eher einfache wiederholende Übungen mit einem Stern (*) kennzeichnen, während vertiefende oder weiterführende Aufgaben mit mehreren Sternen (** bzw. ***) versehen werden. Wir haben die Erfahrung gemacht, dass die Hausaufgaben nicht nur einen festen Platz an der Tafel bekommen sollten, sondern auch eine deutliche Überschrift und dass man das Abschreiben deutlich ansagen und einfordern sollte. So vermeiden Sie böse Überraschungen, wenn Sie in der nächsten Stunde die Aufgaben besprechen möchten.

Während der Unterrichtsstunde ist die Tafel in der Regel aufgeklappt. Wir haben es uns angewöhnt, auf dem linken Tafelflügel Fragestellungen und Arbeitsaufträge zu formulieren. Damit können die Schüler mit einem Blick erfassen, worum es in der Stunde bzw. der Erarbeitungsphase geht. Den großen Mittelteil reservieren wir, um Arbeitsergebnisse und Tafelbilder anzuschreiben. Was hier steht, gehört am Ende der Stunde auch ins Heft der Kinder. Den rechten Tafelflügel nutzen wir als „Schmierzettel". Hier kann man Gedanken notieren, die während eines Plenumsgesprächs geäußert werden oder gemeinsam mit der Klasse Beispiele anschreiben und besprechen.

Gestaltung des Tafelbildes

Symbolik für Anforderungsniveaus

Michael Grambusch/Frank Lauenburg: Eine 5. Klasse managen
© Persen Verlag

Erster Elternabend

Die Einrichtung von Elternvertretungen ist in allen deutschen Bundeslän-
dern gesetzlich vorgeschrieben. Da die Hoheit über das Bildungsrecht bei
den Bundesländern liegt, unterscheiden sich aber die Bezeichnungen
(Elternpflegschaft, Elternbeirat, Elternausschuss ...) sowie die konkreten
Mitwirkungsrechte dieser Gremien. Die Kernaufgabe ist aber in jedem
Bundesland gleich: Die Elternvertretungen vertreten die Interessen der
Eltern bei der Bildungs- und Erziehungsarbeit der Schule. Dies geschieht
vor allem in der Schulkonferenz und der Schulpflegschaft. Letztere setzt
sich aus den gewählten Vertretern der Elternvertretungen der einzelnen   **Wahl der Elternvertreter**
Klassen zusammen. Die Wahl dieser Elternvertreter ist daher ein zentraler
Tagesordnungspunkt beim ersten Elternabend in Ihrer Klasse. Des Weiteren werden Sie an diesem Abend, der unmittelbar zu Beginn des neuen
Schuljahrs stattfindet, die Eltern mit zahlreichen Informationen über die
neue Schule versorgen und viele Fragen der Eltern beantworten. Die Einladung mit der Tagesordnung sowie Ort und Zeit des Elternabends sollte
den Eltern spätestens eine Woche vor der Sitzung zukommen.
Elternabende haben den Ruf, oft langwierige und langweilige Veranstal-
tungen zu sein und sind daher bei vielen Eltern alles andere als beliebt.
Sie sollten daher versuchen, eine angenehme Atmosphäre zu schaffen,
um dem Abend den richtigen Rahmen zu geben. Wir haben die Erfahrung
gemacht, dass Gebäck und Getränke (Wasser, Fruchtsaftschorle) regelrecht Wunder wirken können. Auch die Anordnung der Tische kann zu ei-   **Atmosphäre**
ner angenehmeren Atmosphäre beitragen, zum Beispiel mit einem großen

„O" aus Tischen gestellt.
So können sich wirklich
alle Eltern sehen und man
verhindert eine klassische
„Schüler-Lehrer-Sitzord-
nung". Es ist außerdem
Hilfreich, wenn die Eltern
zu Beginn des Abends Na-
mensschilder bekommen.
Diese können Sie während
des Schultags von den
Kindern basteln lassen.
So können Sie die Eltern
den Kindern zuordnen und
die Eltern können sich auch untereinander mit Namen ansprechen.
Obwohl die Wahl der Elternvertreter schulrechtlich gesehen der wichtigste Tagesordnungspunkt ist, sollten Sie diesen nach ganz hinten
verbannen. Die Eltern sollen sich während der Sitzung etwas besser
kennenlernen und bereits ein Gefühl dafür entwickeln, ob Sie selbst für
den Posten zur Verfügung stehen oder ob es jemanden gibt, dem Sie
das Amt besonders zutrauen. Nach der Wahl eines Schriftführers oder
einer Schriftführerin aus den Reihen der Eltern sollten Sie zum Tagesordnungspunkt „Informationen des Klassenlehrers" übergehen. Unter dieser
Überschrift lässt sich eine Vielzahl von Aspekten besprechen. Klären
Sie zunächst, wie Sie für die Eltern erreichbar sind. Falls Sie bereit sind,
Ihre private Telefonnummer herauszugeben, sollten Sie auf jeden Fall
ein Zeitfenster für Anrufe angeben. Auch als Klassenlehrer müssen Sie

**Regelung
Lehrer-Eltern-Kontakt**

nicht rund um die Uhr abrufbereit sein. Alternativ können Sie auch Ihre E-Mail-Adresse (ggf. eine Schul-Mail-Adresse einrichten) an die Eltern verteilen und telefonischen Kontakt über das Sekretariat der Schule laufen lassen. Damit sich auch die Eltern untereinander erreichen können, empfiehlt es sich, eine Telefon- und Maillliste für die Klasse anzulegen. Hierfür sollten Sie aus Datenschutzgründen allerdings das Einverständnis der Eltern einholen.

Elternstammtisch

Da es beim Elternabend eine formale und in der Regel auch recht volle Tagesordnung gibt, können Sie den Eltern vorschlagen, einen Elternstammtisch in ungezwungener Atmosphäre einzurichten. Dieser kann auch außerhalb der Schule stattfinden und eignet sich, um gemeinsame Feste und Aktivitäten zu besprechen. In unseren Klassen haben sich aus solchen Elternstammtischen schöne Ideen für ein Adventsbasteln und für ein sommerliches Grillfest ergeben. So beziehen Sie auch die Eltern in die Klassengemeinschaft mit ein.

Außerdem werden Sie an diesem Abend noch eine Vielzahl von Terminankündigungen und schulspezifischen Informationen an die Eltern weitergeben müssen. Hier empfiehlt es sich, eine Terminübersicht oder ein Merkblatt vorzubereiten.

Pädagogische Hinweise

Wir sprechen während des ersten Elternabends immer auch einige pädagogische Aspekte an. Uns ist es besonders wichtig, darauf hinzuweisen, dass die Kinder und die Schule die Unterstützung der Eltern brauchen. Wir bitten die Eltern, gemeinsam mit ihren Kindern die Schultasche zu packen, die Anfertigung der Hausaufgaben zu kontrollieren und regelmäßig mit den Kindern über den Schulalltag zu sprechen. Auch wenn sie keine Grundschüler mehr sind, brauchen Fünftklässler noch ein großes Maß an Unterstützung, um den Schulalltag zu bewältigen.

Im Anschluss an diese „Input-Phase" empfiehlt es sich, auch die Eltern zu Wort kommen zu lassen. Fragen und Anregungen der Eltern können Ihnen wertvolle Hinweise für die Arbeit mit Ihrer Klasse geben.

Wahl der Elternvertreter

Erst am Ende des Abends steht dann die Wahl der Elternvertreter an. Idealerweise hatten die Eltern während der letzten Stunde(n) bereits die Gelegenheit, sich in die neue Klassengemeinschaft einzugewöhnen und sich einen Eindruck von den anderen Eltern zu machen. Auch wenn manche Eltern (und Sie selbst vielleicht auch) bereits das Ende des Elternabends entgegensehen, sollten Sie die nun folgende Wahl der Elternvertreter ernst nehmen. Immerhin handelt es sich dabei um einen schulgesetzlich festgeschriebenen Akt. Zunächst fragen Sie in die Runde, ob es Vorschläge für die Wahl zum Elternvertreter gibt. Hier müssen Sie gegebenenfalls Nerven beweisen und sich ein wenig gedulden, wenn nicht gleich die Finger gehoben werden. In der Regel gibt es aber nach einer kurzen Phase des Schweigens die ersten Vorschläge. Wenn allerdings auch nach längerer Bedenkzeit keine Vorschläge oder Meldungen kommen, müssen Sie notfalls Zettel verteilen und anonyme Vorschläge machen lassen. Die genannten Namen sammeln Sie an der Tafel. Anschließend müssen zwei Eltern, die nicht zur Wahl stehen, bestimmt werden, um die Stimmen auszuzählen. Die Wahl für den Elternvertreter und den stellvertretenden Elternvertreter sollte in zwei Wahlgängen ablaufen und jeweils geheim sein. Denken Sie daran, die entsprechende Anzahl an Stimmzetteln mitzubringen.

Anlage 5: *Mustereinladung Elternabend, S. 45*

Michael Grambusch/Frank Lauenburg: Eine 5. Klasse managen
© Persen Verlag

Klassenfahrt

Wenn Sie mit Ihrer neuen Klasse 5 eine Klassenfahrt unternehmen werden, so sollte diese in der Regel im regionalen Nahraum stattfinden. Grundsätzlich empfiehlt es sich, eine Jugendherberge o. Ä. zu wählen, da Sie hier meist ungestörter sein können. Zentrale pädagogische Funktionen dieser Klassenfahrt sollten das Kennenlernen und Zusammenwachsen als Klasse sein. Viele Veranstalter bieten daher auch Aktivitäten in dieser Richtung an – darauf sollten Sie nach grundlegender Prüfung auch zurückgreifen. Trotz alledem empfehlen wir, dass Sie bei der Programmgestaltung auch selbst aktiv werden. Wählen Sie gezielt Aktivitäten, die die Schüler fordern, ihnen aber auch die Möglichkeit geben, mehr übereinander zu erfahren.

Die Klassenfahrt findet mit Blick auf ihre pädagogische Funktion meistens schon früh im Schuljahr statt. Die Vorbereitungen beginnen daher schon am Ende des vorherigen Schuljahrs. Informieren Sie sich, wer an Ihrer Schule für die Buchung der Jugendherberge und die Organisation von An- und Abreise zuständig ist und sprechen Sie sich rechtzeitig mit den Kollegen ab, die mit den Parallelklassen fahren. So können Sie sich rechtzeitig ein Bild von Ihrer Unterkunft machen und in die konkreten Planungen einsteigen. Für sich selbst sollten Sie eine Checkliste anlegen, um alle wichtigen Planungsschritte im Blick zu haben.

Zeitige Vorbereitung und Information der Eltern

Auch die Eltern sollten rechtzeitig informiert werden. Wenn Sie tatsächlich sehr früh im Schuljahr fahren, dann sollte die Information am besten bereits während des Schnuppertages vor den Sommerferien erfolgen. Bedenken Sie, dass eine Klassenfahrt auch für die Eltern immer mit Kosten, Organisationsaufwand und Stress verbunden ist. Sie werden dankbar sein, wenn sie rechtzeitig Informationen erhalten und genügend Zeit für die Bezahlung der Fahrt eingeräumt bekommen.

Wenn wir uns an unsere Klassenfahrten während der eigenen Schulzeit erinnern, so waren wir als Schüler nicht darüber erfreut, wenn wir ein ellenlanges, wenig an unseren Interessen orientiertes Programm aufgestellt bekamen. Als wir jedoch zum ersten Mal als Begleiter auf einer Klassenfahrt dabei waren, erlebten wir das genaue Gegenteil des Programms von damals. Die Lehrkräfte hatten sich ausschließlich auf die Veranstalter verlassen, welche auch ein durchaus ansprechendes Programm organisierten. Nur füllte dieses Programm höchstens den halben Tag. Das dicke Ende kam daher immer abends – die Schüler waren seit Stunden gelangweilt und von Energy-Drinks aufgeputscht. Keiner der Betreuer machte in den nächsten Nächten auch nur ein Auge zu. Daher sollte die zur Verfügung stehende Zeit auch sinnvoll *gemeinsam* genutzt werden. Im Bestfalle sind am Abend *alle* müde, aber zufrieden mit dem Tagesablauf.

Planung des Tagesablaufes

Zur Förderung der Klassengemeinschaft empfehlen wir daher das Planen und Durchführen einer Spielsequenz/Spielkette[4]. Hierbei kann die Zusammenstellung der vorgestellten Spielsequenzen an die räumlichen und per-

---

[4] Vgl.: Gilsdorf, Rüdiger; Kistner, Günter: Kooperative Abenteuerspiele Band 1 – Eine Praxishilfe für Schule, Jugendarbeit und Erwachsenenbildung. 20. Auflage. Kallmeyer/Klett: Seelze-Velber 2010;

Gilsdorf, Rüdiger; Kistner, Günter: Kooperative Abenteuerspiele Band 2 – Eine Praxishilfe für Schule, Jugendarbeit und Erwachsenenbildung. 9. Auflage. Kallmeyer/Klett: Seelze-Velber 2011;

Gilsdorf, Rüdiger; Kistner, Günter: Kooperative Abenteuerspiele Band 3 – Eine Praxishilfe für Schule, Jugendarbeit und Erwachsenenbildung. 1. Auflage. Kallmeyer/Klett: Seelze-Velber 2013

sonellen Gegebenheiten angepasst werden. Somit sind die hier vorgestellten drei Spielsequenzen als Anregung und Orientierung zu verstehen.

Alle drei Spielsequenzen kombinieren einzelne Spiele, die unterschiedliche Funktionen für die Gesamtsequenz erfüllen sollen. Der Schwerpunkt liegt dabei auf Kooperationsspielen. Das Gesamtarrangement wird jedoch durch Warming-Up-Spiele eingeleitet und durch Abenteuerspiele sowie eine Reflexionsphase abgerundet.

Kooperationsspiele

Zur Einstimmung in die Spielsequenzen empfiehlt es sich, einen möglichst motivierenden Rahmen zu schaffen. Somit wird hier der Versuch unternommen, die einzelnen Spiele durch eine Rahmengeschichte zusammenzufügen. Auch solch eine Rahmengeschichte lässt sich an die Lebenswelt Ihrer Schüler anpassen – somit ist auch diese hier nur als eine Möglichkeit zu verstehen.

Außerdem sollten Sie während der Spielsequenz eine konkrete Strecke zurücklegen. Suchen Sie also während der einzelnen Spiele unterschiedliche Orte auf. Achten Sie hierbei darauf, dass sich diese Orte auch gut in die Gesamtgeschichte einflechten lassen, um dieser mehr Authentizität zu verleihen.

> **Anlage 6:** *Checkliste zur Vorbereitung der Klassenfahrt, S. 46*
> **Anlage 7:** *Spielsequenzen für die Klassenfahrt, S. 47*

Erste Konferenz der Orientierungsstufe

In den meisten Bundesländern werden die Stufen 5 und 6 als eine besondere pädagogische Einheit verstanden und oft als Orientierungsstufe bezeichnet. Die genauen Bezeichnungen und Regelungen hierzu entnehmen Sie bitte Ihrem Schulgesetz. Auch wenn die Bezeichnungen selbst variieren, so ist doch der Aufbau bundeslandübergreifend sehr ähnlich. Im Folgenden orientieren wir uns an unseren Erfahrungen in Nordrhein-Westfalen:

In Nordrhein-Westfalen werden die Stufen 5 und 6 als eine besondere pädagogische Einheit zusammengefasst, diese wird als Erprobungsstufe bezeichnet. Dabei gehen die Schüler in der Regel von der Stufe 5 ohne Versetzung in die Stufe 6 über. Eine freiwillige Wiederholung der Stufe 5 ist jedoch möglich. Die Erprobungsstufe darf jedoch nicht länger als drei Jahre dauern. In der Phase der Erprobungsstufe werden mindestens dreimal im Schuljahr sogenannte Erprobungsstufenkonferenzen durchgeführt. In diesen soll über die individuelle Entwicklung der Schüler, über etwaige Schwierigkeiten, deren Ursachen und mögliche Wege zu ihrer Überwindung sowie über besondere Fördermöglichkeiten beraten werden.

An unserer Schule haben wir uns entschieden, diese Erprobungsstufenkonferenzen sogar viermal im Jahr durchzuführen. Dabei legen wir die zweite und vierte Erprobungsstufenkonferenz mit den jeweiligen Zeugniskonferenzen zusammen, während die erste und dritte Sitzung somit „zusätzlich" geplant und etwa zum Quartalsende durchgeführt werden.

Vor Abschluss der Erprobungsstufe (zum Ende des 6. Schuljahres) prüft die Erprobungsstufenkonferenz unter Berücksichtigung des Leistungsstandes der bis dahin von der Schule durchgeführten Fördermaßnahmen und der zu erwartenden Entwicklung der Schüler, ob die bisher gewählte Schulform gewechselt werden soll. Damit kommt auch den Entscheidungen aus der Klasse 5 eine besondere Bedeutung zu und Sie dürfen diese somit nicht zurückhalten! Sollte am Ende der Orientierungsstufe ein Schulformwechsel (nach oben oder unten) oder eine Wiederholung einer Klasse beschlossen werden, so muss diese Entscheidung nachvollziehbar begründet werden. Hierfür sind nicht nur die notwendigen Fördermaßnahmen im Sinne der individuellen Förderung durch die einzelnen (Fach-) Kollegen rechtzeitig zu ergreifen und durch die Klassenkonferenz zu erörtern, sondern Sie müssen die Durchführung dieser auch lückenlos nachweisen können. Sollten z. B. Leistungsdefizite auftauchen, so müssen Sie hierüber einerseits in Kenntnis gesetzt werden und selbst die Kollegen informieren – hierfür eignet sich eben in besonderem Maße die Orientierungsstufenkonferenz. Diese von Ihnen vorgenommenen Fördermaßnahmen müssen Sie wiederum evaluieren, ggf. die Wirkungslosigkeit derselben reflektieren und weitere Maßnahmen ergreifen, und nicht zuletzt müssen Sie diesen Prozess nachweisbar halten und das heißt vor allem Protokollieren.

Um die Orientierungsstufenkonferenz zielgerichtet vorzubereiten, empfiehlt sich eine vorhergehende Abfrage bei den Fachkollegen, diese kann gleichzeitig als Übersicht der bisherigen Fördermaßnahmen sowie deren Wirkung verwendet werden und sollte schrittweise fortgeschrieben werden. Außerdem sollten Sie auf die bisherigen Ergebnisse der Klassenarbeiten zurückgreifen können. Somit erhalten Sie einen ersten Gesamtüberblick über die „problematischen" Fälle Ihrer Klasse. Im optimalen Fall findet nach der Erprobungsstufenkonferenz der Elternsprechtag statt, sodass Sie die einzuschlagenden Fördermaßnahmen direkt mit den jeweiligen Eltern erarbeiten und besprechen können.

Protokollieren von Fördermaßnahmen

> **Anlage 8:** *Abfrage bei den Fachkollegen zur Vorbereitung der Orientierungsstufenkonferenz, S. 76*

Erster Elternsprechtag

Nun ist es endlich soweit – es steht der erste Elternsprechtag in Ihrer Klasse an. Grundsätzlich sollten Sie sich darüber klar werden, dass dieser Nachmittag verschiedene Funktionen erfüllen kann:

1. **Kennenlernfunktion:** Dieser Elternsprechtag bietet allen Eltern die Möglichkeit, Sie als Klassenlehrer, aber auch alle Fachlehrer Ihrer Klasse kennenzulernen.
   Eigentlich hatten die Eltern diese Möglichkeit schon zu anderen Zeitpunkten. Sei es am Schnuppertag für die Eltern und Schüler im Juni, sei es am Tag der „Einschulung" oder dem ersten Elternabend im September, ja selbst in der Vorbereitungszeit für die Klassenfahrt wäre ein gegenseitiges Kennenlernen möglich gewesen. Und trotz alledem werden viele Eltern gerade den Elternsprechtag dazu nutzen wollen, Sie und Ihre Fachkollegen kennenzulernen. Grundsätzlich ist das auch nachvollziehbar, denn an diesem Tag werden den Eltern

Prioritäten setzen

alle Kollegen für ein Gespräch zur Verfügung stehen. Aber: Setzen Sie Prioritäten! In Ihrer Klasse werden Sie etwa 30 Schüler unterrichten. Prinzipiell besteht bei jedem dieser 30 Schüler Gesprächsbedarf – bedenken Sie, dass das Schuljahr gerade erst begonnen hat und viele Entwicklungen noch unklar sind. Außerdem bringt dieses neue Schuljahr für alle Kinder große Veränderungen mit sich. Somit müssen Sie alle 30 Schüler in Bezug auf den Leistungsstand sowie das Sozialverhalten im Blick haben und in der Lage sein, diesen Prozess zu begleiten und zu steuern und das heißt vor allem, die aktuelle Entwicklung wahrzunehmen.

Aber Sie dürfen Folgendes nicht vergessen: Aufgrund der Fächerkombination unterrichten Sie im Durchschnitt etwa in acht, vielleicht sogar zehn unterschiedlichen Lerngruppen. Damit müssen Sie am Elternsprechtag nicht nur den Eltern der eigenen Klasse gerecht werden, sondern auch den Eltern der anderen Fachgruppen, in denen Sie als Fachlehrer unterrichten. Ihre eigene Klasse sollte aber Priorität besitzen und im Regelfall werden vor allem die Eltern von Fünftklässlern auch am ehesten das Gespräch mit Ihnen suchen.

2. Rückmeldefunktion: Viele Eltern nutzen den Elternsprechtag auch, um generelle Rückmeldungen über ihre Kinder zu erhalten. Diese können grundsätzlich ganz unterschiedlich ausfallen, sind in den Fällen, in denen der Gesprächswunsch von den Eltern ausgeht, jedoch meist positiv. Diese Eltern möchten oft nur eine kurzes Feedback dazu haben, dass „alles seinen gewohnten Gang" geht und (zum aktuellen Zeitpunkt) kein konkreter Handlungsbedarf besteht.

Kurzes Feedback

3. Die Problemdarstellungs- und Bearbeitungsfunktion: Sie werden auch mit Schülern konfrontiert werden, bei denen (dringender) Handlungsbedarf besteht. Die Problemebenen werden dabei sehr unterschiedlich ausfallen – beginnend bei Leistungsschwierigkeiten über Probleme mit dem Sozialverhalten, bis hin zu psychischen und physischen Problemen.

Klärung dringenden Handlungsbedarfes

Schon auf den ersten Blick wird somit eindeutig klar, dass einerseits die Bedürfnislagen der Eltern sehr unterschiedlich ausfallen, aber andererseits auch, dass der jeweils benötigte Zeitaufwand sehr unterschiedlich sein wird. Da Sie aber nur begrenzt Zeit haben werden, um die Gespräche wahrzunehmen, sollten Sie sich genau darüber klar werden, welche Gespräche zum jetzigen Zeitpunkt notwendig sind und welche verschoben oder auf eine andere Weise durchgeführt werden können.

An unserer Schule versuchen wir dieses Problem dadurch zu lösen, dass wir uns bemühen, viele Dinge im Vorfeld zu klären:

Rückmeldeverfahren und Gesprächsbegrenzung

1. Jeder Gesprächstermin wird auf zehn Minuten begrenzt.

2. Die Eltern müssen über ein Rückmeldeverfahren einen konkreten Termin vereinbaren[5].

---

[5] Wenn Eltern einen Gesprächstermin wünschen, so müssen sie diesen bei dem betreffenden Kollegen zuvor anmelden. Hierzu erhalten die Schüler einen Informationsbrief für die Eltern, in dem der Ablauf erklärt wird. Hier tragen die Eltern nun den gewünschten Kollegen sowie eine konkrete Uhrzeit ein, wann sie ein Gespräch wünschen und wahrnehmen könnten. Diese Anfrage wird über die Schüler an die Kollegen weitergeleitet, welche sich wiederum bemühen, dem Terminwunsch zu entsprechen. Dies bietet den Kollegen die Möglichkeit, den Ablauf stärker zu koordinieren und gleichzeitig einen Überblick über die eigenen Termine zu erhalten.

Michael Grambusch/Frank Lauenburg: Eine 5. Klasse managen
© Persen Verlag

3. Die Kollegen können über dieses Rückmeldeverfahren einen Gesprächstermin mit bestimmten Eltern einfordern.

Wenn wir noch einmal auf die unterschiedlichen Bedürfnislagen der Eltern zurückschauen, so fällt erneut auf, dass dieses Verfahren nicht allen Situationen und Bedürfnislagen gerecht werden kann. Wenn Sie durch Rückfragen merken, dass Eltern Sie bspw. nur kennenlernen wollen, Sie aber im Gegenzug sehr viele pädagogisch wichtigere Termine vereinbaren wollen oder müssen, so empfiehlt es sich, auf die reguläre Sprechstunde oder andere Zeiten, wie z. B. den Elternstammtisch zu verweisen. Um unnötigen Unmut zu vermeiden empfiehlt es sich, von vornherein auf diese Möglichkeit aufmerksam zu machen. *Hinweis auf reguläre Sprechstunde oder andere Zeiten*

Erwarten Sie im Gegenzug ein länger dauerndes und schwierigeres Gespräch, so warten Sie weder bis zum Elternsprechtag, noch zwängen Sie das Gespräch in ein Zehn-Minuten-Korsett[6]. In solchen Fällen sollten Sie sich die notwendige Zeit nehmen und von vornherein einen separaten Termin ohne Zeitdruck vereinbaren. *Separate Termine*

Auch wenn das Schuljahr gerade erst begonnen hat, so können Sie sich vor dem Elternsprechtag mit den Kollegen über den Leistungsstand sowie das Sozialverhalten in Ihrer Klasse noch einmal austauschen. Wenn möglich, verfügen Sie als Klassenlehrer über erste Klassenarbeitsergebnisse und Aussagen über die sonstige Mitarbeit. Sie sollten Ihre Aufzeichnungen zum Leistungs- und Sozialverhalten parat haben und – auch wenn es dem Einen oder Anderen zu diesem frühen Zeitpunkt vielleicht noch schwerfällt – die Namen Ihrer Schüler kennen.

Bei vereinbarten Terminen sollte Ihnen eine Rückmeldung über diesen Schüler nicht so schwerfallen, Sie haben ja die Möglichkeit, sich gedanklich auf dieses Gespräch vorzubereiten. Aber bedenken Sie, auch unangemeldete Gespräche sind möglich.

Wir selbst bemühen uns beim Elternsprechtag immer darum, eine möglichst positive Gesprächsatmosphäre herzustellen – das entspannt die Situation und schafft eher die Möglichkeit, auch schwierige Themen ansprechen zu können. Im Regelfall werden Sie Ihre Gespräche in Ihrem Klassenraum durchführen. Meist ist dieser schon zu diesem frühen Zeitpunkt des Schuljahres mit ersten Arbeitsergebnissen ausgestattet. Darüber hinaus können Sie weitere kleine Arbeitsergebnisse auch an den jeweiligen Sitzplätzen der Schüler auslegen und den jeweiligen Eltern somit einen kleinen Eindruck von Schülerergebnissen vermitteln. Gerade auch die Auswahl derselben sollten Sie zusammen mit den Schülern besprechen. *Gesprächsatmosphäre*

Zur Gestaltung der Gesprächsposition am Elternsprechtag gibt es mindestens drei Varianten mit spezifischen Vor- und Nachteilen: Wir bevorzugen für den Elternsprechtag immer eine nicht hierarchische Sitzposition und versuchen somit, eine konfrontative Gestaltung mit zwei sich gegenüberliegenden Reihen zu vermeiden.

In der *Variante 1* wäre eine klare visuelle Trennung der Positionen zu erkennen – auf der einen Seite sitzen die Eltern, die etwas von Ihnen erwarten (eine Stellungnahme, eine Position, eine Erklärung o. Ä.), auf der

---

[6] Letztendlich können Eltern natürlich auch ohne einen konkret vereinbarten Termin mit einzelnen Kollegen sprechen. Aber nur über solch einen zuvor verabredeten Termin kann auch sichergestellt werden, dass der entsprechende Kollege wirklich in diesem Moment Zeit für die betreffenden Eltern hat.

anderen Seite sitzen Sie, der sich rechtfertigen, erklären, positionieren muss. Diese Variante erzeugt somit schnell Konfrontation, welche wir am Elternsprechtag bewusst vermeiden möchten. Außerdem macht es nach unserer Einschätzung bei einfachen Gesprächen immer Sinn, wenn die Schüler selbst dem Gespräch beiwohnen und ihre eigene Sichtweise darstellen können. Ein dritter Sitzplatz wäre aber auch visuell eher eine Ergänzung und eben nicht gleichberechtigter Teil des Gespräches.

Variante 2 erscheint uns sinnvoller. Hierbei ist die konfrontative Gegenüberstellung aufgehoben und ein dritter Platz wird regelrecht integriert – letztendlich ohne größeren Aufwand.

Sitzordnung Variante 1:

- ⊖ ungünstige Sitzposition

- ⊖ konfrontative Position zwischen Eltern und Lehrer

- ⊖ gewisse Distanz zwischen Gesprächspartnern

- ⊖ keine weitere Sitzmöglichkeit für Schüler

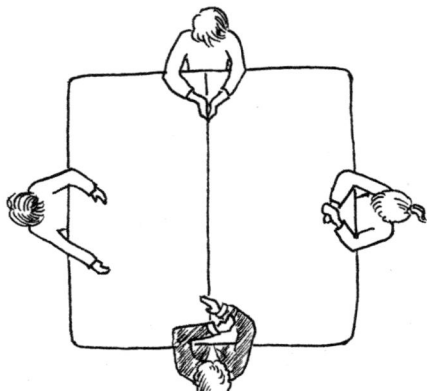

Sitzordnung Variante 2:

- ⊕ günstigere Sitzposition

- ⊕ konfrontative Position wurde aufgehoben

- ⊕ zusätzliche Sitzmöglichkeit für Schüler

- ⊖ ggf. störende Tischbeine

Sitzordnung Variante 3:

- ⊕ günstigere Sitzposition

- ⊕ keine konfrontative Position

- ⊕ Gesprächspartner gehen ineinander über

- ⊕ keine klaren Linien erkennbar (Möglichkeit des gleichwertigen Gespräches)

- ⊖ nur selten sind runde Tische in der Schule vorhanden

Optimaler empfinden wir jedoch die *Variante 3*, welche wirklich ein gleichrangiges Gespräch erzeugen kann. In dieser Variante ist erneut keine konfrontative Anordnung erkennbar und die Erweiterung auf drei Gesprächspartner ist völlig unproblematisch. Leider werden Sie in Ihrer Schule nur wenige oder vielleicht sogar keine runden Tische finden. In

Michael Grambusch/Frank Lauenburg: Eine 5. Klasse managen
© Persen Verlag

diesem Fall würden wir als Notlösung immer noch die Variante 2 empfehlen.

Einige Kollegen entspannen darüber hinaus die Gesprächssituation noch weiter durch das Arrangement mit Blumen oder kleinen Süßigkeiten – diese Entscheidung ist sicherlich Geschmacksfrage, kann aber die Situation unterstützen. Ihr Raum sollte aber mindestens sauber sein und insgesamt eine positive Atmosphäre vermitteln und die Eltern damit zu dem Gespräch einladen.

> **Anlage 9:** *Elternbrief zum Elternsprechtag, S. 77*
> **Anlage 10:** *Terminplan zum Elternsprechtag, S. 78*

Tag der Offenen Tür

Der dritte wichtige Termin im November ist der Tag der Offenen Tür. Dieser ist grundsätzlich eine Möglichkeit, für Ihre Schule zu werben. Potenzielle neue Schüler besuchen mit ihren Eltern verschiedene Schulen im regionalen Umfeld, um sich einen Eindruck von der Arbeit der einzelnen Schulen zu machen. An diesem Tag der Offenen Tür werden Führungen durch das Schulgebäude, Informationen zu besonderen Angeboten und Profilen der Schule, Einblicke in bestimmte Arbeitsgemeinschaften und Unterrichtsprojekte sowie Schnupper- und Hospitationsstunden angeboten. Dies bietet Ihnen die Möglichkeit, Ihre Schule aus der Sicht Ihrer Schüler zu präsentieren. Nutzen Sie die Gelegenheit, dass Ihre Klasse erstellte Ergebnisse präsentieren kann, aber auch Fragen für potenzielle Neulinge zu beantworten oder um eine Schnupperstunde mit Ihrer Klasse zu zeigen. Da Sie mit Ihren Schülern dabei für Ihre Schule werben, ist das eine wichtige und verantwortungsvolle Aufgabe – gerade für die Fünftklässler.

Präsentieren Sie Ihre Schule aus der Sicht ihrer Schüler

Damit solch eine Schnupperstunde gelingt, sollten Sie deren Thema und Verlauf sorgsam auswählen und planen. Dabei gilt es vor allem zu bedenken, dass die Stunde für die Viertklässler, die zu Gast sein werden, spannend ist und zum Mitmachen einlädt. Es bietet sich an, Ihre Schüler in die Themenauswahl oder gar in die Stundengestaltung einzubeziehen, da sie sich sehr gut in die Rolle der Grundschüler hineinversetzen können. Wahrscheinlich waren sie ein Jahr zuvor sogar selbst Gast einer solchen Schnupperstunde.

Schnupperstunden

Dieses Vorgehen bietet aber auch die Möglichkeit, einen Beitrag zur Eigenverantwortlichkeit der Schüler zu leisten, indem die Möglichkeit der Partizipation in den Unterricht getragen wird.[7] Da dies selbstverständlich altersgerecht geschehen soll, können Sie zum Beispiel eine geeignete Vorauswahl an Stundenthemen treffen und dann gemeinsam mit den Schülern entscheiden, welches davon am Tag der Offenen Tür präsentiert wird. Darüber hinaus kann man auch gemeinsam überlegen, welche

---

[7] Die Schulgesetze aller Bundesländer formulieren sinngemäß die Erziehung zum mündigen Bürger und zum eigenverantwortlichen Leben in gesellschaftlicher Verantwortung als übergeordnete Aufträge der schulischen Bildung und Erziehung. Siehe z. B.: *Ministerium für Schule und Weiterbildung des Landes Nordrhein-Westfalen* (Hrsg.): Schulgesetz für das Land Nordrhein-Westfalen vom 15. Februar 2005, zuletzt geändert durch Gesetz vom 13. November 2012, § 2 (2)

Sozialform oder Methode besonders für eine Schnupperstunde geeignet ist. Dieses Vorgehen kann ein Türöffner zu einer zunehmenden Schülerbeteiligung sein, die im Fachunterricht und während der Klassenlehrerstunden auf verschiedenen Ebenen umgesetzt werden kann.

In der Durchführung empfiehlt es sich somit, auf Ihre Schüler zu setzen. Diese können einen viel unverfälschteren Blick auf die Arbeit an Ihrer Schule vermitteln, als Sie es könnten. Sie werden überrascht sein, mit welch hoher Motivation Ihre Schüler das in sie gestellte Vertrauen zu erfüllen versuchen.

Sollten Sie keinen Schnupperunterricht anbieten, so muss das nicht bedeuten, dass Ihre Klasse an diesem Tag keine Aufgaben übernehmen darf, denn es gibt Alternativen: Denken Sie auch darüber nach, was Ihre Klasse präsentieren kann und sprechen Sie dies mit anderen Kollegen ab. Möglicherweise eine im Kunstunterricht erstellte Karte des Schulgeländes oder ein kleines Radioprojekt, vielleicht auch eine kleine Fotoausstellung oder eine Umfrage. Überlegen Sie gemeinsam, welche Informationen für Ihre Schüler wichtig waren, als sie sich vor einem Jahr Ihre Schule angesehen hatten.

Versuchen Sie außerdem mögliche künftige Klassenlehrer mit in die Organisation einzubinden. Denn im nächsten Jahr steht die gleiche Planung für diese Kollegen an.

Weihnachten

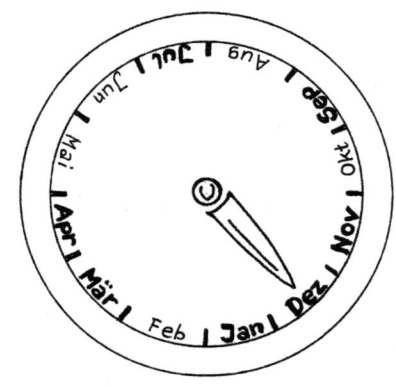

Weihnachten ist ein christliches Fest und sicherlich primär ein Fest der Familie. Gleichzeitig ist Weihnachten aber auch ein Gesprächsereignis und ein Jahresabschluss. Daher begehen wir diesen gern gemeinsam mit unseren Schülern und begleiten sie froh gestimmt in die Weihnachtsferien.

Sicherlich ist es immer ein schönes Klassensymbol, wenn gemeinsam im Klassenraum ein Weihnachtsbaum aufgestellt und geschmückt wird. Auch wenn es ökologisch eher fragwürdig ist, würden wir in der Schule immer einen künstlichen Baum empfehlen. Der Reinigungsaufwand eines echten Baumes steht nach unserer Einschätzung nicht im Verhältnis zum Begehen eines solchen Klassenereignisses an sich. Außerdem sollten Sie mit Blick auf den Brandschutz auf jeden Fall auf echte Kerzen verzichten – eine Lichterkette erfüllt an dieser Stelle einen besseren Zweck. Überlegen Sie auch gemeinsam in der Klasse, wie Sie den Baum schmücken wollen. Wenn möglich sollte jeder Schüler einige wenige Utensilien dazu mitbringen und so erhalten Sie am Ende ein schönes Potpourri Ihrer Klasse. Auf das Aufhängen von Süßigkeiten würden wir aus praktischen Erwägungen ebenfalls verzichten. Selbst wenn Sie eine Reihenfolge festlegen würden, nach der sich jedes Kind bedienen dürfte, können Sie nie ganz verhindern, dass andere Klassen den Baum vielleicht plündern. Somit erzeugen Sie am Ende leicht mehr Frust als Freude.

Im Gegenzug könnten Sie ein Wichteln initiieren. Schreiben Sie hierzu die Namen aller Schüler auf kleine Zettel – wenn die Schüler dies wün-

Weihnachtsschmuck

Michael Grambusch/Frank Lauenburg: Eine 5. Klasse managen
© Persen Verlag

schen, so können Sie sich hieran ebenfalls beteiligen – und lassen Sie die Namen anschließend verdeckt ziehen. Nun soll jeder ein kleines Geschenk für denjenigen besorgen, dessen Namen er gezogen hat. Legen Sie in diesem Fall aber unbedingt einen Maximalpreis für die Geschenke fest: Drei bis fünf Euro sollten in diesem Alter völlig ausreichend sein.

Gemeinsames Wichteln

Um das Wichteln zu erleichtern, würden wir zeitnah immer ein kleines weiteres Kennenlernspiel empfehlen. Variieren Sie die Verwendung solcher Kennenlernspiele. Solch ein Spiel an dieser Stelle kann durchaus ein Anreiz für ein mögliches Präsent sein.

Als Alternative oder Ergänzung zum Wichteln könnten Sie auch einen Adventskalender gestalten. Empfehlen würden wir einen Kalender mit kleinen Säckchen, welchen Sie wiederverwenden können. Jedes Säckchen sollte mit einer Zahl versehen sein. Befüllen Sie diese Säckchen mit kleinen, aber nützlichen Präsenten. Das können unterschiedliche Stifte oder andere Schreibmaterialien sein, die Sie regelmäßig für den Unterricht verwenden, aber auch kleine Spielfiguren, Gutscheine für die Schulmensa oder kleine Lesebücher. Hängen Sie diesen Adventskalender so auf, dass er für Ihre Klasse zwar sichtbar, jedoch vor eigenmächtiger Inanspruchnahme geschützt ist. Um den Überraschungseffekt zu steigern, können Sie nun für jeden Tag einen Schüler auslosen lassen, dabei sollten alle Schüler berücksichtigt, aber niemand zweimal an der Reihe sein.

Ein Adventskalender für die Klasse

Planen Sie darüber hinaus gemeinsam mit Ihrer Klasse ein kleines weihnachtliches Abschlussfest. Sinnvollerweise sollte es sich hierbei um die letzte Unterrichtsstunde des Kalenderjahres handeln. Hier können Sie noch einmal zusammen etwas Zeit verbringen. Überlegen Sie gemeinsam, wie Sie diese Zeit gestalten möchten. Oft wollen die Schüler diese mit Gesprächen bei Plätzchen verbringen. Wenn Sie die Möglichkeit haben, dann sollten Sie auch darüber nachdenken, ob Sie nicht schon zuvor gemeinsam Plätzchen backen wollen oder ob jeder etwas mitbringen soll. Planen Sie auf jeden Fall Zeit für die Vorbereitung ein. Darüber hinaus können Sie dieses Beisammensitzen auch nutzen, um die Wichtelgeschenke auszuteilen – überlassen Sie das den Schülern selbst –, ungezwungen über die Weihnachtszeit und mögliche Urlaubspläne zu reden oder einige Spiele zur Förderung des Klassenzusammenhaltes zu spielen. Diese Spiele sollten Sie vorbereiten – hierbei können Sie sich u. a. von den Spielanregungen zur Klassenfahrt inspirieren lassen.

Abschlussfest in der letzten Unterrichtsstunde

Zweite Konferenz der Orientierungsstufe

Prinzipiell gilt hier der gleiche Rahmen wie zur ersten Orientierungsstufenkonferenz, mit dem Unterschied, dass Sie hier die im Nachgang der ersten Orientierungsstufenkonferenz eingeschlagenen Fördermaßnahmen reflektieren und ggf. anpassen sollten. Reflektieren Sie als Klassenteam, ob sich die Fördermaßnahmen bewährt haben oder ob eine Veränderung stattfinden sollte. Reflektieren Sie hierbei, woran ein mögliches Scheitern der Maßnahme liegen könnte und wie sie eine Verbesserung effektiver erreichen können.

Erneut empfehlen wir eine vorherige Abfrage. Im Gegenzug können Sie auch die Abfrage der ersten Konferenz mit der jetzigen abgleichen und erhalten so einen zielgerichteten Gesprächsansatz. Darüber hinaus sollten Sie selbstverständlich „neue" Fälle nicht aus den Augen verlieren. Aber immerhin haben Sie zur zweiten Orientierungsstufenkonferenz den Vorteil, dass Sie erste Leistungsstände mit der aktuellen Situation vergleichen und somit eine erste Entwicklung nachzeichnen können.

Erste Zeugniskonferenz

In der Regel stehen Ende Januar die ersten Zeugniskonferenzen an. Normalerweise nehmen hieran alle Fachkollegen, die in Ihrer Klasse unterrichten, sowie die Schulleitung oder ein Vertreter derselben teil. Geleitet wird die Zeugniskonferenz üblicherweise vom Klassenlehrer, also von Ihnen. In der Zeugniskonferenz werden die schulischen Leistungen aller Schüler einer Lerngruppe gewürdigt und über diese beraten und beschlossen. Diese muss entsprechend vorbereitet werden. In der Regel werden hierfür Notenlisten an die jeweiligen Fachkollegen ausgegeben, welche diese zu einem festgelegten Zeitpunkt zurückgeben, sodass die Noten entsprechend eingegeben werden können. Im Anschluss sollten Sie über eine Gesamtübersicht des Notenstandes in Ihrer Klasse verfügen – verschaffen Sie sich hierüber einen Überblick vor der Zeugniskonferenz.

Wir beginnen die Zeugniskonferenzen grundsätzlich mit der Nennung der guten und sehr guten Leistungen. Viele Kollegen wollen die zur Verfügung stehende Zeit hierfür oft nicht verwenden. Wir glauben jedoch, dass auch gute Leistungen entsprechend gewürdigt werden sollten. Ein besonderes Augenmerk legen wir außerdem zusätzlich auf die Leistungen, die eine besondere Verbesserung darstellen, um auch hier noch einmal unsere besondere Würdigung auszusprechen. Bei der ersten Zeugniskonferenz werden Sie solche Fälle nicht haben, da Sie nicht über entsprechende Vergleichsleistungen verfügen. Aber Sie werden auch jetzt schon gute und sehr gute Leistungen darstellen können. Als

Würdigung der guten Leistungen

Vorbereitung für die Zeugniskonferenz sollten Sie – wenn möglich – die Leistungsstände aus den Grundschulen vorliegen haben. Vergleichen Sie frühere Ergebnisse und versuchen Sie diese in Einklang mit der aktuellen Entwicklung zu bringen, um die künftige Leistungsentwicklung prognostizieren zu können.

Neben den reinen Leistungen in Noten, sollten auf der Zeugniskonferenz auch (ungeklärte) Fehlzeiten besprochen werden. Außerdem können Sie hier über weitere Besonderheiten, bspw. Veränderungen der familiären Situation o. Ä., zentral informieren. Verlieren Sie die positiven Dinge nicht aus den Augen. Somit sollte die Zeugniskonferenz zusätzlich genutzt werden, um besondere Leistungen im Bereich des Sozialverhaltens, in Arbeitsgemeinschaften oder bei Wettbewerben zu erörtern. Auch wenn es sich hierbei eben erst um die erste Zeugniskonferenz handelt, so sollten Sie diese Konferenz auf jeden Fall nutzen, um das Gespräch mit Ihren Fachkollegen zu suchen. Ja, das Gespräch mit den Kollegen können und sollten Sie schon während des Schuljahres effektiv führen, aber Sie werden im Laufe des Jahres merken, dass einige Dinge eher an Ihnen vorbeigehen werden. Sehen Sie somit diese Konferenz als Möglichkeit, mit Ihren Fachkollegen über die positiven Dinge in Ihrer Klasse, sowie über die Problemfälle zu sprechen.

Besprechen von Besonderheiten

Auf jeden Fall sollten die Zeugniskonferenzen genutzt werden, um gerade zu diesem frühen Zeitpunkt konkrete Bemerkungen auf Zeugnissen zu hinterlassen. Machen Sie von dieser Möglichkeit Gebrauch, gehen Sie hiermit jedoch effektiv und sparsam um. Zusätzliche Bemerkungen zu den Zeugnissen sollten das Fehlverhalten klar benennen und überprüfbare Veränderungsvorschläge beinhalten. Intervenieren Sie frühzeitig, bevor das Kind in den sprichwörtlichen Brunnen gefallen ist. Und suchen Sie anschließend zielgerichtet das Gespräch mit dem Schüler und den Erziehungsberechtigten *nach* Übergabe des Zeugnisses. Über solche zusätzlichen Bemerkungen muss jedoch in der Regel das Klassenteam entscheiden. Daher sollten diese Fälle auf dieser Konferenz besprochen werden, um einen möglichst umfassenden und differenzierten Eindruck zu erhalten. Seien Sie sich bewusst, dass Sie im Falle von Notenwidersprüchen Ihre Entscheidungen eindeutig nachwachsen können müssen. Dies beinhaltet neben einer zielgerichteten Förderung sowie Evaluation derselben vor allem auch eine erneut *lückenlose Dokumentation* Ihrer Fördermaßnahmen. Dies wiederum setzt eine schlüssige und frühzeitige Diagnose voraus.

Zeugnisbemerkungen

Lückenlose Dokumentation der Fördermaßnahmen

Ostern

Im März/April steht wieder ein erfreuliches Ereignis für Ihre Klasse an: Ostern. Ähnlich wie Weihnachten ist Ostern sicherlich eher weniger ein schulisches Fest. Trotz alledem empfanden es unsere Schüler immer als gelungene Abwechslung, diese Zeit im Klassenverband zu begehen. Wenn der Kunstunterricht dies ermöglicht, so können die Schüler hier bspw. Fensterbilder als Klassenschmuck erstellen oder Ostereier bemalen.

Ostern in verschiedenen Fächern

Integrieren Sie solche Phasen auch in Ihren eigenen Unterricht und nutzen Sie die Zeit, um über „Ostern in der Familie" zu sprechen. Wir behaupten, dass sich solche Jahresfeste in fast alle Unterrichtsfächer integrieren lassen: Im Fremdsprachenunterricht könnten solche Feste im jeweiligen Land inklusive der entsprechenden Vokabeln zum Thema gemacht, im Kunstunterricht konkrete visuelle Produkte zu diesem Fest erarbeitet werden, im Geschichtsunterricht ist die Thematisierung der historischen Herkunft oder Entwicklung dieses Festes möglich, im Deutschunterricht könnten literarische Werke hierzu erörtert oder erstellt werden. Im Politikunterricht kann ein Bericht über das Fest verfasst werden, im Religionsunterricht kann eine Forschung zu den (religiösen) Hintergründen und ggf. Unterschieden etc. vorgesehen werden. Um diese Arbeit stärker auf einzelne Kollegen zu bündeln – und eben nicht in jedem Fach „dasselbe" zu machen – empfehlen wir, solch eine Auseinandersetzung im besonderen Maße in die Fächer des Klassenlehrers und seine Fächer zu übergeben. Das heißt nicht, dass nicht auch Fachkollegen dieses Fest zum Thema machen könnten, sprechen Sie sich in diesem Fall aber untereinander ab.

„Im Notfall" bringen viele Schüler auch gerne eigene erstellte Produkte von zu Hause mit. Auf jeden Fall besorgen wir für die Klasse im Vorfeld einen größeren Osterstrauch, der dann gemeinsam mit bemalten Ostereiern geschmückt werden kann. Bedenken Sie dabei immer, auch wenn die Vorbereitung sicherlich Zeit in Anspruch nimmt und Ihnen wertvolle Unterrichtszeit nimmt, Sie lernen hier erneut sehr viel mehr über die Schüler und diese lernen Sie und sich in einem ganz anderen, ungezwungeneren Rahmen kennen. Außerdem kann diese Zeit zur Förderung der Klassengemeinschaft genutzt werden, indem Sie bspw. weitere Kennenlernspiele oder Teile der Spielsequenzen für die Klassenfahrt in die Gespräche integrieren. Zudem ist es möglich, diese Zeit für eine weitere Reflexion der Klassengemeinschaft zu nutzen, auch hierfür können Sie sich an den Einzelelementen der Spielsequenzen orientieren. Wenn Sie bspw. während der Klassenfahrt die Spielidee „Papierkorb und Schatzkästchen" durchgeführt haben, so könnten Sie nun auf diese damals positiven und negativen Erlebnisse zurückkommen und hier erneut reflektieren, was sich im Laufe der vergangenen Zeit verbessert hat.

Weitere Kennenlernspiele

Dritte Konferenz der Orientierungsstufe

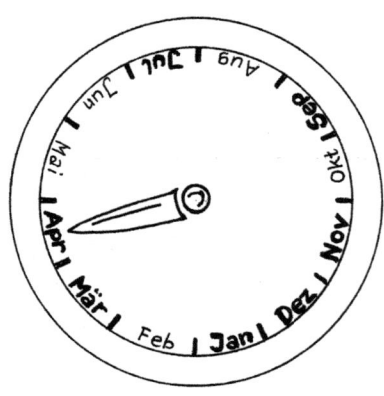

Etwa im April steht die dritte Orientierungsstufenkonferenz an, welche sich wiederum organisatorisch und inhaltlich an die vorhergehende Orientierungsstufenkonferenz anschließt, nun jedoch mit dem Unterschied, dass sich das fünfte Schuljahr mit großen Schritten dem Ende zuneigt. Somit wird die Diagnose des Leistungsvermögens umso bedeutender. Es erübrigt sich an dieser Stelle sicherlich, die Bedeutung der individuellen Förderung erneut hervorzuheben.

Michael Grambusch/Frank Lauenburg: Eine 5. Klasse managen
© Persen Verlag

Zweiter Elternsprechtag

Auch den zweiten Elternsprechtag sollten Sie in ähnlicher Form wie den ersten nutzen; der organisatorische Rahmen wird derselbe sein. In der Regel haben Sie jetzt den Vorteil, dass die meisten Eltern Sie im Laufe des Schuljahres kennengelernt haben und Sie sich somit noch zielgerichteter auf die wichtigen Fälle konzentrieren können. Hierbei sollten Sie selbstverständlich die Ergebnisse der Orientierungsstufenkonferenzen in Ihre Elternrückmeldungen mit einfließen lassen. Im Unterschied zum ersten Elternsprechtag im November verfügen Sie zum jetzigen Zeitpunkt auch über umfangreichere Rückmeldungen der Fachkollegen und können somit auch ein viel differenzierteres Bild einzelner Schüler abgeben – machen Sie hiervon, vor allem bei problematischen Fällen, Gebrauch.

Zweite Zeugniskonferenz: Versetzungskonferenz

Etwa im Juli stehen die zweiten Zeugniskonferenzen an (vermutlich gleichzeitig mit der vierten Orientierungsstufenkonferenz) und spätestens damit wird das Ende des Schuljahres inoffiziell eingeleitet. Den Schülern ist in der Regel bewusst, dass die Noten nach den Zeugniskonferenzen im Normalfall nicht mehr geändert werden und so werden Sie bei vielen Schülern einen starken Motivationsabfall bemerken. Umso sinnvoller erscheint uns immer wieder die Durchführung einer Projektwoche zum Ende des Schuljahres zu sein. Dazu aber später mehr.

Ihnen muss auf jeden Fall klar sein, dass der zweiten Zeugniskonferenz eine nochmals größere Bedeutung als der ersten zukommt. Der Rahmen bleibt prinzipiell derselbe, nur geht es nun zusätzlich um Versetzungsfragen. Die genauen Regelungen hierzu sollten Sie den jeweiligen Schulgesetzen entnehmen. Die Regelungen in Nordrhein-Westfalen sehen bspw. vor, dass erst zum Ende der Erprobungsstufe (Orientierungsstufe) über den weiteren Verbleib eines Schülers in dieser Schulform entschieden wird. Danach erfolgt eine Versetzung von der Stufe 5 in die Stufe 6 in der Regel automatisch, jedoch ist eine freiwillige Wiederholung der Stufe 5 – welche pädagogisch manchmal sinnvoll sein kann – durchaus möglich. Die Schüler können die maximale Aufenthaltsdauer von drei Jahren in der Erprobungsstufe (Stufe 5 und 6) aber nicht überschreiten, u. U. erfolgt zum Ende der Erprobungsstufe ein Schulformwechsel. Dieser Schulformwechsel muss nicht ausschließlich „nach unten" erfolgen, weil eine Versetzung in die Mittelstufe nicht möglich und gleichzeitig die maximale Aufenthaltsdauer in der Erprobungsstufe erreicht wurde. Denn die Versetzungskonferenz kann versetzten Schülern auch einen Wechsel in die gleiche oder in die Folgestufe der jeweils höheren Schulform empfehlen. Die Versetzungskonferenz kann jedoch nur eine Empfehlung aussprechen, über den zu vollziehenden Schulformwechsel entscheiden die Eltern.

Versetzungsfragen

Im Normalfall werden Sie bei der Durchsicht der eingetragenen Noten keine größeren Überraschungen erwarten, die sich nicht schon zum Ende des ersten Halbjahres und somit in der ersten Zeugniskonferenz angedeutet haben. Sollte es doch zu einer radikalen und unvorhergesehenen Leistungsverschlechterung gekommen sein, so müssen Sie darüber rechtzeitig in Kenntnis gesetzt worden sein. Regelmäßige Klassenteamsitzungen oder wenigstens ein unverbindlicher aber regelmäßiger Austausch mit Ihren Fachkollegen kann Sie gerade vor solchen Überraschungen schützen. Denn auch hier gilt erneut: Sie haben die Pflicht zur zielgerichteten Förderung aller Schüler, dies setzt eben eine regelmäßige Diagnose voraus. Jegliche Veränderungen müssen sich daher schon über einen längeren Zeitraum nachzeichnen lassen – im Falle eines Notenwiderspruchs müssen Sie bzw. Ihre Fachkollegen diese Entwicklung nachweisen können und dies setzt erneut eine *lückenlose Dokumentation* voraus.

Positive Rückmeldungen

In vielen Bundesländern wurden die „Kopfnoten" abgeschafft, umso mehr sollten Sie auf der zweiten Zeugniskonferenz aus unserer Sicht verstärkt, aber nicht ausufernd, positive Rückmeldungen geben und diese sinnvoll als Zeugnisbemerkungen darstellen. Machen Sie den Schülern damit klar, dass soziales Engagement, zum Beispiel zur Förderung der Schulgemeinschaft, oder besondere (außerunterrichtliche) Leistungen wahrgenommen werden und sich für die Schüler auch lohnen.

Projekttage

Leider herrscht bei vielen Schülern noch immer die Vorstellung vor, dass sie nicht für sich, sondern für bestimmte Leistungsrückmeldungen, vor allem in Form von Noten, oder sogar für ihre Eltern oder ihre Lehrer lernen würden. Die Schlussfolgerung ist eine einfache: Nach den Zeugniskonferenzen meinen die Schüler nicht mehr lernen zu müssen, da eine Veränderung der Noten im Regelfall nicht mehr vorgenommen werden würde. Leider schleicht sich an vielen Schulen eine ähnliche Haltung auch bei einigen Fachkollegen ein. Da werden in den letzten drei oder vier Schulwochen nicht selten mehr Spielfilme ohne offensichtlichen fachlichen Zusammenhang abgespielt, als in jeder Kinowoche. Umso mehr stellten wir uns die Frage, wie diese scheinbar „anderen" Schultage sinnvoll genutzt werden könnten.

Eine Möglichkeit sind hierbei Projekttage. Diese können ganz unterschiedlich organisiert sein. Denkbar, aber nicht zwingend, wäre es hierbei, den Klassenverband aufzulösen, um „über den Tellerrand" hinausschauen zu können und somit auch strukturell in eine neue Lernumgebung überzugehen. Wichtiger erscheint uns hierbei jedoch die inhaltliche Ebene. Hierbei könnte einerseits soziales Lernen im Vordergrund stehen – damit vermitteln Sie aber leicht den Eindruck, dass soziales Lernen eine „zusätzliche", beinahe externe Lernebene wäre, die im Endeffekt nicht nur zeitlich, sondern auch inhaltlich eine Sonderstellung einnimmt. Andererseits könnten Sie die Projektwoche auch nutzen, um vordergründig inhaltlich zu arbeiten – vermutlich eher an den Themenfeldern, die in den gängigen Lehrplänen zu kurz kommen. Wir würden davon abraten, reguläre Unterrichtsinhalte nur deshalb in die Projektwoche auszulagern, weil die Unterrichtszeit einfach nicht ausreichte.

Michael Grambusch/Frank Lauenburg: Eine 5. Klasse managen
© Persen Verlag

Egal, wie Sie sich entscheiden, zu empfehlen ist eine gesamtschulische Regelung. Im Bestfall erstellt Ihre Schule ein schuleigenes Konzept, in dem einzelne Jahrgänge einzelne Kompetenzstufen erreichen und diese auf längere Sicht verbindlich gehandelt werden. Denkbar für die Stufe 5 wären Arrangements zur Förderung der Klassengemeinschaft (hier vor allem teambildende Maßnahmen), zur Förderung der Selbstkompetenz (hier vor allem Maßnahmen zur Steigerung der eigenen Wahrnehmung und der eigenen Ausdrucksfähigkeit, mit Blick auf die Förderung des Selbstvertrauens), zur Förderung der Sozialkompetenz (bspw. unter dem Schlagwort „Umgang mit Fremdem", wobei das „Fremde" weit gefasst werden sollte und neben unterschiedlichen Kulturen, Religionen, Wertvorstellungen, bspw. auch den Aspekt der Inklusion oder die Begegnung von Alt und Jung beinhalten kann) oder auch inhaltliche Schwerpunkte wie Aspekte der Medienkompetenz oder die Förderung der Methodenkompetenz.

Förderung von Kompetenzen

Wofür auch immer Sie sich entscheiden, versuchen Sie auch hier Ihre Schüler in die Planung mit einzubeziehen. Überlegen Sie gemeinsam – und rechtzeitig – welche Aspekte für die Durchführung Ihres Projektes benötigt werden. Sie werden merken, dass Sie die Schüler viel stärker für Ihr Projekt begeistern können, wenn Sie den Schülern eine realistische Entscheidungskompetenz zugestehen.

Einbezug der Schüler in der Planungsphase

Rückblickend auf die Eingangskritik möchten wir an dieser Stelle noch einmal klarstellen, dass wir kein Gegner von (Spiel-)Filmen im Fachunterricht sind – ganz im Gegenteil: Wir halten Medienpädagogik und damit auch Filmpädagogik für einen wichtigen Bestandteil schulischer Bildung, ja selbst von fachunterrichtlicher Bildung. Aber „mal schnell einen Spielfilm schauen und sich dabei von den Bildern berieseln zu lassen" ist keine adäquate Medienpädagogik! Denkbar – auch im Rahmen einer Projektwoche – wäre nicht nur die zielgerichtete Analyse eines Filmes oder einzelner Teile, sondern auch das Fortführen eines bestehenden Filmes oder das Erstellen eines eigenen Beitrages. Solch ein eigener Beitrag würde sich wiederum für den kommenden Tag der Offenen Tür eignen und weitere Jahrgänge erneut motivieren können.

Übergabe an den neuen Klassenlehrer

Das Klassenlehrerkonzept wird an vielen Schulen sehr unterschiedlich gehandhabt. An einigen Schulen begleiten Sie Ihre Klasse über die gesamte Sekundarstufe I, an manchen Schulen wechseln die Klassenlehrer jährlich, an unserer Schule wechseln wir im Regelfall alle zwei Jahre. Egal, für welchen Weg sich Ihre Schule entschieden hat, irgendwann werden Sie Ihre Klasse an einen Kollegen abgeben müssen. Eine Möglichkeit wäre, ihn seine eigenen Erfahrungen machen zu lassen. Auf den ersten Blick spricht einiges dafür, z. B. diesen Weg zu gehen: Der neue Kollege erhält einen eigenen unverfälschten Blick auf Ihre – und künftig seine neue – Klasse. Früher hätten wir genau diesen Weg präferiert, heute sehen wir das differenzierter: Seien wir ehrlich zu uns, kein Kollege kann sich davon freimachen, seine „Lieblinge" zu haben – egal wie weit es um unsere pädagogische Professionalität bestellt ist, auch wir sind Menschen und reagieren im sozialen Umgang unterschiedlich auf verschiedene Schüler. Daher werden wir Schülern – und das sollte an

Vermeidung einer Kategorisierung der Schüler

dieser Stelle klar formuliert werden – nicht immer ausreichend gerecht, wenn wir diese beschreiben, bewerten und ggf. kategorisieren. In diesem Bewusstsein würden wir bei einer Klassenübergabe immer davon abraten, „gute" und „weniger gute" Schüler zu benennen; diese Erfahrung sollte jeder Kollege unvoreingenommen selbst machen! Aber es gibt andere wichtige Informationen, über die ein neuer Klassenlehrer rechtzeitig verfügen sollte. Hierzu zählen familiär-soziale Aspekte genauso wie Allergien, Phobien, Krankheiten, (körperliche) Beeinträchtigungen, gewährte Nachteilsausgleiche o. Ä. Sicherlich kann der Kollege auch den schwierigeren Weg gehen, indem er die Schülerakten durchforstet, aber Sie sollten sich über Folgendes klar sein: Einerseits werden nicht – und dürfen auch nicht – alle (pädagogisch notwendigen) Informationen in den Schülerakten[8] dokumentiert werden und andererseits können Sie dem Kollegen auch viel Zeit und Arbeit ersparen, wenn Sie eine sinnvoll strukturierte Übergabe durchführen. Wünschenswert wäre eine solche schon beim Übergang in die weiterführenden Schulen, als Sie die Klasse übernommen haben, aufgrund des Datenschutzes wird dies jedoch stark eingeschränkt. Diese Entscheidung mag nachvollziehbar sein, verlangsamt die pädagogische Arbeit jedoch unnötig.

Persönliches Übergabegespräch

Stellen Sie für solch ein Übergabegespräch zunächst alle aus Ihrer Sicht wichtigen Aspekte in einer adäquaten Übersicht zusammen und nehmen Sie sich anschließend schon zum Ende des Schuljahres ausreichend Zeit, um mit dem neuen Klassenlehrer diese Aspekte zu besprechen, sodass dieser die optimale Möglichkeit hat, sich auf seine Klasse vorzubereiten. Wählen Sie hierbei bitte wirklich ein Gespräch und übergeben Sie diese Liste nicht einfach an den neuen Kollegen – Nachfragen und Anmerkungen müssen unserer Ansicht nach bei einer guten Übergabe möglich sein.

> *Anlage 11: Übergabeprotokoll an den neuen Klassenlehrer, S. 80*

---

[8] In der Schülerakte werden persönliche Grunddaten, die Daten der Schullaufbahn sowie grundlegende Leistungsdaten festgehalten. Die konkreten Inhalte dieser Akten und die zur Verarbeitung zugelassenen Daten unterscheiden sich jedoch je nach Bundesland, daher empfiehlt sich ein genauerer Blick in das jeweilige landesspezifische Schulgesetz und den konkretisierenden Verordnungen der jeweiligen Schulministerien.

Michael Grambusch/Frank Lauenburg: Eine 5. Klasse managen
© Persen Verlag

Informationen für Interessenten am Mentorenamt

Voraussetzungen für das Mentorenamt sind:
- Offenheit, Optimismus, Hilfsbereitschaft
- Selbstbewusstsein, Konfliktbereitschaft
- Organisationstalent, Zuverlässigkeit

Aufgaben der Mentoren sind (u. a.):
- Vorbildfunktion für die Fünftklässler
- Ansprechpartner für Fünftklässler, besonders im ersten Jahr
- Orientierungshilfen im Umgang mit Schülern und Lehrern
- Unterstützung bei SV-Versammlungen
- Diverse Aktivitäten (mit)organisieren und gestalten, z. B.:
- Klassenspiele, Bastelnachmittag, Kinobesuch, Schwimmbadbesuch Unterstufenparty
- Evtl. Nachhilfe bzw. Starthilfe für schwache Starter organisieren
- Unterstützung der Lehrer bei der Klassenfahrt
- Mithilfe beim Tag der offenen Tür und anderen Aktivitäten

Die Tätigkeit als Mentor/Mentorin wird auf Wunsch auf dem Zeugnis vermerkt. Es ist eine verantwortungsvolle Aufgabe, die aber auch sehr viel Spaß macht. Gut wäre es z. B., wenn ihr schon Erfahrungen im Rahmen ehrenamtlicher Jugendarbeit habt.

Wer Mentor werden möchte, gibt bitte bis XXX seine Bewerbung bei Herrn/Frau XXX ab. Folgende Bewerbungsunterlagen müssen eingereicht werden: Name, Alter, Wohnort, Klasse, gerne auch ein Passfoto. Weiterhin sollte der Bewerber/die Bewerberin kurz erläutern, warum er/sie Mentor/in werden möchte und warum er/sie dafür geeignet ist. Außerdem sollten Angaben darüber erfolgen, mit welchen anderen Bewerbern ihr gerne ein Mentorenteam bilden möchtet. Beachtet bitte, dass die Teams geschlechtergemischt sind.

| Entschuldigungsformular von: | | | | Klasse: | |

Hinweise zur Benutzung:

1. Zu Beginn des Fehlzeitraums erfolgt die **telefonische Krankmeldung** durch die Eltern im Sekretariat.

2. Für jeden Fehlzeitraum ist **eine Zeile** vorgesehen. Bitte zwischen zwei Fehlzeiträumen eine Zeile frei lassen.

3. Jede Fehlzeit muss innerhalb von **drei Schultagen** nach Rückkehr von dem/der Klassenlehrer/in abgezeichnet werden.

Daten des Fehlzeitraums (von–bis)	Anzahl der Fehlstunden	Grund für das Fehlen	Datum, Unterschrift der Eltern	Eintragung durch Klassenlehrer/in	
				Datum	Paraphe
Summe:					

Michael Grambusch/Frank Lauenburg: Eine 5. Klasse managen
© Persen Verlag

Name:

Wohnort:

Geburtstag:

Augenfarbe:

Haarfarbe:

Foto
(Passbild)

♡-Buch:

♡-Musik:

♡-Film:

♡-Essen:

♡-Ort:

♡-Tier:

Ich bin ...:

Ich bin nicht ...:

Was ich mal
werden möchte:

Besinnungsbogen – Unsere Klassenregeln

Liebe Schülerin, lieber Schüler,

du hast dich nicht an unsere Klasseregeln gehalten. Wir haben die Regeln gemeinsam erarbeitet und du hast die Regeln unterzeichnet. Wir haben die Regeln erarbeitet, damit es ein angenehmes Lernklima gibt und damit alle respektvoll miteinander umgehen.

Ich heiße _____

Heute habe ich gegen folgende Regel verstoßen:

_____

_____

_____

Ich sehe mein Fehlverhalten ein: ☐ Ja   ☐ Nein

Falls du denkst, dass du dich nicht falsch verhalten hast, schreibe bitte eine Begründung auf der Rückseite. Wenn du dein Fehlverhalten einsiehst, formuliere deine Gedanken dazu hier.

Deswegen war mein Verhalten nicht in Ordnung:

_____

_____

_____

_____

Das nehme ich mir für die Zukunft vor:

_____

_____

_____

Michael Grambusch/Frank Lauenburg: Eine 5. Klasse managen
© Persen Verlag

Einladung
zum ersten Elternabend der Klasse 5

Liebe Eltern der Klasse 5,

hiermit lade ich Sie herzlich zum ersten Elternabend der Klasse 5 in diesem Schuljahr ein.

Zeit: Datum und Uhrzeit eintragen
Ort: i. d. R. Klassenraum eintragen

Tagesordnung

TOP 1: Begrüßung durch den Klassenlehrer

TOP 2: Wahl der Protokollführung und Erstellung der Anwesenheitsliste

TOP 3: Informationen des Klassenlehrers
- Kontaktdaten des Klassenlehrers und Sprechstunden der Fachlehrer
- Termine (Elternsprechtage, Brückentage, Schulfeste ...)
- Arbeitsgemeinschaften
- Hausaufgaben
- Zahl und Dauer der Klassenarbeiten
- Regelung bei Entschuldigungen und Beurlaubungen
- Klassenfahrt
- Elternstammtisch
- sonstiges

TOP 4: Wahl des/der Elternvertreter(s) und des stellvertretenden Elternvertreters

Mit freundlichen Grüßen

Checkliste zur Vorbereitung der Klassenfahrt

☐ Reisetermin und Reiseziel mit der Schulleitung abklären

☐ Reservierung der Unterkunft, Organisation des Transfers, Buchung des Tagesprogramms (ggf. durch Erprobungsstufenkoordinator)

☐ Weitere Begleitperson anwerben

☐ Fahrten- und Dienstreisegenehmigung bei der Schulleitung einholen (beachten Sie die Richtlinien für Schulwanderungen und Klassenfahrten Ihres Bundeslandes)

☐ Information der Eltern beim Schnuppertag oder beim ersten Elternabend über
  - den Zielort und die Unterkunft
  - die pädagogischen Ziele
  - den Programmablauf
  - die Kosten und Termine für (Teil-)Zahlungen; bedürftige Familien können vom Förderverein oder vom Sozialamt unterstützt werden
  - begleitende Lehrer
  - sonstige Aspekte wie die Höhe des Taschengeldes, die Mitnahme elektronischer Unterhaltungsgeräte, Verhaltensregeln bei den Programmpunkten und Ordnungsmaßnahmen während der Fahrt

☐ Individuelles Programm mit den Kindern und Kollegen planen und ggf. buchen

☐ Unterkunft über besondere Essgewohnheiten der Kinder informieren, z. B. Allergiker, Vegetarier, ethnische Gründe

☐ Verhaltensregeln mit den Schülerinnen und Schülern besprechen, z. B. Einhaltung der Nachtruhe oder Regeln beim Essen

☐ Zimmereinteilung vornehmen

☐ Klären, ob Handtücher oder Bettwäsche mitzubringen sind

☐ Klassenliste sowie Telefonverzeichnis aller Erziehungsberechtigten mitnehmen

☐ Reiseunterlagen und Schulbescheinigung zur Vorlage bei der Jugendherberge oder bei Museen mitnehmen

☐ Materialien für Spiele und Programmpunkte mitnehmen

Michael Grambusch/Frank Lauenburg: Eine 5. Klasse managen
© Persen Verlag

Spielsequenzen für die Klassenfahrt	**Spielsequenz 1: „Auf den Spuren des Indiana Jones"**

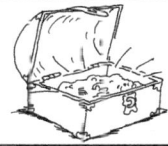

Hinweis für die Spielsequenz:

Im Bestfall nehmen Sie ein alt aussehendes Blatt, verzeichnen darauf eine Art Karte und notieren auf der Rückseite die handschriftliche Notiz, um die Schüler stärker auf die Situation einzustimmen. Versuchen Sie dann, die Geschichte möglichst authentisch darzustellen. Denn so können Sie motivierend auf die Spielsequenz einstimmen.

Einleitungstext Spielsequenz 1

„Ich habe ein Gerücht gehört – eigentlich dürfte ich euch davon gar nicht erzählen. Euer/e Geschichtslehrer/in Herr/Frau ist seit Tagen verschwunden und wir haben keine Ahnung, wo er/sie ist. Wir haben auf seinem/ihrem Arbeitsplatz nur eine Karte gefunden. Diese Karte scheint nach Südamerika zu einer alten Stätte der Inka zu führen. Überall auf der Karte sind Totenköpfe und am Ende ein großes X. Die Schulleitung hat natürlich Kenntnis vom Verschwinden und von dieser Karte. Daraufhin hat Frau/Herr (Schulleitung) mal auf Facebook genauer hingesehen und scheinbar ist Herr/Frau (Geschichtslehrer/in) ein entfernter Verwandter des Abenteurers Indiana Jones.

Auf der Rückseite der Karte gibt es sogar eine kleine handschriftliche Notiz – eigentlich dürft ihr davon gar nichts erfahren, aber irgendwie geht es dabei auch um euch. Hier steht: ,Ich hätte mich wohl niemals alleine auf den Weg machen sollen, das Ganze war viel zu gefährlich. Aber allein, um das hier zu sehen, hat es sich doch gelohnt. Vermutlich werde ich der/die Einzige sein, der/die hier jemals ankommt. Obwohl, einer Klasse würde ich das auch zutrauen, die (aktuelle Klasse) könnte das auch schaffen – vielleicht jedenfalls.'

Daher dachte ich mir, wir suchen nach dem, was hier auch immer bezeichnet ist – wollt ihr helfen?"

⚁ Spiel: „Insektenschutz"

„Ich habe natürlich schon mal ein bisschen recherchiert und daher erfahren, dass es in Südamerika viele gefährliche Insekten gibt, die diverse Krankheiten übertragen können. Für eine Impfung ist es aber schon zu spät.

Aus alten Geschichten der Inkas hört man jedoch, dass man sich mit einer Art Zauber schützen kann. Man muss nur einen Schutzgegenstand bei sich haben und schon ist man vor den Insekten sicher. Leider gibt es aber nicht ausreichend solcher Schutzgegenstände für alle von euch."

Spielidee:	Rettungsringe
Ort:	auf einer Wiese
Dauer:	10–15 Minuten
Hilfsmittel:	• Halb so viele (möglichst verschiedene) Bälle oder Wurfringe wie Personen an dem Spiel teilnehmen • zwei Schirmmützen oder Halstücher

Beschreibung des Spiels:

Zu Beginn des Spiels werden zwei Fänger ausgewählt. Diese Fänger werden mithilfe der Schirmmützen bzw. Halstücher kenntlich gemacht. Die Aufgabe der Fänger besteht darin, einen Mitspieler abzuschlagen. Gelingt dies einem Fänger, so werden die Rollen getauscht. Derjenige, der sich im Besitz eines Balles bzw. Ringes befindet, kann nicht abgeschlagen werden. Somit können die Spieler durch geschicktes Zuspielen der Ringe/Bälle versuchen, sich so lange wie möglich dem Zugriff der Fänger zu entziehen.

Damit die Spieler nicht zu weit weglaufen können, muss das Spielfeld klar begrenzt sein.

🚹🚺 Spiel: „Nicht auffallen"

Hinweise:

Das folgende Spiel sollte auf einem offenen Gelände stattfinden, an das sich ein schmaler Gang, Pfad oder kleiner Weg anschließt; möglicherweise der Weg in einen Wald.

> „Wir durchqueren nun unterschiedliche Wege. Einige davon sind sehr schmal. Wir dürfen dabei aber auf keinen Fall auffallen.
> Der kommende Pfad wäre zu gefährlich, um nebeneinander zu laufen. Wenn wir uns aber einfach nur hintereinander aufstellen würden, würden Beobachter das sicherlich merken, daher müssen wir eine zufällige Reihenfolge festlegen."

Spielidee:	Alle in einer Reihe
Ort:	auf einer Wiese
Dauer:	10–20 Minuten
Hilfsmittel:	• Augenbinden • eventuell Zahlenkarten

Beschreibung des Spiels:

Alle Spieler stellen sich im Raum an verschiedenen beliebigen Punkten auf. Sie sollen darauf achten, mindestens zwei Meter Abstand zum nächsten Spieler einzuhalten. Anschließend sollen die Spieler die Augenbinden anlegen. Nun geht der Spielleiter von Spieler zu Spieler und teilt jedem leise eine Zahl zu. Dabei darf jede Zahl entsprechend der Spielteilnehmer nur einmal vergeben werden.

Die Aufgabe besteht nun darin, sich in einer Reihe nebeneinander aufzustellen, sodass die kleinste Zahl rechts und die größte Zahl links in der Reihe steht. Beim Herumgehen im Raum sollen die Spieler die Hände als Stoßdämpfer ausgestreckt vor sich halten. Sie dürfen nicht miteinander reden. Wenn die Gruppe glaubt, die Aufgabe gelöst zu haben, dürfen alle die Augenbinden abnehmen.

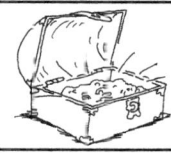
🏃 Spiel: „Auf Irrwegen"

Hinweise:

Nachdem alle den Pfad durchquert haben, gelangt die Gruppe in ein Höhlenlabyrinth. In dieser Höhle ist es so dunkel, dass man nicht einmal seine eigenen Hände sehen kann (Tragen der Augenbinden). Der Geschichtslehrer hat jedoch vorgesorgt und ein langes Seil ausgelegt, um selbst nicht vom Weg abzukommen. Da er den richtigen Weg jedoch noch suchen musste, hat sich ein kleines Labyrinth ergeben. Dieser Seilweg darf auf keinen Fall verlassen werden. Daher müssen alle Schüler ihre Schuhe ausziehen, um das Seil jederzeit zu spüren und somit gemeinsam einen Weg aus der Höhle zu finden.

An unterschiedlichen Stellen des Labyrinthes können Sie darüber hinaus zehn „magische Steine" (Murmeln) positionieren. Diese müssen unterwegs eingesammelt werden, da sie für das nächste Spiel benötigt werden.

Spielidee:	Barfußlabyrinth
Ort:	auf einer Wiese
Dauer:	30–60 Minuten
Hilfsmittel:	• Augenbinden • eine Glocke, Klingel o. Ä. • je nach Komplexität zwei bis vier Seile von 40 bis 50 m Länge

Beschreibung des Spiels:

Auf dem Boden werden Seile so ausgelegt, dass eine Art Labyrinth mit zahlreichen Kreuzungen entsteht. Abgesehen davon müssen die Seilstränge immer so weit auseinander liegen, dass ein versehentliches Wechseln zu einer anderen Passage nicht möglich ist.

Die Spieler werden barfuß und mit verbundenen Augen zu dem Labyrinth und dort an unterschiedlichen Stellen in das Labyrinth geführt. Die Aufgabe besteht nun darin, dass alle Spieler aus dem Labyrinth herausfinden. Das Seil darf dabei nie verlassen werden. Treffen zwei Spieler aufeinander, so gibt es nur drei Möglichkeiten:

1. mindestens ein Spieler kehrt um

2. beide Spieler müssen aneinander vorbei balancieren

3. beide Spieler gehen gemeinsam weiter

Das Herausfinden aus dem Labyrinth wird durch ein akustisches Signal verdeutlicht. Hat ein Spieler den Ausgang erreicht und das Signal ist ertönt, so darf er die Augenbinde abnehmen. Derjenige, der aus dem Labyrinth herausgegangen ist, darf das Geschehen zwar beobachten, aber keine Hilfestellungen mehr geben.

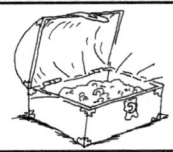
👫 Spiel: „Öffnen des Tores"

Hinweise:

Im Bestfall suchen Sie für das folgende Spiel einen Raum vor einer Tür, einem Tor, einen Waldeingang, das Ende einer Lichtung o. Ä.

> *„Wir befinden uns nun kurz vor dem Haupteingang der historischen Stätte der Inkas. Um den Eingang zu öffnen, benötigen wir zehn ‚magische Steine'. Diese dürfen aber auf keinen Fall beschädigt werden. Um sie rein zu halten, dürfen diese ab jetzt nicht mehr berührt werden – sie müssen nach einem alten religiösen Ritus transportiert werden."*

Spielidee:	Murmelreise
Ort:	in einem großen Raum oder auf einer Wiese
Dauer:	20–30 Minuten
Hilfsmittel:	• je Spieler eine Pappröhre (ca. 1 m Länge, mindestens 5 cm Durchmesser)
	• 10 Murmeln

Beschreibung des Spiels:

Unter Zuhilfenahme der Pappröhren soll die Gruppe zehn Murmeln über eine Distanz von mindestens 20 Metern von einem festgelegten Punkt A zu einem Punkt B transportieren. Für den Transport der Murmeln gelten folgende Regeln:

➢ die Murmeln dürfen nicht mit den Händen oder sonstigen Körperteilen berührt werden (außer am Anfang)

➢ die Spieler dürfen sich mit ihren Pappröhren nur dann weiterbewegen, wenn sich darin keine Murmel befindet

➢ eine heruntergefallene Murmel bedeutet den Neubeginn des gesamten Murmeltransportes vom Ausgangspunkt

➢ während des Murmeltransportes dürfen die Spieler nicht miteinander reden

➢ alle Spieler müssen am Transport aller Murmeln beteiligt sein

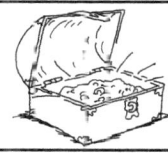
🚸 Spiel: „Der nächste Schritt"

> *„Neben uns liegt ein größerer Gegenstand, scheinbar ein altes Herrschaftszeichen. Dieser ist mit kleineren Dingen bestückt (Zollstock mit Gegenständen).*
> *Der Karte nach zu urteilen, sind wir dem Ziel sehr nahe. Bei dem nächsten Streckenabschnitt ist eine Waage auf der Karte verzeichnet. Scheinbar wird unser Anfangsgewicht gemessen und es scheint so, als ob wir unser Gewicht nicht verändern dürfen, andernfalls würde vermutlich der Boden unter uns einstürzen. Somit müssen wir uns wohl zusammen mit dem Herrschaftssymbol weiterbewegen. Wir sollten mit diesem Gegenstand aber sehr vorsichtig umgehen, vielleicht benötigen wir diesen noch. Er muss somit unbeschadet am Zielort ankommen."*

Spielidee:	Zentimeterarbeit
Ort:	überall möglich
Dauer:	15–20 Minuten
Hilfsmittel:	• ein Zollstock • diverse Kleinmaterialien (z. B. Dame Spielsteine, Steinchen, Kastanien, Schrauben etc.)

Beschreibung des Spiels:

Ein Zollstock wird an einigen Stellen geknickt auf den Boden gelegt. Darauf werden kleine Gegenstände gelegt. Die Aufgabe besteht darin, den Zollstock zusammen mit den Gegenständen über einen Hindernisparcours zu transportieren. Bis auf zwei Spieler sollen immer alle Kontakt zum Zollstock haben. Anfang und Ende der Hindernisstrecke sollte klar markiert werden. Die Gegenstände dürfen während des Transportes von keinem Spieler berührt werden. Fällt ein Gegenstand herunter, so muss die Reise vom letzten überwundenen Hindernis wieder aufgenommen werden. Davor dürfen alle Gegenstände noch einmal sicher positioniert werden.

🚸 Spiel: „Am Zielort angekommen"

Hinweise:

An dieser Stelle lohnt es sich, einen besonderen „Schatz" zu positionieren. Dies könnte Feuerholz für ein gemeinsames Lagerfeuer oder ein Grill bzw. Grillkohle oder ein Grillrost für ein gemeinsames Grillfest sein. Denkbar wären auch Fußbälle für die Klasse oder ein Weihnachtsbaum, der zu Weihnachten im Klassenraum geschmückt werden kann. Somit sollte an diesem ersten scheinbaren Ende des Spiels schon eine Art Belohnung für die Klasse stehen. Worum es sich dabei aber genau handelt, hängt wiederum von Ihrer konkreten Planung mit Ihrer Klasse ab.

Spielsequenzen für die Klassenfahrt	Spielsequenz 1: „Auf den Spuren des Indiana Jones"	

„Vor uns liegt der heißersehnte Schatz. Unglaublich, dass wir es zusammen bis hierher geschafft haben. Jetzt muss der Schatz nur noch geborgen werden.
Oh nein, ich habe es befürchtet. Aus der Ferne höre ich ein lautes Kratzen. Scheinbar bewacht eine Art Troll den Schatz. Herr/Frau (Geschichtslehrer) hat auf der Karte notiert, dass Trolle vor großen Lebewesen Angst haben. Wir könnten gemeinsam mithilfe der hier liegenden Gegenstände ein großes Etwas errichten. Möglicherweise lenkt das den Troll ab und wir können unbeschadet entkommen. Aber vermutlich haben wir nicht viel Zeit."

Spielidee:	Ballonturm
Ort:	in einem Raum (bei Windstille auch im Freien möglich)
Dauer:	15–20 Minuten
Hilfsmittel:	• Ballons in größerer Anzahl
	• Gymnastikstäbe
	• Springseile
	• Zeitungspapier
	• Eine Rolle Tesakrepp

Beschreibung des Spiels:

Innerhalb von 15 Minuten soll ein Turm aus Luftballons gebaut werden. Als Hilfsmittel zum Bau einer Struktur stehen zur Verfügung: Gymnastikstäbe, Springseile, Zeitungspapier und eine Rolle Tesakrepp. Zu berücksichtigen ist allerdings:

➤ Das Tesakrepp darf nicht in direkten Kontakt zu den Luftballons geraten.

➤ Alle Utensilien außer den Luftballons sind lediglich Hilfsmittel, d. h. der Turm muss vom Boden bis zur Spitze durchgängig aus Ballons bestehen. Seine Höhe bemisst sich an der Oberkante des obersten Ballons.

➤ Außer den zur Verfügung gestellten Hilfsmitteln dürfen keine weiteren Materialien verwendet werden.

➤ Nach Ablauf der 15 Minuten muss der Turm mindestens fünf Sekunden ohne weitere Unterstützung stehen können.

➤ Die Arbeiten müssen in Schichten erfolgen. So darf immer nur die Hälfte aller Spieler am Turm arbeiten. Nach jeweils einer Minute findet ein Schichtwechsel statt. Die alte Schicht muss dann innerhalb von drei laut ausgezählten Sekunden alles stehen und liegen lassen, unabhängig davon, ob eine Ablösung zur Stelle ist oder nicht. Die jeweils nicht arbeitende Schicht muss sich vom Turm wegdrehen. Beide Schichten dürfen nicht miteinander sprechen.

Michael Grambusch / Frank Lauenburg: Eine 5. Klasse managen
© Persen Verlag

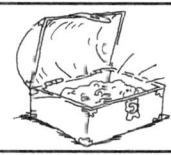

👫 Spiel: „Auf dem Rückweg"

> *„Wir haben es wirklich geschafft: Der Schatz ist geborgen und alle haben überlebt. Nun müssen wir nur noch den Weg zurückfinden. Den gleichen Weg können wir nicht mehr gehen – wartet doch möglicherweise noch immer der gefährliche Troll auf uns. Aber vor uns sehe ich einen Lichtschimmer. Vielleicht können wir ja durch dieses kleine Loch entkommen."*

Spielidee:	Schlupfloch
Ort:	überall möglich
Dauer:	10–20 Minuten
Hilfsmittel:	• ein Expanderseil (ca. 1,50 m Länge, an den Enden fest zu einem Ring verknotet) • Augenbinden

Beschreibung des Spiels:

Die ganze Gruppe muss innerhalb kürzester Zeit durch ein „Schlupfloch". Dabei gelten folgende Regeln:

➢ Wer das Loch durchquert, darf das Seil nicht berühren.

➢ Das Seil darf von beliebig vielen Gruppenmitgliedern gehalten werden, jedoch nie länger als 20 Sekunden, von jedem Spieler jedoch nur insgesamt fünfmal.

➢ Verletzt ein Spieler eine dieser Regeln, so muss er für den Rest dieses Spiels eine Augenbinde tragen.

👫 Spiel: „Endspurt"

> *„Jetzt kann es wirklich nicht mehr weit sein, ich kann unsere Unterkunft schon erkennen. Oh nein, jetzt zieht auch noch Nebel auf – so ist der Pfad ja gar nicht mehr erkennbar. Wir können uns wohl nur langsam vortasten. Aber wer so weit gekommen ist, wird doch jetzt wohl nicht aufgeben wollen oder?*
> *Wir müssen uns noch einmal zusammenreißen und dann haben wir es geschafft. Wir müssen nur noch einmal zusammenhalten und wir kehren als große Helden nach Hause zurück."*

Spielidee:	Verborgene Pfade
Ort:	in einem großen Raum oder auf einer ebenen Fläche im Freien
Dauer:	30–60 Minuten
Hilfsmittel:	• 100 vorbereitete Teppichfliesen (ca. 30 x 30 cm) • eine vorbereitete Skizze (Wegeplan) • Rolle Tesakrepp • Karteikarten (Sicherungskarten) • Augenbinden

Beschreibung des Spiels:

Die Gruppe soll innerhalb von 20 Minuten ein unwegsames Gelände durchqueren. Dieses Gelände besteht aus äußerlich völlig identischen Feldern, die in Form eines Quadrates angeordnet sind. Konkret stellt sich das Problem so:

➢ Der Pfad muss im Gehen erforscht werden: Will man ein Feld betreten, so wird dieses zunächst herumgedreht. Auf der Unterseite befindet sich ein Symbol, welches anzeigt, ob die entsprechende Fliese ein Teil des Pfades ist oder nicht. Fliesen ohne Symbol sind unwegsames Gelände.

➢ Entdeckt man ein Stück Pfad, so kann man die Fliese betreten und die Suche von da aus fortsetzen. Die Fliese muss jedoch vor dem Betreten wieder umgedreht werden. Der Pfad bleibt während des gesamten Spieles unsichtbar.

➢ Deckt man ein Stück unwegsames Gelände zum ersten Mal auf, so wird dieses zunächst mit einem Stück Kreppband markiert, wieder umgedreht und die Person muss unverrichteter Dinge das Spielfeld verlassen.

➢ Bereits identifiziertes unwegsames Gelände sollte auf keinen Fall erneut aufgedeckt werden. Geschieht dies doch, so verliert die Gruppe eine ihrer insgesamt zehn Sicherungskarten. Sind bereits alle Karten verbraucht, so muss ein Teilnehmer den Rest des Spiels eine Augenbinde tragen.

➢ Von einem Feld geht der Weg potenziell seitwärts oder auch diagonal weiter, also in maximal acht Richtungen.

➢ Es kann sich immer nur eine Person zurzeit auf dem Spielfeld befinden. Sobald diese auf unwegsames Gelände trifft, muss sie mindestens einen Versuch einer anderen Person abwarten, ehe sie selbst wieder das Feld betreten darf.

➢ Weder auf dem Feld, noch außerhalb dürfen Markierungen oder Notizen vorgenommen werden. Die Gruppe ist bei der Durchquerung also ganz auf ihr kollektives Gedächtnis angewiesen.

➢ Die Aufgabe ist gelöst, wenn alle Spieler das Feld einmal durchquert haben. Die Länge einer Durchquerung ist nicht festlegt, einzige Bedingung ist, dass Eingang und Ausgang nicht identisch sein dürfen. Auch sollte es nur einen richtigen Weg geben – Irrwege wie in einem Labyrinth sind ausgeschlossen. Außerdem sollte zwischen richtigen Feldern immer ein weiteres Feld frei bleiben, um den Weg eindeutig zu gestalten.
(Zur Vorbereitung empfiehlt es sich zuvor einen Wegeplan anzulegen.)

➢ Sobald der erste Spieler das Feld betritt, darf die Gruppe sich nur noch nonverbal verständigen. Vorher steht ihr jedoch eine Planungszeit von unbegrenztem Umfang zur Verfügung.

  # ⇨ 🏠 Reflexion der Spielsequenz 1

Nach gemeinsamer Rückkehr in die Unterkunft sollte sich noch eine Gesamtreflexion anschließen, um die Spielsequenz abzuschließen.

Spielidee:	Papierkorb und Schatzkästchen
Ort:	überall möglich
Dauer:	20–30 Minuten
Hilfsmittel:	• 1 Papierkorb • kleines Kästchen • verschiedenfarbiges Papier • Stifte

Beschreibung des Spiels:

Der Leiter präsentiert der Gruppe zwei wertvolle Gegenstände:

➤ den Papierkorb, in dem man alles Unangenehme und Ärgerliche, was so passiert ist, hineinwerfen kann

➤ das Schatzkästchen, in dem alle schönen Eindrücke und Erinnerungen aufbewahrt werden können

Nacheinander können die Spieler dann angenehme und unangenehme Aspekte des gemeinsam Erlebten notieren (mindestens 8 Aspekte) und in den Papierkorb werfen oder im Schatzkästchen verstauen. Anschließend werden die Inhalte der beiden Behälter getrennt voneinander vorgelesen und die Gruppe kann sich noch einmal kurz darüber unterhalten, wie solcher Müll vermieden werden kann, solche Schätze jedoch auch gehegt und weitere gesammelt werden können.

Der Inhalt beider Behälter kann vom Leiter aufbewahrt und zu einem späteren Zeitpunkt wieder hervorgeholt werden. Dies ermöglicht es, noch einmal über die getroffenen Vorsätze zu sprechen.

Spielsequenzen für die Klassenfahrt	Spielsequenz 2: „And the winner is … – Die Weltkultur-Charts" 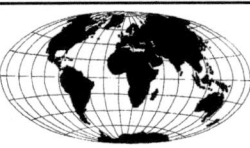

Hinweis für die Spielsequenz:

Dem Spiel liegt die Idee zugrunde, dass unterschiedliche Kulturen mithilfe unterschiedlicher Spiele repräsentiert werden sollen. Die Schüler durchlaufen während dieser Spielsequenz einzelne Spiele, welche sie am Ende bewerten sollen.

In Wirklichkeit steht die Bewertung im Hintergrund – vordergründig sollen die Schüler sich in unterschiedlichen Spielen gegenseitig unterstützen und sich besser kennenlernen. Der Spiel- und (indirekte) Bewertungs-Wettkampf-Charakter verstärkt hierbei sich aufeinander einzulassen.

Optimal wäre es, wenn Sie während dieser Spielsequenz in unterschiedliche Rollen schlüpfen würden. In diesen Rollen stellen Sie als Repräsentant der jeweiligen Kultur das Spiel und den Ablauf vor. In diesen Rollen könnten Sie sich unterschiedlich verkleiden, um der Situation mehr Nachdruck zu verleihen. Nimmt ein weiterer Betreuer an dieser Spielsequenz teil, so könnte dieser als Moderator durch die Gesamtsequenz leiten.

Anders als bei anderen Spielsequenzen könnten Sie diese aufgrund des Aufbaus grundsätzlich immer am selben Ort durchführen. Andererseits würde ein Wechsel des Ortes – hier verstanden als ein Reisen in diese Kultur – den gesetzten Rahmen unterstreichen.

Einleitungstext Spielsequenz 2

„Die Weltkulturorganisation möchte herausragende Weltkulturen benennen und fördern. Dafür muss jedoch erst festgelegt werden, welche Kulturen besonders schützenswert sind. Daher werden heute die Weltkultur-Charts ausgetragen. Gegeneinander antreten werden zehn verschiedene Kulturen, die alle um den Titel ‚Hochkultur des Jahres' kämpfen. Am Ende wird eine Abstimmung über den Sieger entscheiden.

Lassen wir uns überraschen, wer in diesem Jahr den Titel ‚Hochkultur des Jahres' erringen wird."

Kultur 1: „Die Mönche Hinterasiens"

„Meine sehr geehrten Damen und Herren! Wir stellen Ihnen den ersten Kandidaten für den Titel ‚Hochkultur des Jahres' vor. Es handelt sich hierbei um eine sehr alte Kultur aus Hinterasien, die nur noch von einigen Mönchen gelebt wird. Sie werden merken, dass Sie hierbei höchste Konzentration benötigen werden. Wir präsentieren Ihnen einen Ausschnitt aus dem Leben der Mönche in Hinterasien."

Spielidee:	Ah-So-Ko Zenkarate
Ort:	überall möglich
Dauer:	10–15 Minuten
Hilfsmittel:	keine

Michael Grambusch/Frank Lauenburg: Eine 5. Klasse managen
© Persen Verlag

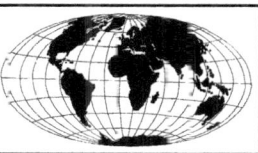

Beschreibung des Spiels:

Ziel des Spiels ist es, sehr schnell einer Sequenz aus Tönen und Gesten zu folgen, ohne dabei einen Fehler zu begehen. Drei Töne und Handbewegungen müssen von den im Kreis sitzenden Spielern immer in der gleichen Reihenfolge durchgeführt werden. Die erste Bewegung besteht darin, einen symbolischen Messerstich an die eigene Kehle zu machen und dabei laut „Ah" zu rufen. Je nachdem ob dazu die inke oder rechte Hand benutzt wurde, zeigen die Finger auf den rechten oder linken Nachbarn, der nun mit der zweiten Bewegung an der Reihe ist. Diese besteht aus einem verfehlten Schwerthieb direkt über den eigenen Kopf und dem lauten Ausruf „So". Dabei zeigen die Finger wieder nach rechts oder links und der jeweilige Nebenmann ist mit der dritten Bewegung dran. Dieser Spieler macht einen symbolischen Karateschlag in die Mitte des Kreises, zeigt dabei auf einen beliebigen anderen Mitspieler und ruft laut „Ko". Der Betroffene beginnt nun wieder mit dem ersten Teil der Ton- und Bewegungsfolge „Ah", „So", „Ko".

Macht irgendjemand einen Fehler, so rufen alle noch im Kreis sitzenden laut „Raus" und zeigen mit einer deutlichen Handbewegung des Daumens an, dass die Person den Kreis verlassen muss. Die hinausbeförderten Spieler haben die Aufgabe, die im Kreis verbliebenen Spieler in deren Konzentration zu stören. Sie dürfen diese allerdings nicht berühren oder ihnen die Sicht versperren. Scheidet ein Spieler aus, setzt der verbliebene linke Nachbar das Spiel fort. Das Spiel ist zu Ende, wenn nur noch drei Spieler – die neuen Zen-Karatemeister – im Kreis sitzen.

👬 Kultur 2: „Die Waldbewohner Kanadas"

„Kommen wir zu unserem zweiten Kandidaten. Diese Kultur wird vor allem noch in den dunkelsten und entlegendsten Wäldern Kanadas gelebt. Nur sehr wenige Menschen wissen noch von ihrer Existenz und kennen den echten Lebensstil dieser Menschen. Nach einer langen und schwierigen Expedition haben wir sie gefunden, die Lebensweise der Waldbewohner Kanadas."

Spielidee:	Knecht Ruprecht
Ort:	vorzugsweise in einem Raum
Dauer:	10–20 Minuten
Hilfsmittel:	keine

Beschreibung des Spiels:

Die Gruppe sitzt in einer Runde. Der Spielleiter eröffnet das Spiel, indem er sich an seinen linken oder rechten Nachbarn wendet und folgende ritualisierte Frage-Antwort-Sequenz mit ihm durchgeht:

Spielleiter: *Hast du gehört, was Knecht Ruprecht passiert ist?*

Nachbar: *Nein, was ist ihm passiert?*

Spielleiter: *Er ist gestorben.*

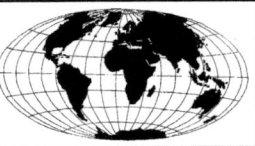
Nachbar: *Wie ist er gestorben?*

Spielleiter: *Mit zwei Fingern zwischen den Zähnen.*

Vor dem letzten Satz nimmt der Spielleiter tatsächlich zwei Finger zwischen die Zähne und sagt den Satz. Sein Nachbar wendet sich nun zur anderen Seite und beginnt erneut den obenstehenden Dialog, nun in der Rolle des bisherigen Spielleiters. Beim Sprechen nimmt er von Anfang an zwei Finger zwischen die Zähne. Beim letzten Satz fügt er eine neue Instruktion (z. B. mit einem Bein in der Luft, mit einem zugekniffenen Auge etc.) hinzu, die er auch sogleich beim Sprechen ausführt. So wandert die Frage-Antwort-Sequenz durch die Runde, wobei Haltungen und Verrenkungen zunehmend komplizierter werden, da ja stets eine neue Erschwernis dazukommt.

Das Spiel ist zu Ende, wenn die Reihe schließlich wieder am Spielleiter ist (der natürlich auch noch einmal alles ausführen muss), gegebenenfalls aber auch vorher, wenn die Positionen der Spieler so verdreht geworden sind, dass nach mehreren Versuchen die Gruppe vor lauter Gelächter am Rande der Erschöpfung ist.

❊❊ Kultur 3: „Die Grünfußindianer Nordamerikas"

> *„Die amerikanischen Ureinwohner lebten meist in kleineren Stämmen. Einer dieser Stämme sind die Grünfußindianer. Heute gibt es davon nur noch sehr wenige und ihr Lebensstil ist den meisten Menschen völlig unbekannt. Man sagt aber, dass sie über eine Art Telepathie verfügen. Davon wollen sie uns heute mehr zeigen und damit begrüßen wir unsere dritten Kandidaten, die Grünfußindianer Nordamerikas."*

Spielidee:	Rituale der Schamanen
Ort:	vorzugsweise in einem Raum
Dauer:	10–20 Minuten
Hilfsmittel:	• ein Soft- oder Tennisball
	• eine Münze

Beschreibung des Spiels:
Die Spieler nehmen als Indianer an einem rituellen Wettkampf teil, der von einem Schamanen (Spielleiter) geleitet wird. Es werden dazu zwei gleich große Gruppen gebildet, die sich in zwei Reihen gegenübersitzen. An einem Ende der beiden Reihen liegt, in Griffweite der beiden letzten Spieler und genau in der Mitte, ein kleiner Kultgegenstand (Ball). Am anderen Ende sitzt der Schamane. Innerhalb der beiden Gruppen wird der Fluss der magischen Energie vorbereitet, indem sich alle Spieler an den Händen fassen. Dann schließen alle die Augen, bis auf die beiden Spieler, die am nächsten zum Schamanen sitzen. Dieser gibt daraufhin ein Zeichen, das den rituellen Kampf, der zur Ergreifung des Kultgegenstandes führen soll, eröffnet. Hierzu wirft er eine Münze. Kopf ist das Zeichen dafür, dass der Gegenstand ergriffen werden soll. Zahl ist jedoch das Zeichen dafür, dass nichts geschehen soll.

Die sehenden Indianer leiten das Zeichen per Handdruck (es darf nicht gesprochen werden) weiter und es wandert jetzt im Eiltempo zu den beiden letzten Spielern.

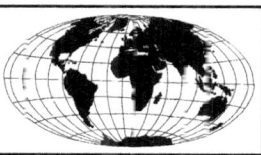
Derjenige, der den Ball zuerst ergreift, erreicht für seine Gruppe einen Punkt. Wird der Ball fälschlicherweise bei Zahl ergriffen, erhält die gegnerische Mannschaft einen Punkt. Sieger des Spiels ist die Gruppe, die zuerst die am Anfang vereinbarte Anzahl an Punkten erreicht.

👬 Kultur 4: „Die Bergbewohner Indiens"

„Berge haben für die Menschen eine große Bedeutung – sie ragen in den Himmel und übertreffen damit alles vom Menschen Geschaffene. Ein kleiner Volksstamm in Indien lebt in diesen Bergen. Für sie haben vor allem die Höhlen eine rituelle Bedeutung. Als Zeichen ihrer Anerkennung pflegen diese Menschen einen besonderen Lebensstil, in dem sie die Höhlen symbolisch durchlaufen.
Wir präsentieren Ihnen den vierten Kandidaten, die Bergbewohner Indiens."

Spielidee:	Die magischen Reifen
Ort:	überall möglich
Dauer:	10–20 Minuten
Hilfsmittel:	• je Teilnehmer ein Gymnastikreifen (ca. 1 m Durchmesser)

Beschreibung des Spiels:
Die Spieler reichen sich die Hände und bilden einen Kreis. Dann lassen sie die Hände kurz los und die nebeneinanderstehenden Spieler fassen sich durch einen Reifen hindurch erneut an den Händen. So bildet sich ein Kreis, indem genauso viele Reifen um die Hände der Spieler hängen, wie Personen an dem Spiel teilnehmen. Die Aufgabe der Gruppe besteht nun darin, dass alle durch alle Reifen hindurchkrabbeln sollen, ohne die Hände der Spielpartner loszulassen und ohne dass die Reifen sich gegenseitig berühren.

👬 Kultur 5: „Die Wiesenläufer Frieslands"

„Die fünften Kandidaten unseres Wettbewerbs haben Sie vielleicht schon einmal gesehen, denn sie leben ihren Lebensstil offen aus, und das, obwohl diese Menschen sonst sehr zurückgezogen sind. Und so sieht man sie manchmal über die weite Wiesenlandschaft Norddeutschlands huschen – wir stellen Ihnen vor, die Wiesenläufer Frieslands."

Spielidee:	Fliegende Untertassen
Ort:	vorzugsweise auf einer großen Wiese
Dauer:	10–20 Minuten
Hilfsmittel:	• je Teilnehmer ein Tennisring (kleine Ringe aus Vollgummi)

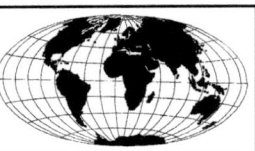
Beschreibung des Spiels:

Eine Strecke von 100 bis 200 Metern ist von der Gruppe zurückzulegen. Das Problem: Es sind dabei auch einige „Fliegende Untertassen" zu transportieren. Wie der Name schon sagt, müssen diese die gesamte Strecke fliegend, unterbrochen lediglich von einigen Zwischenlandungen, zurücklegen. Ziel ist es, die Strecke so schnell wie möglich zu überbrücken. Im Detail bedeutet dies:

➤ Die Tennisringe müssen geworfen werden.

➤ Die einzige Art der Zwischenlandung besteht darin, dass eine andere Person ihren Arm ausstreckt und der Tennisring auf der so gebildeten stangenförmigen Landebahn niedergeht. Die Hände dürfen bei diesem Vorgang nicht zum Ergreifen des Ringes genutzt werden.

➤ Verfehlt ein Tennisring diese Landebahn, so muss er wieder zum Ausgangspunkt des letzten Wurfes zurückgebracht werden.

➤ Ein Spieler, der einen Ring auf die beschriebene Weise aufgefangen hat, kann sich selbst erst dann wieder vom Fleck bewegen, wenn er den Ring erfolgreich zur nächsten Station geworfen hat.

➤ Eine Person kann maximal zwei Ringe als Landestation aufnehmen.

➤ Den jeweiligen Abstand zwischen zwei Landestationen können die Spieler selbst festlegen.

➤ Mitspieler ohne Ring können sich frei bewegen.

➤ Auch hinter der Ziellinie müssen die Ringe ein letztes Mal in der beschriebenen Weise aufgefangen werden, dann können sie dort abgelegt werden.

Kultur 6: „Die Tadorigines"

> „Viele kennen die Ureinwohner Australiens, die Aborigines. Weniger bekannt sind die Tadorigines, ein kleiner Volksstamm, der eine gewisse Verwandtschaft zu den Aborigines aufweist. Diese Kultur ist unser sechster Kandidat bei unserem Wettkampf um die ‚Hochkultur des Jahres'. Wir sind stolz, Ihnen die Lebensweise dieses kleines Volksstammes vorstellen zu können."

Spielidee:	Stockreise
Ort:	überall möglich
Dauer:	10–20 Minuten
Hilfsmittel:	• je Teilnehmer ein Stab, Stock oder Schaumstoffschläger (80 cm bis 1,50 m Länge)

Beschreibung des Spiels:

Jeder Spieler erhält einen Stab und die Gruppe stellt sich im Kreis auf. Alle Personen stellen ihren Stab vor sich auf den Boden und halten ihn mit der rechten Hand fest.

Die gemeinsame Herausforderung besteht nun darin, gleichzeitig den eigenen Stab loszulassen, einen Schritt im Kreis weiterzugehen und den Stab des Nachbarn zu ergreifen.

Ziel der Gruppe ist es, diese Wanderung so lange erfolgreich fortzusetzen, bis wieder jeder Spieler seinen Anfangsstab in der Hand hält, ohne dass einer der Stäbe zwischenzeitlich umgefallen oder mit einem anderen Stab in Berührung gekommen ist. Dabei dürfen die Stäbe grundsätzlich nur mit der rechten Hand berührt werden. Wird eine dieser Regeln verletzt, so muss die ganze Gruppe von vorn beginnen.

Kultur 7: „Der Howa-Stamm der Niederlande"

„Neuere Berechnungen der Klimaforschung deuten darauf hin, dass die Niederlade in einigen Jahrzehnten völlig unter Wasser stehen könnten. Ein kleiner, eher unbekannter Volksstamm aus den Niederlanden könnte dieser Umweltkatastrophe entkommen, denn sie haben schon vor Jahrhunderten einen Lebensstil entwickelt, der sie schützt. Das wären dann wohl die letzten Holländer. Wir stellen Ihnen unseren siebten Kandidaten vor, den Howa-Stamm der Niederlande."

Spielidee:	Abgehoben
Ort:	vorzugsweise in einem Raum
Dauer:	20–40 Minuten
Hilfsmittel:	• 2 Holzklötze/Kisten o. Ä.
	• mehrere Scheren
	• mehrere Rollen Paketklebeband

Beschreibung des Spiels:

Die Aufgabe der Gruppe besteht darin, ein Mitglied der Gruppe so an die Wand zu kleben, dass diese Person den Boden nicht mehr berührt. Hierbei sollen zum Anfang die Holzklötze noch als Hilfsmittel benutzt werden. Diese sollen zum Ende hin entfernt werden, um zu überprüfen, ob die Person den Boden wirklich nicht mehr berührt. Die Person soll dann mindestens fünf Sekunden „schweben".

Vor der Aktion muss überprüft werden, dass das Klebeband keinen Schaden an der Kleidung und an der Wand hinterlässt.

Kultur 8: „Der Kafu-Stamm Sibiriens"

„Die sibirischen Winter sind gefürchtet, können hier doch Temperaturen von mehr als -20 Grad entstehen. Ein kleiner Volksstamm hat sich scheinbar darauf eingestellt, unter diesen Bedingungen überleben zu können. Wir stellen Ihnen damit unseren achten Kandidaten bei unserem Wettkampf um die ‚Hochkultur des Jahres' vor, den Kafu-Stamm Sibiriens."

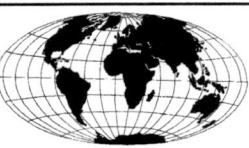
Spielidee:	Sieben Menschen mit vier Füßen
Ort:	überall möglich
Dauer:	20–30 Minuten
Hilfsmittel:	keine

Beschreibung des Spiels:

Das Problem für eine siebenköpfige Gruppe besteht darin, über eine Strecke von ca. zehn Metern zu kommen und dabei als Gruppe den Boden mit maximal vier Füßen zu berühren. Zusätzlich sind folgende Spielregeln zu beachten:

➤ Alle sieben Personen müssen an der Startlinie beginnen und bis zur Ziellinie gelangen.

➤ Es dürfen keine weiteren Hilfsmittel als die Körper der Spieler benutzt werden.

➤ Alle sieben Spieler müssen während der Fortbewegung in körperlichem Kontakt zueinander stehen.

Das Verhältnis vier Körperteile zu sieben Personen kann selbstverständlich an die Gruppengröße angepasst werden.

Kultur 9: „Die Clan-Anführer Brasiliens"

„Auch in Brasilien existiert ein kleiner Volksstamm, den heute nur noch sehr wenige Menschen kennen. Besonders herauszustellen sind hierbei die Clan-Anführer, die wir Ihnen hier mit ihrem Lebensstil als unseren neunten Kandidaten vorstellen."

Spielidee:	Blinder Mathematiker
Ort:	überall möglich
Dauer:	20–30 Minuten
Hilfsmittel:	• ein 20 Meter langes Seil
	• Augenbinden

Beschreibung des Spiels:

Ein etwa 20 Meter langes Seil wird an den Enden zu einem großen Ring zusammengeknotet. Die Spieler nehmen das Seil in die Hände und stellen sich im Kreis auf. Dann werden die Augen der Spieler mithilfe der Augenbinden verbunden. Aufgabe der „blinden" Gruppenmitglieder ist es nun, sich als Viereck, gleichseitiges Dreieck oder Ähnliches aufzustellen.

Die Spieler dürfen während des Spiels das Seil nicht loslassen. Sie bestimmen auch selbst, wann sie das Problem für gelöst halten.

♟ Kultur 10: „Die Arktisbewohner"

„Zu guter Letzt wollen wir Ihnen noch eine völlig andere Kultur vorstellen. Die Arktis scheint beinahe unbewohnbar, daher mussten die Menschen hier eigene Wege finden, um zu überleben. Genau diesen Lebensstil stellen wir Ihnen hiermit als unseren zehnten und letzten Kandidaten vor."

Spielidee:	Falsche Adresse
Ort:	überall möglich
Dauer:	20–30 Minuten
Hilfsmittel:	• je Teilnehmer eine Teppichfliese (ca. 30 x 30 cm)
	• Karteikarten
	• Stifte
	• Rolle Tesakrepp

Beschreibung des Spiels:

Die Aufgabe besteht darin, die eigene „Adresse" zu finden und sich dorthin zu begeben. Zu diesem Zweck sind Fliesen und Karteikarten mit Zahlen beschriftet worden: Auf jeder Fliese und auf jeder Karte steht eine Zahl, die einander entsprechen. Zunächst werden die Fliesen gemischt und – mit den Zahlen auf der Unterseite – in Form eines Rechtecks ausgelegt. Dann erhalten alle Spieler aus dem gemischten Stapel eine Karteikarte und heften sich diese an. Alle Teilnehmer begeben sich nun auf eine Fliese, wobei einige wenige Fliesen frei bleiben. Das eigentliche Spiel kann jetzt beginnen. Dabei gelten folgende Regeln:

➢ Nur eine Fliese, auf der niemand steht, kann herumgedreht werden.

➢ Bevor eine Fliese betreten wird, muss die Zahl wieder verdeckt werden.

➢ Auf einer Fliese kann immer nur eine Person zurzeit stehen.

➢ Züge sind immer nur horizontal oder vertikal möglich, nicht jedoch diagonal.

➢ Es muss immer ein Zug nach dem anderen ausgeführt werden.

Die Aufgabe ist gelöst, wenn alle auf ihrer Nummer angekommen sind.

♟ ⇨ ⌂ Reflexion der Spielsequenz 2

Wettkampfwertung

„Nachdem Ihr nun alle zehn Kulturen erlebt habt, die sich um den Titel ‚Hochkultur des Jahres' beworben haben, geht es jetzt darum, die Bewertung vorzunehmen. Hierzu hat jeder Teilnehmer die Möglichkeit, fünf Bewertungen abzugeben. Zur Verfügung stehen je einmal:

5 Punkte   4 Punkte   3 Punkte   2 Punkte   1 Punkt

Die Kultur, die Ihr als die beste bewertet, sollte hierbei 5 Punkte, die zweitbeste 4 Punkte etc. erhalten. Am Ende werden alle Punkte zusammengezählt und die Kultur mit der höchsten Bewertung erhält den Titel ‚Hochkultur des Jahres'."

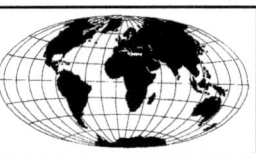
		Bewertung
Kultur 1	Die Mönche Hinterasiens	
Kultur 2	Die Waldbewohner Kanadas	
Kultur 3	Die Grünfußindianer Nordamerikas	
Kultur 4	Die Bergbewohner Indiens	
Kultur 5	Die Wiesenläufer Frieslands	
Kultur 6	Die Tadorigines	
Kultur 7	Der Howa-Stamm der Niederlande	
Kultur 8	Der Kafu-Stamm Sibiriens	
Kultur 9	Die Clan-Anführer Brasiliens	
Kultur 10	Die Arktisbewohner	

Reflexion:

Spielidee:	Ups and downs
Ort:	vorzugsweise in einem Raum
Dauer:	45–60 Minuten
Hilfsmittel:	• vorbereitetes Poster • Papier • verschiedenfarbiges Papier • Stifte • Rolle Tesakrepp

Beschreibung des Spiels:

Der Leiter hat ein Poster mit einem Koordinatensystem vorbereitet. Auf der Waagerechten sind die wesentlichen Stationen der Spielsequenz/des Tages festgehalten. Auf der Senkrechten ist ein Punktschema von +3 bis –3 vermerkt. Die Aufgabe besteht darin, den Verlauf der Ereignisse noch einmal an sich vorbeiziehen zu lassen und auf seinem Zettel für jede Station eine Bewertung zwischen +3 (volle Zufriedenheit) und –3 (totale Unzufriedenheit) vorzunehmen. Die Zettel werden dann nebeneinander aufgehängt und alle haben die Möglichkeit, ihr Diagramm zu erläutern bzw. Fragen zu stellen.

Michael Grambusch/Frank Lauenburg: Eine 5. Klasse managen
© Persen Verlag

Spielsequenzen für die Klassenfahrt	Spielsequenz 3: „Mit Bällen das Überleben sichern"

Hinweis für die Spielsequenz:

In dieser Spielsequenz wird in besonderem Maße auf Luftballons zurückgegriffen. Berücksichtigt werden soll hierbei der Umstand, dass auf einer Klassenfahrt ggf. nur wenig Platz für den Transport und die Lagerung umfangreicher Materialien zur Verfügung steht. Darüber hinaus soll auch gezeigt werden, dass nicht die Anzahl und der Umfang der Arbeitsgeräte über die positive Wirkung solcher Spielsequenzen entscheidet.

Bei dieser Spielsequenz gehen wir davon aus, dass aufgrund einer bevorstehenden Naturkatastrophe der Ausnahmezustand ausgerufen werden wird. Erste Evakuierungspläne stellen die herausragende Bedeutung von Luftballons vor, die allein das Überleben sichern werden.

Einleitungstext Spielsequenz 3

„Wie ihr vielleicht wisst, so haben Naturforscher in den letzten Tagen neueste Erkenntnisse über das künftige Leben auf der Erde veröffentlicht. Auch wenn die Erkenntnisse noch nicht abschließend ausgewertet werden konnten und eine eindeutige Prognose zum jetzigen Zeitpunkt noch nicht möglich ist, so deutet sich doch an, dass sich das Leben auf der Erde radikal verändern wird. Vielleicht muss sogar über eine Evakuierung nachgedacht werden. Wir wurden von der Regierung dazu verpflichtet, die ersten Evakuierungspläne mit euch zu üben."

Spiel: „Aufstehen mit Hindernissen"

„Unter Umständen wird es in den nächsten Jahren vermehrt zu schweren Erdbeben auf fast allen Erdteilen kommen. Gegenseitige Hilfe ist hierbei dringend geboten. Unsere erste Überlebensübung besteht darin, das Aufstehen unter erschwerten Bedingungen zu üben."

Spielidee:	Aufstehen
Ort:	überall möglich
Dauer:	10–20 Minuten
Hilfsmittel:	keine

Beschreibung des Spiels:

Zwei Personen etwa gleicher Größe sitzen sich auf dem Boden gegenüber. Die Knie werden leicht angewinkelt, die Fußspitzen berühren sich und die beiden fassen sich an den Händen. Aufgabe dieser beiden Spieler ist es nun, sich gegenseitig hochzuziehen und zum gleichen Zeitpunkt vom Boden abzuheben.
Wenn beide erfolgreich auf den Füßen stehen, suchen sie sich das nächste Paar und probieren das Ganze zu viert. Nach jedem geglückten Versuch sollten zwei weitere Personen dazukommen. Vielleicht schafft es zum Schluss ja die gesamte Gruppe?

👫 Spiel: „Den richtigen Weg finden"

> *„Sollte eine Evakuierung notwendig werden, so muss diese schnell und geordnet ablaufen. Im schlimmsten Fall wird es zu diesem Zeitpunkt stockdunkel sein und ihr werdet nichts erkennen können. Somit müsst ihr lernen, euch auf eure anderen Sinne verlassen zu können. Lernt, euch bewusst im Dunkeln fortzubewegen und euren Weg sicher wahrzunehmen."*

Spielidee:	Vertrauensspaziergang
Ort:	im Wald oder in einer abwechslungsreichen Landschaft
Dauer:	30–45 Minuten
Hilfsmittel:	• ein 50 bis 100 Meter langes Seil • Augenbinden

Beschreibung des Spiels:

In einem abwechslungsreichen Gelände wird ein möglichst langes Seil gespannt. Dabei muss darauf geachtet werden, dass sich keine Äste o. Ä. in Gesichtshöhe befinden. Dabei sollten so viel verschiedene Geländeformen wie möglich von dem Seil durchquert werden. Die Spieler starten nacheinander und gehen blind am Seil entlang durch die Natur. Die Zeitabstände sollen so bemessen sein, dass sich die Spaziergänger unterwegs nicht treffen.

👫 Spiel: „Bälle jonglieren"

> *„Die Forscher haben außerdem herausgefunden, dass jegliche Form von Bällen sicher vor Naturkatastrophen sein werden. Man kann zwar heute noch nicht genau sagen, woran das liegen mag, aber wir sollten heute schon auf diese Erkenntnisse zurückgreifen. Bälle jeglicher Art sollten somit zu unserem alltäglichen Begleiter, ja vielleicht sogar zu unserem besten Freund werden. Wir müssen lernen, mit diesen gut umzugehen."*

Spielidee:	Bälle jonglieren
Ort:	überall möglich
Dauer:	10–20 Minuten
Hilfsmittel:	• je Teilnehmer ein Tennis- oder Jonglierball

Beschreibung des Spiels:

Die Gruppe stellt sich im größeren Kreis auf. Nun wird ein Ball von Spieler zu Spieler geworfen, bis jeder den Ball einmal geworfen und einmal gefangen hat. Wenn alle, die den Ball noch nicht gespielt haben, die Hände in einer fangenden Haltung vor sich halten, wird es für die anderen Spieler einfacher zu sehen, wem sie den Ball noch zuspielen können.

Michael Grambusch/Frank Lauenburg: Eine 5. Klasse managen
© Persen Verlag

Jeder Spieler merkt sich genau, von wem er den Ball bekommen hat und wem er den Ball zuwirft. Dann wird der Ball in der gleichen Art und Weise durch die Gruppe gespielt. Der Spielleiter gibt nun nach und nach immer mehr Bälle in das Spiel ein. Ziel der Gruppe ist es, einander so viele Bälle wie möglich in dieser festgelegten Reihenfolge zuzuspielen. Fällt ein Ball auf den Boden, so wird er aufgehoben und wieder ins Spielgeschehen eingebracht.

Spiel: „Ballon-Jongleure"

> „Mit dieser zweiten Übung wollen wir das Leben mit Bällen noch einmal verinnerlichen. Aktuelle Meldungen deuten sogar an, dass Luftballons noch einmal bessere Lebensretter sein werden als andere Bälle. Möglicherweise wird es überlebenswichtig sein, dass diese Luftballons zum Zeitpunkt des Weltuntergangs nicht in direktem Bodenkontakt stehen – wir wissen es noch nicht genau, aber sicher ist sicher!"

Spielidee:	Ballon-Jongleure
Ort:	(bei Windstille) überall möglich
Dauer:	10–20 Minuten
Hilfsmittel:	• je Teilgruppe (4–6 Spieler) ein Luftballon (plus Reserveballons)

Beschreibung des Spiels:
Die Teilnehmer bilden Teilgruppen von 4 bis 6 Spieler. Jede Gruppe erhält einen Luftballon. Die Aufgabe besteht darin, den Luftballon so lange wie möglich in der Luft zu halten. Dazu bilden die Gruppenmitglieder einen Kreis und fassen sich an den Händen. Jede Berührung des Luftballons ergibt einen Punkt und die Gruppe versucht eigene Rekorde aufzustellen. Sobald der Ballon auf den Boden fällt oder die Kette auseinanderbricht, muss von vorne begonnen werden.

Spiel: „Ballons sichern 1"

> „Wir erhalten gerade die neuesten Meldungen der Forscher. Ja, Luftballons scheinen die großen Lebensretter nach einer Evakuierung zu sein. Es wird somit wichtig sein, so viele wie möglich mit sich zu transportieren, ohne diese zu beschädigen."

Spielidee:	Eier im Nest
Ort:	im Freien
Dauer:	20–30 Minuten
Hilfsmittel:	• mit Wasser gefüllte Ballons • je Teilnehmer ein Seilstück (ca. 2 m Länge)

Beschreibung des Spiels:

Es gilt innerhalb von 15 Minuten eine größere Anzahl Luftballons (Eier) zu transportieren. Als einziges Hilfsmittel stehen der Gruppe dazu genauso viele Seilstücke wie Teilnehmer zur Verfügung. Dabei gelten folgende Regeln:

➤ Die Ballons dürfen während des Transports weder den Boden, noch irgendwelche Körperteile, noch sonstige Hilfsmittel außer den Seilen berühren.

➤ Alle Mitspieler dürfen immer nur maximal eine Hand pro Seil einsetzen.

➤ Die Seile dürfen nicht durch Knoten miteinander verbunden werden.

➤ Jeder Spieler darf während des Spiels immer nur maximal zwei Seile berühren.

👥 Spiel: „Der Ballongott"

„Nach der Evakuierung wird es sicherlich wichtig sein, allen noch Überlebenden die herausragende Bedeutung von Luftballons zu verdeutlichen. Die aktuelle Regierung hat daher beschlossen, ab diesem Zeitpunkt den ‚großen Luftballongott' anzubeten. Als Vorbereitung darauf sollten wir ihm heute schon eine große Statue erbauen."

Spielidee:	Ballonturm
Ort:	in einem Raum (bei Windstille auch im Freien möglich)
Dauer:	15–20 Minuten
Hilfsmittel:	• Ballons in größerer Anzahl • Gymnastikstäbe • Springseile • Zeitungspapier • Rolle Tesakrepp

Beschreibung des Spiels:

Innerhalb von 15 Minuten soll ein Turm aus Luftballons gebaut werden. Als Hilfsmittel zum Bau einer Struktur stehen zur Verfügung: Gymnastikstäbe, Springseile, Zeitungspapier und eine Rolle Tesakrepp. Zu berücksichtigen ist allerdings:

➤ Das Tesakrepp darf nicht in direkten Kontakt zu den Luftballons geraten.

➤ Alle Utensilien außer den Luftballons sind lediglich Hilfsmittel, d. h. der Turm muss vom Boden bis zur Spitze durchgängig aus Ballonen bestehen. Seine Höhe bemisst sich an der Oberkante des obersten Ballons.

➤ Außer den zur Verfügung gestellten Hilfsmitteln dürfen keine weiteren Materialien verwendet werden.

➤ Nach Ablauf der 15 Minuten muss der Turm mindestens fünf Sekunden ohne weitere Unterstützung stehen können.

➢ Die Arbeiten müssen in Schichten erfolgen. So darf immer nur die Hälfte aller Spieler am Turm arbeiten. Nach jeweils einer Minute findet ein Schichtwechsel statt. Die alte Schicht muss dann innerhalb von drei laut ausgezählten Sekunden alles stehen und liegen lassen, unabhängig davon, ob eine Ablösung zur Stelle ist oder nicht. Die jeweils nicht arbeitende Schicht muss sich vom Turm wegdrehen. Beide Schichten dürfen nicht miteinander sprechen.

👫 Spiel: „Ballons sichern 2"

„Nachdem wir hoffentlich sicher evakuiert wurden, müssen die mit uns transportierten Ballons wiederum sicher geborgen werden. Wir sollten den Transport daher regelrecht verinnerlicht haben."

Spielidee:	Transportring
Ort:	überall möglich
Dauer:	20–30 Minuten
Hilfsmittel:	• ein Metallring (Umfang 4–5 cm) • je Teilnehmer eine Schnur (1,50–2 m Länge), an je einem Ende mit dem Ring verbunden • mit Wasser gefüllte Luftballons • große Eimer (ggf. auch auf dem Boden markierte Kreise)

Beschreibung des Spiels:

Mithilfe der Schnüre (die an dem Ring befestigt sind) sollen die Luftballons über eine 10 bis 15 Meter lange Distanz hinweg von einem Eimer in einen anderen transportiert werden. Dabei gilt:

➢ Die Ballons und der Ring dürfen nur in dem ersten Eimer berührt werden, um einen Ballon auf den Ring aufzulegen.

➢ Die Schnüre dürfen nur am Ende und immer nur mit einer Hand festgehalten werden. Jeder Spieler darf nur eine Schnur halten.

➢ Ballons, die unterwegs vom Ring fallen, sind verloren.

➢ Die Gruppe hat 10 Minuten zur Verfügung.

👫 Spiel: „Das neue Leben"

„Die Forscher deuten an, dass sich das Leben nach der Evakuierung radikal für uns verändern wird. Vermutlich werden wir auf völlig neue Rohstoffe zurückgreifen müssen. Aber sicherlich wird in der ersten Phase auch eine große Erschöpfung eintreten – sich ausruhen und vorbereiten wird daher wichtig sein. Unser gewohntes Bett wird es dann aber vielleicht nicht mehr geben. Wir müssen uns auch hier auf die neue Situation einstellen."

Spielidee:	Ballonbett
Ort:	überall möglich (glatter Untergrund)
Dauer:	15–20 Minuten
Hilfsmittel:	• je Teilnehmer ein Luftballon (plus Reserveballons) • Augenbinden

Beschreibung des Spiels:

Zu Beginn erhält jeder Spieler einen Luftballon, welchen er aufblasen soll. Dann finden sich 4 bis 5 Personen zu einer Kleingruppe zusammen. Aufgabe dieser Kleingruppe ist es, einen Spieler auf den gemeinsam zur Verfügung stehenden Luftballons so auszubalancieren, dass dieser den Boden nicht mehr berührt und dabei auch von den Mitspielern nicht mehr gestützt werden muss. Das Ganze sollte natürlich in vorsichtiger Weise geschehen, damit die Luftballons nicht zerplatzen. Geschieht dies trotzdem, so erhält die Gruppe einen Ersatzballon. Die Person auf dem Ballonbett sollte es sich hier mindestens fünf Sekunden lang bequem machen können und ggf. eine Augenbinde tragen.

In einem zweiten Durchgang finden sich dann zwei Kleingruppen zusammen und es sollen jetzt zwei Personen auf den gemeinsamen Luftballons ausbalanciert werden.

  Reflexion der Spielsequenz 3

Spiel: „Wetterkarte"

Hinweise:

Zum Abschluss der Spielsequenz soll noch eine Reflexion derselben erfolgen. Bewusst wird hier noch einmal der Spielrahmen aufgegriffen, auch wenn damit gleichzeitig ein Verlassen der Spielrollen erfolgt.

> *„Ich bekomme gerade die neuesten Meldungen der Regierung herein. Scheinbar hat es sich bei der ganzen Situation nur um einen verspäteten Aprilscherz verschiedener Forscher gehandelt. Scheinbar war das Ganze völlig überzogen.*
> *Naja, ärgerlich, aber was soll es. Andererseits, vielleicht sollten wir doch lieber den Wetterbericht der nächsten Wochen im Auge behalten, man weiß ja nie ..."*

Spielidee:	Wetterkarte
Ort:	vorzugsweise in einem Raum
Dauer:	40–60 Minuten
Hilfsmittel:	• DIN-A4-Blätter • Stifte • ein Bogen mit Wettersymbolen • ein großes Poster für den Wetterbericht

Beschreibung des Spiels:

Zunächst werden die Symbole für die Wetterkarte der Gruppe kurz vorgestellt und erläutert. Dann werden alle aufgefordert, zunächst für sich die zurückliegenden Aktivitäten den Symbolen zuzuordnen. Die einzelnen Einschätzungen werden für den Wetterbericht der Gruppe gesammelt und auf einem Poster eingetragen. Dieser Wetterbericht ist die Grundlage für die folgende Auswertung.

Sonnig:
Ich habe mich wohlgefühlt;
ich habe viele positive Erfahrungen gemacht.

Heiter bis wolkig:
Ich habe gute und weniger gute Erfahrungen gemacht.

Regen:
Ich empfand vieles ärgerlich;
Ich habe nur wenig Interessantes erlebt.

Nebel:
Ich bin mir noch unsicher, wie ich die Situation einschätze.

Frost:
Ich habe mich unwohl gefühlt.

Gewitter:
Ich empfand Spannungen, Konflikte, Schwierigkeiten.

Zum Abschluss sollen an dieser Stelle noch einmal fünf weitere Spielideen folgen, welche explizit keiner konkreten Spielsequenz zugeordnet wurden, da diese unserer Einschätzung nach besser unabhängig voneinander stehen und eine Klassenfahrt an verschiedenen Stellen positiv bereichern können.

Spiel: „Die menschliche Kamera"

Hinweise:
Dieses Spiel bietet den Schülern einerseits eine gute Möglichkeit, ihren regionalen Nahraum bewusster wahrzunehmen, andererseits aber die Möglichkeit, über individuelle Wahrnehmungen ins Gespräch zu kommen.

Ort:	in einem abwechslungsreichen Gelände
Dauer:	30–45 Minuten
Hilfsmittel:	keine

Beschreibung des Spiels:
Die Teilnehmer teilen sich in Paare auf. Jedes Paar bestimmt, wer zuerst Fotograf und wer zuerst Kamera sein möchte. Die Kamera schließt dann die Augen und der Fotograf führt sie behutsam durch die Gegend. Wenn er ein interessantes Motiv entdeckt, richtet er die Kamera danach aus und betätigt den Auslöser (ein zuvor vereinbartes Zeichen, z. B. Druck auf die rechte Schulter). Daraufhin öffnet die Kamera ganz kurz die Augen (1 bis 2 Sekunden) und nimmt die Szene auf. Die beiden fotografieren auf diese Art und Weise eine Reihe unterschiedlicher Bilder (5 bis maximal 10). Der Fotograf sollte unter anderem darauf achten, dass sich sowohl Nahaufnahmen als auch Panoramabilder darunter befinden. Anschließend berichtet die Kamera über die Bilder und während die beiden ihre Erfahrungen austauschen, suchen sie die Originalmotive noch einmal auf. Dann werden die Rollen getauscht. Während der Fotosafari dürfen beide Partner nicht miteinander sprechen.

Spiel: „Nachts sind alle Katzen grau"

Hinweise:
Diese Spielidee schärft vor allem die Wahrnehmung der Schüler für unterschiedliche Räume sowie Personen und Gegenstände in denselben. Darüber hinaus werden sie aus ihrer gewohnten Umgebung herausgenommen und erhalten im Gegenzug die Möglichkeit, neue visuelle Eindrücke zu gewinnen und auszuwerten.

Ort:	an einem Waldweg (abends oder nachts)
Dauer:	45–60 Minuten
Hilfsmittel:	• eine starke Taschenlampe

Michael Grambusch/Frank Lauenburg: Eine 5. Klasse managen
© Persen Verlag

Beschreibung des Spiels:

Die Gruppe wird in zwei Hälften aufgeteilt. Dann wird festgelegt, welche Kleingruppe sich zuerst versteckt und welche die verborgenen Spieler sucht. Beide Gruppen haben nun zehn Minuten Beratungszeit. Die Gruppe, die sich zuerst versteckt, wird vom Spielleiter zum Spielfeld geführt. Dieses sollte klar erkennbar begrenzt sein. Die Aufgabe dieser Gruppe besteht darin, sich bis auf eine Person in dem Spielfeld zu verstecken. Allerdings müssen die Körper zum größten Teil vom festgelegten Blickpunkt aus noch zu sehen sein. Die Spieler können versuchen, so ähnlich wie Bäume, Felsen, Tiere oder Baumstämme auszusehen bzw. sich mit vorhandenen Dingen so zu verknüpfen, um auf diese Weise als Schatteneinheit übersehen zu werden.

Hat sich die ganze Gruppe versteckt, so holt der übrig gebliebene Mitspieler die andere Kleingruppe. Deren Aufgabe ist es nun, die Versteckten zu finden, allerdings ohne den Blickpunkt zu verlassen. Falls während der Suche jemand der Ansicht ist, einen Spieler der anderen Gruppe entdeckt zu haben, so ruft er die übrigen Mitspieler seiner Gruppe zur Beratung zusammen. Erst wenn die gesamte Kleingruppe der Meinung ist, dass es sich bei dessen Mutmaßung um einen versteckten Spieler handelt, leuchtet der Spielleiter mit seiner Taschenlampe zur Überprüfung auf den angedeuteten Punkt. Gefundene Spieler können mit Pluspunkten, fehlgeschlagene Versuche mit Minuspunkten bewertet werden. Wenn alle Spieler gefunden worden sind, tauschen die Gruppen die Rollen. Außer der Taschenlampe des Spielleiters dürfen keine anderen Lichtquellen benutzt werden.

⚎ Spiel: „Fotorallye"

Hinweise:

Diese Spielidee verknüpft verschiedene pädagogische Teilelemente miteinander. Einerseits können sie die Planungs- und Kommunikationsfähigkeit ihrer Schüler schärfen, andererseits aber auch erneut die Wahrnehmungsfähigkeit steigern. Die Schüler müssen hierzu gemeinsam den „richtigen" Weg finden, um ein bestimmtes Ziel zu erreichen. Diese Spielidee eignet sich bspw. für den Rückweg von einem Ausflug oder auf dem Hinweg zu einem motivierenden Ziel. Organisatorisch empfiehlt es sich, eine „normale" Klasse von durchschnittlich 30 Schülern in mehrere Kleingruppen aufzuteilen, um wirklich in eine gemeinsame, möglichst alle beteiligende Kommunikation zu kommen.

Ort:	in einer abwechslungsreichen Landschaft
Dauer:	2–3 Stunden
Hilfsmittel:	• Fotos (ggf. Sofortbildkamera)

Beschreibung des Spiels:

Die Gruppe erwandert mithilfe von Landschaftsfotos eine konkrete Strecke. Hierzu muss der Spielleiter die gewünschte Strecke zuvor abgeschritten und von markanten Weggabelungen Fotos (Nah- und Weitwinkelaufnahmen) erstellt haben. Die Bilder werden ungeordnet an die Gruppe ausgegeben. Es sollten etwa doppelt so viele Bilder wie Teilnehmer ausgegeben werden.

Während der Wanderung müssen die Motive ausfindig gemacht und in eine chronologische Reihenfolge gebracht werden. Dazu ist neben aufmerksamer Beobachtung auch eine gemeinsame Planung und fortwährende Kommunikation notwendig.

Spiel: „Geheime Spur"

Hinweise:

Diese Spielidee geht in eine ähnliche Richtung. In diesem Fall orientieren sich die Schüler jedoch mit Gegenständen aus der Natur, die an der „falschen" Stelle positioniert wurden. Auch hiermit fördern sie noch einmal vor allem die Wahrnehmungsfähigkeit der Schüler. Am Ende eines solchen Weges werden sie merken, dass die meisten Schüler den Weg viel bewusster, vor allem aber auch motivierter gegangen sein werden.

Ort:	im Wald
Dauer:	45–90 Minuten
Hilfsmittel:	• zahlreiche Objekte aus der Natur (Schotterstein, Muschel, Eicheln, Walnuss, Apfel, Tomate, Weinrebe, Ei, Seestern etc.)

Beschreibung des Spiels:

Die Gruppe steht vor der Aufgabe, ein geheimes Versteck zu finden. Das Auffinden der Spur, die dorthin führt, verlangt größte Aufmerksamkeit und Sorgfalt. Sie besteht nämlich aus Objekten, die in regelmäßigem Abstand auf dem Weg zum Versteck ausgelegt worden sind.

Alle Objekte haben zwei Merkmale gemeinsam: Sie stammen aus der Natur, aber sie kommen natürlicherweise dort, wo sie hingelegt worden sind, nicht vor. Die Aufgabe ist gelöst, wenn alle Objekte gefunden, eingesammelt und mit zum Ziel gebracht worden sind.

Spiel: „Netz der Verbundenheit"

Hinweise:

Diese Spielidee bietet Ihnen zum Abschluss noch eine gute Möglichkeit, eine gemeinsame Aktivität zu reflektieren. Hierbei muss es sich nicht zwingend um eine Klassenfahrt handeln. Diese ist bspw. auch zum Abschluss des Schuljahres denkbar. Vor allem die mitnehmbaren „Kordelreste" werden für viele Schüler ein schönes Andenken an eine gemeinsame Zeit sein.

Ort:	überall durchführbar
Dauer:	45–60 Minuten
Hilfsmittel:	• Kordel (100 bis 150 m) • Scheren

Beschreibung des Spiels:

Die Teilnehmer stellen sich Schüler an Schüler und bilden so einen Kreis. In der Mitte liegt die Kordel als Symbol der Erfahrungen, welche die Einzelnen miteinander verbindet. Ein Spieler beginnt damit, indem er die Kordel aufnimmt und einer anderen Person zuwirft und dabei auf eine positive Erinnerung hinweist. Es kann sich dabei um etwas sehr Bedeutungsvolles ebenso wie um etwas sehr Banales handeln. Auf diese Art und Weise wandert die Kordel immer weiter und es entsteht ein Netz, in das am Ende alle Gruppenmitglieder einbezogen sein sollen. Es ist durchaus möglich, die Kordel jemandem mehrmals zuzuwerfen. Wichtig ist, dass die Verbindungen zwischen den beiden Personen immer straff gespannt bleiben.

Nachdem unter Verwendung der gesamten Kordel ein Netz gespannt worden ist, haben alle die Gelegenheit, sich ein letztes Mal von der Gruppe tragen zu lassen, indem sie ihre Seilverbindungen vorübergehend einem Nachbarn überlassen und sich mit dem Rücken auf das sicher gespannte Netz legen.

Dann ist der Augenblick des Abschieds gekommen: Mehrere Scheren werden verteilt und von allen Seiten beginnen die Teilnehmer, sich aus dem Netz herauszuschneiden. Jedem verbleiben dabei ein paar Seilenden, die als Erinnerung mit nach Hause genommen werden dürfen. Der Rest der Kordel muss – ebenso wie die gemeinsame Zeit – los- und zurückgelassen werden.

Abfrage zur Vorbereitung der _____ Konferenz der Orientierungsstufe

Am	Klasse
Klassenlehrer	Fachlehrer

Die folgenden Schüler sollten in der Orientierungsstufenkonferenz besonders besprochen werden:

Name des Schülers	Beschreibung der Leistungsdefizite	Bisherige Fördermaßnahmen

Michael Grambusch/Frank Lauenburg: Eine 5. Klasse managen
© Persen Verlag

Sehr geehrte Eltern,

mit diesem Schreiben möchten wir Sie zum ersten

Elternsprechtag

in diesem Schuljahr einladen, der am ... *Datum, Uhrzeit* ... stattfindet.

Der Unterrichtsbetrieb endet in der Regel nach der _____ Stunde um _____ Uhr.

Von dieser Regel gibt es einige wenige Ausnahmen, die den Schülern rechtzeitig bekanntgegeben werden.

Organisatorisch möchten wir auch diesmal das bewährte Verfahren anwenden und bitten daher um die Beachtung folgender Punkte:

- Für die Gespräche ist jeweils eine Dauer von **10 Minuten** vorgesehen. Bitte tragen Sie Ihre Gesprächswünsche auf dem rückseitigen Anmeldeformular ein. Ihr Sohn/Ihre Tochter legt dieses Formular den Lehrern vor, die dann die Gesprächstermine in die grau unterlegten Felder eintragen. Die Lehrer notieren die Termine in ihren eigenen Listen, die am Elternsprechtag an den Türen der Besprechungsräume angebracht sein werden.

- Im Interesse eines reibungslos ablaufenden Sprechtages bitten wir darum, dass die Zeiteinheiten möglichst pünktlich eingehalten werden. In Fällen, in denen eine längere Gesprächszeit notwendig erscheint, sollte von vornherein ein Termin außerhalb des Elternsprechtages vereinbart werden.

- Selbstverständlich können Sie am Elternsprechtag auch ohne Voranmeldung versuchen, eine Lehrkraft zu sprechen. Wir bitten aber um Verständnis dafür, dass Eltern mit den vorab festgelegten Gesprächszeiten grundsätzlich Vorrang haben.

Mit freundlichen Grüßen

Elternsprechtag am _____: **Gesprächswünsche**

Name des Schülers: _____   Klasse: _____

Wir möchten folgende Lehrkräfte sprechen:		Grau unterlegte Felder sind nur von den Lehrkräften auszufüllen!	
Lehrkraft	**Fach**	**Uhrzeit von–bis**	**Paraphe**

Terminwunsch:
Wir können nur Terminwünsche von _____ Uhr bis _____ Uhr wahrnehmen.

_____   _____
        Datum   Unterschrift der Erziehungsberechtigten

Ihr Gesprächswunsch lässt sich aus Zeitgründen leider nicht erfüllen. Bitte vereinbaren Sie einen Termin in meiner wöchentlichen Sprechstunde.					
Lehrer(in)	Fach	Paraphe	Lehrer(in)	Fach	Paraphe

Aus meiner Sicht besteht zurzeit kein Gesprächsbedarf. Bitte vereinbaren Sie ggf. einen Termin in meiner wöchentlichen Sprechstunde.					
Lehrer(in)	Fach	Paraphe	Lehrer(in)	Fach	Paraphe

Bemerkungen der Lehrer: _____

Weitere Informationen: _____

Michael Grambusch/Frank Lauenburg: Eine 5. Klasse managen
© Persen Verlag

Terminübersicht für den _____ Elternsprechtag

Am	Name der Lehrkraft
Raum	

Zeit	Name	Klasse des Schülers	Vermerk
13:00			
13:10			
13:20			
13:30			
13:40			
13:50			
14:00			
14:10			
14:20			
14:30			
14:40			
14:50			
15:00			
15:10			
15:20			
15:30			
15:40			
15:50			
16:00			
16:10			
16:20			
16:30			
16:40			
16:50			
17:00			
17:10			
17:20			
17:30			
17:40			
17:50			

Übergabeprotokoll zum Übergabegespräch an den neuen Klassenlehrer

Am	Klasse
Alter Klassenlehrer	Neuer Klassenlehrer

Name des Schülers	Besonderheiten/Bemerkungen[1]

[1] Allergien, Phobien, besondere Krankheiten, (körperliche) Beeinträchtigungen, familiäre Situation, gewährte Nachteilsausgleiche etc., die für eine effektive Arbeit in der Klasse relevant sind.

Michael Grambusch/Frank Lauenburg: Eine 5. Klasse managen
© Persen Verlag

Name des Schülers	Besonderheiten/Bemerkungen[1]

[1] Allergien, Phobien, besondere Krankheiten, (körperliche) Beeinträchtigungen, familiäre Situation, gewährte Nachteilsausgleiche etc., die für eine effektive Arbeit in der Klasse relevant sind.

Abbildungen

Mele Brink: S. 34 Zeugnis

Marion El-Khalafawi: Piktogramm Weltkarte Spielsequenz 1, S. 11 Klassenzimmer, S. 22 Tafelbild, S. 23 Elternabend, S. 30 Sitzordnungen, S. 33 Adventkalender, S. 71 Wettergrafiken, Uhrenübersicht

Julia Flasche: S. 3 Piktogramm Ausrufezeichen, Piktogramm Spielesammlung, S. 17 Klassenregeln, S. 19 Klassensprecher, S. 35 Osterei

Barbara Gerth: Piktogramm Schatztruhe Spielsequenz 1

Bettina Kumpe: Coverzeichnung

Elisabeth Lottermoser: Piktogramm Luftballon Spielsequenz 3

Literaturangaben

Gilsdorf, Rüdiger; Kistner, Günter: Kooperative Abenteuerspiele Band 1 – Eine Praxishilfe für Schule, Jugendarbeit und Erwachsenenbildung. 20. Auflage. Kallmeyer/Klett: Seelze-Velber 2010

Gilsdorf, Rüdiger; Kistner, Günter: Kooperative Abenteuerspiele Band 2 – Eine Praxishilfe für Schule, Jugendarbeit und Erwachsenenbildung. 9. Auflage. Kallmeyer/Klett: Seelze-Velber 2011

Gilsdorf, Rüdiger; Kistner, Günter: Kooperative Abenteuerspiele Band 3 – Eine Praxishilfe für Schule, Jugendarbeit und Erwachsenenbildung. 1. Auflage. Kallmeyer/Klett: Seelze-Velber 2013

---

[1] Der besseren Lesbarkeit halber wird in diesem Werk auf die Verwendung der weiblichen Form verzichtet – trotz alledem sind hiermit immer die weiblichen und männlichen Lehrer, Schüler oder Elternteile mitgedacht.

Michael Grambusch/Frank Lauenburg: Eine 5. Klasse managen
© Persen Verlag

Jederzeit optimal vorbereitet in den Unterricht?